김재영의 역사산책

김재영의 역사산책

초판 1쇄 발행 2024년 4월 30일

지은이 | 김재영
펴낸이 | 윤관백
펴낸곳 | 선인

등 록 | 제5-77호(1998.11.4)
주 소 | 서울시 양천구 남부순환로 48길 1, 1층
전 화 | 02) 718-6252 / 6257
팩 스 | 02) 718-6253
E - mail | suninbook@naver.com

정가 23,000원
ISBN 979-11-6068-886-3   03910

김재영의
역사산책

김재영 지음

선인

지혜로운 사람의 삶

유리하다고 교만하지 말고,
불리하다고 비굴하지 말라.
무엇을 들었다고 쉽게 행동하지 말고,
그것이 사실인지 깊이 생각하여
이치가 변화할 때 과감히 행동하라.
사나우면 남들이 꺼려하고,
나약하면 남들이 업신여기나니
사나움과 나약함을 버리고
중도를 지켜라.
태산 같은 자부심을 갖고,
누운 풀잎처럼 자기를 낮추어라.
역경을 참아 이겨내고,
형편이 잘 풀릴 때를 조심하라.
재물을 오물처럼 볼 줄도 알고,
터지는 분노를 잘 다스려라.
때로는 마음껏 풍류를 즐기고,
사슴처럼 두려워 할 줄 알며,
호랑이처럼 용맹스러워라
이것이 지혜로운 이의 삶이니라.

우리의 바람이 실현되지 않아도
우리의 기도와 꿈이 이루어지지 않았어도
인생의 가장 큰 영광은
한 번도 쓰러지지 않는 것이 아니라
쓰러질 때마다 일어서는 것이다.

「잡보장경」 중에서

"기억되지 못한 역사는 반복된다."

'역사는 기억하고 기록하는 자의 편'이라고 한다. 미래는 그렇게 역사를 소중히 지켜나가는 자들에게만 의미 있는 길을 열어준다고도 한다. 우리는 일제의 식민통치를 경험한 민족으로 다시는 이러한 아픈 역사가 되풀이되지 않도록 후손들에게 '민족운동사'를 가르쳐야 할 책무가 있다. '기억되지 못한 역사는 반복'될 수 있기 때문이다. 역사는 똑같은 사건이 일어나지 않지만 유사한 사건은 일어나기 마련이다. 오늘을 사는 지혜를 얻기 위해서 역사학이란 학문이 필요한 이유다.

그런데도 교육과정에 '민족운동사'를 개설하지 않은 것은 우리의 가장 큰 잘못이라고 해도 지나친 말이 아니다. 그러한 이유로 독립운동가들조차 영웅으로 여기고 닮고자 했던 안중근(安重根) 의사와 아나키스트(Anarchist) 백정기 의사의 항일독립운동을 역사산책 제1부에 넣게 된 것이다.

한국인이라면 누구나 다 안다고 하는 안중근 의사를 사실 제대로 알고 있는 사람은 드물다. 연구자를 제외하곤 거의 없다고 해도 과언이 아니다. 이는 일선 고교에서 한때 한국사와 근현대사를 가르쳤던 내게도 해당되는 말이다. 안중근은 한국독립운동사에서 맨 앞에 위치해야 할 위대한 독립운동가이자 사상가이다.

그러함에도 안중근 의사가 의병활동을 했다는 사실을 아는 이가 얼마나 되며,

포로로 잡힌 일본군을 만국공법이라는 국제법을 적용해야 한다면서 적을 살려줬다는 사실을 아는 사람이 몇이나 되는가. 하지만 안 의사 자신은 안타깝게도 만국공법이라는 국제공법을 적용받지 못했다.

뿐만 아니라 안중근 의사 가문에서 독립유공자 포상을 받은 사람이 무려 15명이나 된다는 사실을 아는 이가 몇이나 될 것인가. 안 의사가 사형이 집행되기까지 5개월간 간수임무를 맡았던 일본인 치바 토시치(千葉十七, 1885~1934)조차 그의 인품에 감동을 받고 평생 안 의사의 명복을 빌었다는 사실을 우리는 기억해야 한다. 안 의사의 처형 당일인 3월 26일 치바에게 써 준 유묵이 바로 '나라를 위해 몸을 바치는 일은 군인의 본분이다'라는 뜻의 위국헌신군인본분(爲國獻身軍人本分)이었다.

그간 안 의사의 인간적인 면모는 제쳐둔 채 영웅적인 행위만 부각된 측면이 있고, 잘못 알려진 부분도 상당히 있어 그 부분도 학계의 연구 성과를 반영하여 본문에서 다루었다. 다만, 읽는 데 불편할 수도 있으나 연구자들의 학문적인 성과를 인용한 것인 만큼 출처를 분명히 하였다.

한편 백정기(白貞基) 의사는 한국과 일본, 중국을 넘나들면서 일제에 맞서 무장투쟁을 전개한 독립운동가로 이봉창(李奉昌)·윤봉길(尹奉吉) 의사와 함께 '3의사'로 불리는 인물임에도 불구하고, 그간 교과서에 이름조차 실리지 못했다. 이러한 실태를 인식한 전북도교육청에서 2015년 한국사 부교재로 만든 책이 『전라북도의 근현대인물이야기』이다. 여기에 백 의사에 관한 필자의 글이 3쪽에 걸쳐 서술되어 있다. 백 의사가 그간 올바른 평가를 받지 못했던 가장 큰 이유는 아나키즘과 공산주의를 같은 개념으로 보았기 때문이다.

독립운동가 이강훈(李康勳)은 백 의사는 한마디로 '자유혁명가의 전형적인 인물'이라고 평가했다. "사지로 나갈 때는 항상 앞장서기를 원했고, 동지를 아끼며 사랑하는 마음은 최고의 휴머니스트였다. 어느 의미에서는 자기희생을 마다하지 않는 성인에 가까웠다."고 그는 자서전에 남겼다. 백 의사는 현재 서울 효창공원 3의사 묘역에 이봉창·윤봉길 의사와 함께 나란히 잠들어 있다. 그 맨 왼쪽에는 아직도 돌아오지 못한 안중근 의사의 유해를 모시기 위한 가묘가 마련되어 있다.

제2부에서는 학술대회와 세미나, 지역 언론에 쓴 칼럼과 인문학 강의에서 했던 내용을 더 많은 사람들이 읽을 수 있도록 짧게 고쳐 썼다. 유홍준은 『나의 문화유산답사기』에서 우리 문화유산에 대한 일반인의 인식을 한 단계 끌어올리기 위해서 책을 썼다고 했다. 『답사기』에서 전남 '강진'을 남도답사 1번지로 소개한 까닭을 묻자 그는 "모든 것을 서울과 중앙 중심으로 바라보는 잘못된 인식을 바로잡기 위해서였다."라고 대답했다. 지역을 역사의 중심으로 보겠다는 것으로 이해된다. 그런 차원에서 나는 남들이 잘 모르는 전라북도와 정읍 중심의 이야기를 들려주고 싶었다. 이 책을 '쉽고 재미있게 그리고 의미 있게' 써 보려고 했다. 재미를 살리면서 의미 있게 쓴다는 것은 가볍지 않게 그러면서도 너무 무겁지 않게 쓰겠다는 뜻이다. 역사란 어렵게 쓰면 읽지 않을 것이고, 재미없으면 끝까지 읽지 않을 것이다. 또 의미 없으면 읽을 필요가 없기 때문이다. 역사책이란 마땅히 그래야 하지 않겠는가. 하지만 이것저것 쓰다 보니 산책(散策)이 산만(散漫)한 책(冊)이 된 것은 아닌지 걱정된다.

마지막으로 나는 독자들이 왜 인문학을 공부해야 하는지 그 필요성을 절실히 느끼고 공부하게 되면, 어떤 형태로든 우리의 삶에 변화가 올 것이라는 믿음을 갖고 이 글을 썼다. 역사인문학에서 지혜와 교훈을 얻는 시간이 되기를 소망한다. 덧붙여 두고두고 볼 수 있는 가치 있는 책으로 남는다면 더 이상의 바람이 없겠다.

2024년 3월 완당서재에서

제1부
'역사 인문학 산책'

안중근 의사의 이토 히로부미 저격 장면(상), 이토 히로부미 저격 후 피체되는 모습(하)
(사진 출처: 국가보훈처)

인문학을 통한 '문제 해결력'과 '창의력'의 신장

'인문학(人文學)'이란 내가 누구인가를 아는 일이다. '너 자신을 알라'(소크라테스가 한 말이 아니다)는 것과 같은 말이다. '너 자신을 알라'는 것은 '아는 것이 많지 않다는 것을 네 자신이 인정하라'는 뜻이다. 위대한 지식은 자신을 아는 데서 나온다고 했다. 한마디로 줄이면 인문학이란 '정체성(正體性)'을 파악하는 일'이다. 확대하면 '우리는 누구인가'를 아는 일이다. 이 과정에서 나와 우리에 대해 끊임없이 질문하면서 이 화두(話頭)를 붙잡고 걸어가는 '자기성찰의 과정'이자 '비판적인 학습'이 바로 인문학이다.

글자구조로 본다면 인문학에서 '문(文)'은 원래 사람이 죽었을 때 악령을 쫓기 위해 사람의 심장 부근에 그린 무늬를 뜻하는 말이었다. 그것이 후대에 '글월 문'으로 정착된 것이다. 결국 인문학이란 사람이 그린 무늬(자취)를 연구하는 학문이라 할 수 있다.

"정답은 하나만 있는 게 아니다. 1,2,3,4를 더해도 10이고, 같은 숫자 5를 더해도 10이다."

역사란 무엇인가. '기록되지 않은 것은 역사(歷史)가 아니'라고 한다. 기록의 소중함을 일깨워주는 말이다. 후손들에게 우리 역사를 물려 주어야 할 책무가 있음을 또한 깨우쳐주는 말이다. 그렇다면 기록되지 않은 역사는 어떻게 해야 할 것인가.

역사란 무엇인가. 문자가 없거나 기록을 남길 수 없었던 시대에는 입에서 입으로 전해 내려오는 것이 역사일 수밖에 없었다. 또 역사는 역사가의 선택에 의해서 기록된 것에 불과하고, 기록된 역사도 전체의 1%에 불과하다는 사실을 감안하면 관찬서적이 아니라는 이유로 역사가 부정되어야 할 아무런 이유가 없다. 그렇다면 나머지 99%의 역사는 기록되지 않는 가운데 구전과 야사로 전해진다는 말이 된다. 구전과 야사가 중요하게 다루어져 할 이유가 바로 여기에 있다. 물론 사료로 채택하기 위해서는 엄격한 분석과 비판이 있어야 한다는 것은 말할 나위가 없다.(김재영)

특히 기록을 남길 수 없었던 암울했던 시기와 신분상 위험을 불러일으킬 여지가 있다고 판단되는 기록들은 모두 불에 태우거나 땅에 묻을 수밖에 없었을 것이다. 우리 역사에서 동학농민혁명에 관한 것이 그렇다. 혁명이 실패한 뒤 전씨 일가들은 살던 마을에서 뿔뿔이 흩어졌고, 족보는 벽장이나 대들보 위에 숨기지 않으면 안 되었다. 이러한 촌로들의 전언을 역사연구에 인용하고 안하고는 오로지 연구자들의 선택에 달린 문제일 뿐 구전과 야사 자체를 문제 삼을 일은 아니다.

역사가들은 말한다. '사소한 것은 기록하지 않는다.'고, '사소한 것'과 '일상적인 것'은 역사가 될 수 없다고 생각하기 때문이다. 일식(日食)과 월식(月食)을 조선시대에 기록했다면 역사가 되지만 오늘날 기록한다면 역사가 되지 못하는 이유가 바로 여기에 있다. 특별한 일이 아니기 때문이다. 오늘날은 일식과 월식이 왜 일어나는지, 언제 일어나는지를 다 알고 있기 때문이다.

하지만 이에 대한 반론도 만만치 않다. 사소한 것과 사소하지 않은 것의 차이는 무엇인가. 사소한 것이 큰 사건을 만들고 사소한 것에 의해 역사는 흘러가고 있다. 따라서 일상적인 것도 기록해야 하며, 연구해야 한다는 학문의 대상이 바로 일상사다. 영어로 표기하면 'Everyday-life History'이다. 일상적인 것도 기록하지 않으면 일정한 세월이 흐르면 알 수 없기 때문이다.

그렇게 따진다면 『난중일기』나 『안네의 일기』와 같은 '개인 일기'나 '가족사'도 얼마든지 역사가 될 수 있다. 2013년 전남 강진에 사는 한 농부(김오동)가 무려 37년 동안 쓴 개인 일기를 국가기록원에 기증하였다. 그는 생활고 때문에 초등학교를 중퇴할 수밖에 없었다. 그래서 일기를 통해 하루를 되새기고 한글공부도 겸했다 한다. 이 일기에는 전라도 사투리가 고스란히 녹아들어 있고, 당시 물가나 벼 수매 가격, 경조사 때 낸 돈의 액수까지 상세히 기록되어 있어 역사적 가치와 함께 서민들의 생활상을 엿볼 수 있다는 점에서 그 가치를 인정받고 있다.(『강진일보』) 개인이 쓴 이와 같은 일기류가 역사가 된다면 사소한 것과 사소하지 않은 것의 기준은 과연 무엇인가를 생각하게 하는 대목이다.

이렇게 평범하게 살고 있는 한 개인이 쓴 일기도 사료로서 가치를 인정받고 있는데 고창군 성내면(당시는 고부지역) 조동리 출신의 조선 후기 실학자 이재(頤齋) 황윤석(黃胤錫, 1729~1791)이 열 살부터 예순세 살 때까지 무려 53년간 쓴 일기는 말할 것도 없다. 그것도 사망 이틀 전까지 쓴 일기였다. 일기를 보면 기하학, 역사학, 지리학, 경제학, 음악, 자연과학, 천문학, 서양과학에까지 미치지 않는 곳이 없을 정도로 그의 관심 분야는 다양했다. 조선시대 개인이 남긴 기록으로는 가장 방대한 기록으로 백과사전처럼 망라되어 있다.(한문종) 황윤석은 장흥의 위백규(1727~1798), 순창의 신경준(1712~1781)과 함께 '호남의 3대 실학자'로 꼽힌다.

동학농민혁명 당시 고부와 부안 등지에서 활동했던 기행현(奇幸鉉, 1843~?)이 1866년부터 1911년까지 45년간 기록한 『홍재일기(鴻齋日記)』는 동학농민혁명을 전후로 한 부안과 고부지역 사람들의 삶을 상세하게 기록했을 뿐만 아니라 관군과 민보군이 교류한 내용까지도 기록함으로써 동학농민혁명 당시의 사료로 높이 평가받고 있다.(소장자: 후손 기곤)

전북 진안군 주천면에 살던 이상래는 사립 진안 화동학교를 1회로 졸업하고 전주농업학교에 진학한 1916년 5월부터 8월까지 일기를 썼다. 주로 학교생활과 휴일이면 친구들과 전주 시내를 구경하면서 보고 느낀 점을 기록한 것이다. 이로써 100년 전 스무 살 청년의 눈에 비친 당시 전주의 모습을 엿볼 수 있다는 점에서 역시 중요한 사료로 평가되었다. 전주시에서는 2019년 이 일기를 책으로 펴냈다.(이용엽)

이와 같이 민중의 삶이 역사가 되고 있다. 영남대학교 민중생활사연구단에서는 2003년부터 노동자 농민의 '구술 생애사'를 통해 일상생활을 재구성하는 작업을 하고 있다. 민중생활사 구축작업에 기존 역사가 생각하지도 못한 역사가 포착되기 때문이다. 1996년 전남 장성군 환교리에 냉장고 문을 제작하는 중소기업이 들어와 2~3개 성씨만 살던 작은 마을이 큰 변화를 겪게 된다. 돼지가 집단폐사하면서 공장을 보는 태도를 둘러싼 주민들 사이에 불화가 그치지 않고, 마을 신에게 제사를 지내는 동제각까지 공장 터에 포함되어 없어졌다. 덩달아 주민들 사이에 의사소통과 정체감도 상실된다. 이에 마을 주민들은 전통적인 생활양식이 존중받을 수 있는 방법은 무엇이며, 자신들의 생활을 제자리로 돌려놓는 방법은 없는지 묻는다.

역사(歷史)란 무엇인가. 바른 역사를 의미하는 것이 '정사(正史)'라면 정사의 반대 말은 가짜 역사를 의미하는 '위사(僞史)'일 것이다. 그렇다면 야사(野史)는 관찬서적에 기록되지 못한 역사일 뿐 위사를 의미하는 것이 아니라는 이야기가 된다. 만들어진 역사가 위사라면 오히려 기록되지 않은 민간구전과 개인이 사사로이 쓴 야사가 역사의 진실을 더 담고 있을 수 있다는 해석이 가능하다.(김재영)

최근 사이비종교가 사회문제가 되고 있다. '종교(宗敎)'란 과연 무엇이며, '사이비종교(似而非宗敎)'란 무엇을 말하는가. 사이비종교란 종교인 것 같은데 알고 보니 종교가 아니라는 이야기다. 한마디로 말하면 진짜를 위장한 '가짜종교'를 이르는 말이다. 일제는 그들의 천황을 신격화한 신도(神道)와 기독교, 불교를 제외한 모든 종교를 유사종교(類似宗敎)로 규정하였다. 그러고선 기성종교는 학무국에서, 유사종교는 경무국에서 그 업무를 취급했다. 한마디로 유사종교는 때려잡겠다는 의도를 드러낸 것이다. 도올 선생이 말했다. "모든 종교는 진짜일 수도 있고, 가짜일 수도 있다."고. 이는 믿는 사람과 보는 관점에 따라 진짜종교가 될 수도 있고, 가짜종교가 될 수 있다는 말이다. 도올은 "종교를 위해 인간이 있는 것이 아니라 궁극적으로 인간의 위대성을 위해 종교가 인간 세상에 존재한다는 사실을 깨달아야 한다."고도 했다. (사)후암미래연구소 고 차길진 이사장은 "문화가 종교보다 우위에 있어야 하며, 궁극적으로는 종교가 없어지는 시대가 와야 한다."고 생전에 강조했다. 빨치산 토벌대장 차일혁 경무관의 아들이다.

우리는 서양에서 말하는 그런 종교를 종교라고 하지 않았다. 수운(水雲)은 자신이 만든 종교를 동학이라 하지 않고, 무극대도(無極大道)라고 하였다. 그렇다면 동학(東學)은 종교인가, 종교로 볼 수 없는가. 왜 수운을 따르는 교도들은 '동학을 믿는다.' 하지 않고, '동학을 한다.'고 했는가. 동학은 종교가 아닌 인간이 마땅히 실천해야 할 도라고 보았기 때문이다. 그래서 '무극대도'다.

동학농민혁명이 '1894년'에 일어난 이유는 무엇인가. 왜 하필 '1894년'인가에 대해 우리는 주목해야 한다. 맹자(孟子)가 말했다. "500년을 주기로 왕조가 흥하고 망한다."고. 이는 역사의 주기성을 말한 것이다. 맹자는 일치일란(一治一亂) 의 '순환사관'을 주장하였다. 역사는 일정한 주기로 왕도(王道)에 의한 '치'와 패도(覇道)에 의한 '란'이 반복된다는 것이 순환사관이다. 어지러우면 다스려지고 난세가 극에 달하면 치세가 오는 것으로 이해한 것이다.

세상이 바뀌기를 바라는 사람들이 동학에 대거 입도하는 시기가 '1892년'을 전후한 무렵이었다. 조선왕조 건국 500년이 지난 시점이었다. 수운은 하원갑(下元甲)이 지나면 상원갑(上元甲) 호시절(好時節)에 만고에도 없는 '무극대도(無極大道)'가 이 세상에 날 것이라 하였다. 따라서 동학도인들은 자연스럽게 '갑'자가 들어가는 해에 특별한 관심을 보인 것이다. 그 해가 바로 갑오년 '1894년'이었다.

동학농민군 최고지도자 전봉준은 손화중·김덕명·최경선·성두한 등과 함께 1895년 3월 30일 '새벽 2시'에 처형되었다. 왜 하필 '새벽 2시'인가. 4월 1일부터 시행되는 근대 사법제도에서는 모든 민·형사 사건에 2심 재판과 소송을 하게 되어 있었기 때문이다. 농민군 지도자들도 이틀만 지나면 이 법을 적용받을 수 있었다.(이이화)

역사학자 문일평은 '기축옥사(己丑獄死)'인 이른바 '정여립(鄭汝立) 모반사건'을 두고 이렇게 말했다. 국가와 민생을 위해 일어선 진정한 의미의 반역자일수록 그를 통해 사회의 병폐와 결함이 그대로 드러난다. 그러므로 반역자들을 연구하면 그 시대와 사회를 잘 알 수 있을 뿐만 아니라, 이는 그대로 한국사 창조의 일대 동력이 된다. 이것이 바로 인문학을 공부하는 요체(要諦)를 적시(摘示)한 것으로 나는 본다.

제주도에 '빌레못 동굴'이 있다. 제주도의 못 이름 중에 아주 흔한 것이 '빌레못'이다. 한때 구석기 유적지에 대한 논란이 있었던 곳이다. '빌레'는 '너럭바위'라는 뜻의 제주도 사투리이다. '빌레못'은 '바위못'의 뜻이 된다.(배우리)

단군 건국 이야기에 '마늘'이 등장한다. 마늘의 어원은 무엇일까. 황필수(黃泌

秀)의 『명물기략(名物紀略)』(1870년경)에 맛이 몹시 매워(辣-랄) 세간에서 '맹랄(猛辣)'이라 했던 것이 마랄-마늘이 되었다고 기록되어 있다. 『동언고략(東言考略)』에서는 '산(蒜)'을 마늘이라 함은 '마랄(馬辣)'이기 때문이라 하였다.(이성우) 사람 되려면 마늘을 많이 먹어야 한다는 말은 예나 지금이나 쉬운 일이 아니다. 그만큼 고초(苦楚)가 따르기 때문이다.

중국 의서에서는 같은 음식을 먹더라도 공복을 채울 때는 '식(食)'이라 하고, 병을 다스릴 때는 '약(藥)'이라 하였다. 중국 당대(唐代)에 이미 '식약동원(藥食同源)'이라는 개념이 정립된 것이다. 마늘은 독초를 먹고 중독이 되었거나 고기나 벌레, 물고기의 독도 마늘로 푼다고 되어 있다. 「단군건국 이야기」에 마늘을 먹고 곰이 되었다는 것은 마늘이 식품인 동시에 약으로 사용되었다는 것을 말해준다. 그렇다면 '식약동원'의 기원이 고조선에 있다는 말이 된다. 『동의보감(東醫寶鑑)』에 음식과 약은 그 근원이 같다고 되어 있다.(이성우)

육지에서 '곶'은 대개 물가로 육지가 불쑥 튀어나간 곳을 가리키지만 제주도에서 '곶(串)'은 대개 '숲이 있는 곳'을 뜻한다. '곶'은 대개 '콧'이나 '코지'로 옮겨 갔다. 북제주군 조천읍 심촌리의 '돌코지', 남제주군 남원읍 태흥리의 '올랭이코지' 등이 그것이다.(배우리)

공자는 『시(詩)』, 『서(書)』, 『예(禮)』, 『악(樂)』을 교재로 제자들을 가르쳤다. 2008년 8월 8일 베이징올림픽 개막식에 죽간을 든 3천 명의 인물이 등장하였다. 이는 공자의 제자가 3천이었다는 것을 표현한 일종의 퍼포먼스였다. 백제의 의자왕이 거느린 궁녀가 3천이었다. 조선조 마지막 성리학자인 간재 전우(田愚)의 제자 또한 3천이었다. 3천이라는 숫자는 요즘의 대학과 비교해도 결코 뒤지지 않는 숫자이다. 이쯤 되면 왜 하필 '3천'이고, 과연 '천'이라는 숫자는 무엇을 의미하는가 궁리하지 않을 수 없다. 이 과정에서 '문제해결력'과 '창의력'이 생긴다. 추사 김정희(金正喜)를 따르는 제자가 3천이었고, 보천교를 창시한 차월곡(車月

谷)에게 집지(執贄)의 예를 행한 사람도 3천이었다. 집지는 스승을 처음 뵐 때 예물을 가지고 가서 경의를 표하는 것을 말한다. 환웅이 태백산 꼭대기 신단수 (神檀樹)에 내려온 것도 그 무리 3천과 함께였다. 중국 진나라의 여불위(呂不韋, 『여씨춘추』 저자)가 불러들인 식객의 수 또한 3천이었다. 매천(梅泉) 황현(黃玹) 이 향리에 은거하면서 왜 하필 3천여 권의 책을 쌓아놓고 두문불출 독서로 세월 을 보냈다고 했겠는가. 이는 모두 '3수 분화'의 문화에서 비롯된 것으로 3천은 많은 것을 의미하기 때문이다.(김재영)

불국사 강당으로 이용하고 있는 건물을 왜 '무설전(無說殿)'이라 하는가. 석가 는 열반하면서 "내 일찍이 한마디도 말하지 않았다."고 했다. 8만 4천의 법문을 남기고도 한마디 말을 하지 않았다는 것은 불교의 심오한 진리가 말을 통해 드 러나는 것이 아님을 역설한 것이다. 석가의 십대제자 중 한 사람인 마하가섭과 염화시중의 미소를 통한 불교의 이심전심(以心傳心)을 표현한 말이다. 이것이 역설(逆說)이다.

덧붙여 왜 하필 8만 4천이고, 108번뇌인가. 이는 인도에서 '8진법'을 썼기 때 문이다. 따라서 8의 배수는 많은 것을 뜻한다. 반면에 유태인들은 '7'이라는 숫자 를 매우 중요하게 여겼다. 한 주일의 일곱 번째 날이 안식일(安息日)이고, 일곱 번째 해에는 밭을 갈지 않고, 땅을 쉬게 하였다. 7년이 일곱 번 돌아오는 해인 마흔아홉 번째 해에는 밭을 갈지 않을 뿐만 아니라 빌려 준 돈도 탕감해 준다고 『탈무드』에 기록되어 있다. 숫자에 이런 비밀이 있다.

도선국사가 왕건의 아버지인 용건(龍建)에게 36칸의 집을 지으라 한 뒤에 왕 건이 태어났다. 고려는 왕건이 세운 나라지만 궁예는 나라 이름을 태봉으로, 연 호를 '수덕만세(水德萬歲)'로 정하였다. 여기서 물 '수(水)'는 숫자로 '6'을 상징한 다. 그래서 6-6에 36이다. 왜 '36계' 줄행랑인가, 왜 하루에도 마음이 '12번' 변하 고, 호랑이가 12번 물어갈 놈이라고 했겠는가. 그 바탕에 숫자 '3'과 '6'이 있다.

왜 환한 대낮에 결혼식을 하는데도 화촉(華燭)을 밝히는가. 이는 고구려의 데릴사위제도[婿屋制]의 유풍으로 고대사회에서 밤에 결혼식을 올렸기 때문이다. 그렇다면 결혼식은 왜 밤에 했는가. 농경사회에서 낮에 농사짓고 밤에 결혼식을 했기 때문이다. 결혼의 '혼(婚)'자도 계집 녀(女)와 저물 혼(昏)자가 합쳐진 글자이다. 더 풀어쓰면 여자(女)가 씨(氏)를 받는 날(日)이다. (김재영)

왜 결혼식에 신랑은 벼슬이 없으면서도 '사모관대(紗帽冠帶)'를 하고, 신부는 혼례복에 왕비임을 나타내는 봉황(鳳凰) 무늬를 그려 넣을 수 있었을까. 벼슬하지 못한 일반인에게도 이날만은 관복과 봉황 무늬 사용을 조정에서 허용했기 때문이다.

김포(金浦)와 김해(金海)는 '쇠 금(金)'자를 쓰고 '김'으로 읽는다. 왜 '금'으로 읽지 않고 '김'으로 읽어야 하는가. 통상 강의 남쪽에 해당하는 지역은 '김'으로 읽고, 강의 북쪽에 해당하는 지역은 '금'으로 읽기 때문이다. 김포는 한강의 남쪽이고, 김해는 낙동강의 남쪽이기 때문이다.

윷[柶]놀이를 한자로 '척사(擲柶)'라고 한다. '척(擲)'은 던지는 것을, '사(柶)'는 윷을 뜻한다. 어디서 유래한 것인가. 윷놀이에서 왜 '모'가 가장 강력한가. 고대인들이 가장 귀하게 여겼던 게 '말'이었다. 윷놀이에서 '모'는 '말'이 변한 것이다. 말은 약소국이 강대국에게 바치는 공물이기도 했고, 귀한 물건을 살 때 치르는 대가(代價)로도 쓰였다. 중국인들은 '비단'과 '말'을 바꾸기도 했다. 때문에 말을 세는 단위(匹)가 비단을 세는 단위(疋)와 같은 '필'이 된 것이다. 윷을 뜻하는 한자 '사(柶)'는 말 그대로 네 개를 뜻한다.

윷놀이의 도-개-걸-윷-모에서 도는 돼지를 뜻하는 말 '돝'에서 'ㅌ'이 탈락한 것이다. 마산 앞바다의 섬이 돼지섬인 '돝섬'이다. 종돈을 '씨돝'이라 하고, 일부 지역에서는 돼지고기를 '돝고기'로 부르기도 한다. '걸'은 양을 뜻하기도 하지만 크다는 뜻이 있다. 윷놀이는 왕을 중심으로 마가·우가·저가·구가 등의 정치조직을 가지고 있었던 부여의 사출도에서 유래되었다는 설이 있다. 하지만 유목민족이 가장 중요하게 여겼던 양이 없는 것이 의문이다. 사출도를 통해서 당시 사회가 농업을 위주로 하면서 목축을 겸한 사회였음을 알 수 있다.

띠 가운데 유독 원숭이띠만 '잔나비띠'라고 한다. 왜 그럴까. '잔나비'는 과연 무슨 뜻일까. 우리나라에서 '원숭이'라는 단어는 18세기경부터 사용되었다. 『훈민정음』「해례본」에 '납'으로 쓰여 있다. '납'이 '나비'로 연음이 되고, 여기에 동작이 날쌔고 빠르다는 뜻의 '재다'가 붙어 '잔나비'로 바뀐 것이다.(이찬욱) 빠른 걸음을 '잰 걸음', 빠른 동작을 '재빠르다'라고 표현하는 것을 연상하면 이해하기 쉽다.

원숭이는 인간과 가장 많이 닮은 동물이다. 원숭이는 일반적으로 어린이 3~4세 수준의 지능을 가졌으며 6~7개의 단어를 외울 수 있다고 알려져 있다. 재주가 많고 영리해서 도구를 사용할 줄 알고, 부부간의 정이나 자식에 대한 사랑이 사람 못지않은 동물이다. 이와 같이 원숭이는 꾀가 많고 재주가 있으며, 흉내 잘 내는 장난꾸러기나 모성애의 상징으로 묘사된다. 오죽하면 새끼 한 마리를 잃은 어미 원숭이가 백 리쯤 떠난 배를 쫓아가 배에 올랐으나 애통한 나머지 창자가 토막토막 끊어졌다는 '단장(斷腸)의 고사'가 원숭이로부터 비롯되었겠는가.

하지만 설화에서는 원숭이의 재주나 잔꾀의 과신(過信)을 경계하는 내용이 많고 너무 사람을 닮은 모습, 간사스러운 흉내 때문에 '재수 없는 동물'로 기피하기도 한다. 띠를 말할 때 원숭이띠라 하지 않고 '잔나비띠'로 표현하는 것은 바로 이 같은 속설 때문이다.

관상에서는 '원숭이형' 얼굴을 가진 사람 중에 천재가 많다. 도올 김용옥이 그렇고 명리학자(命理學者) 박재현이 그렇다. 일본에는 원숭이형 천재로 임진왜란을 일으킨 토요토미 히데요시(豊臣秀吉)가 있다.(조용헌) 안동의 선비 학봉 김성일(金誠一, 1538~1593)은 일본에 가서 히데요시를 만나본 뒤 꼭 '원숭이 같다'고 평하였다. 히데요시는 평지돌출한 인물이다. 오다 노부나가(織田信長)의 말을 끌던 미천한 마부 출신에서 일본을 통일하고 조선은 물론 중국까지 삼켜버리려고 했던 걸물이다.

그렇다고 관상을 믿어서는 안 된다. "사주(四柱)가 좋다 해도 관상(觀相)이 좋은 것만 못하고, 관상이 좋다 해도 신상(身相)이 좋은 것만 못하다. 신상이 좋다 해도 심상(心相)이 좋은 것만 못하다."는 말이 있다. 얼굴보다 마음가짐이 중요하다는 이야기다.

한자뿐만 아니라 모든 언어는 다중(여러 가지)의 뜻을 지니고 있다. '동녘 동(東)'은 말 그대로 나무(木)에 해(日)가 걸려 있는 곳이다. 그렇다면 '동'은 동쪽을 뜻하는 '동녘 동'이라는 뜻밖에 없는 것인가. '동(東)'은 족속과 무리라는 뜻도 있다. '동이족(東夷族)'이란 같은 족속들과 다른 무리들이 합쳐진 종족이라는 뜻이다.

유명한 재야사학자 농초(聾樵) 박문기(朴文基) 선생의 '백학농원'이 왜 정읍 '삼성산(三聖山)' 아래에 있는가. 정읍은 풍수상 배가 떠다니는 '행주형(行舟形)'이고, 그 뱃머리가 삼성산이기 때문이다. 신과 같은 성인이 셋이 나온다는 삼성산은 내장산 국립공원에 속하는 영역이다. 여기에 국책 연구단지가 조성된 것은 우연의 일치가 아니다.(김재영)

백인은 왜 장례복장이 검은색이고, 흑인은 흰색인가. 고대사회에서는 죽은 자가 다시 살아나는 것이 가장 두려운 일이었다. 이들이 살아 있는 사람들에게 해코지를 할 것이라는 생각에서였다. 죽은 백인이 어쩌다 다시 살아나 보니 온통 사람들이 검은 복장을 하고 있는 모습을 보고 자기가 살던 곳이 아니라는 생각에 다시 무덤 속으로 들어갈 것이라는 소박한 믿음에서였다. 흑인도 마찬가지다. 우리는 초상집에 갈 때 모두 흰옷을 입었다. 검정은 죽음을 상징하지만, 흰색은 시작과 탄생을 의미하기 때문이다. 죽음의 장소에 가서 시작과 탄생을 기원한 것이다.

일본은 임진왜란과 정유재란 때 조선에서 무려 2만여 명의 귀와 코를 베어갔다. 도요토미 히데요시는 조선 침략전쟁의 업적을 과시하기 위해 조선에서 베어온 코를 모아 '코무덤'을 만들었다. 이것이 '비총(鼻塚)'이다. 전쟁이 끝난 후 전라도에서는 '눈 감으면 코 베어간다'는 말과 '애비'라는 말이 생겨났다. 애비는 원래 귀와 코를 의미하는 '이비(耳鼻)'가 전음된 말이다. 이 말이 지금도 아이들이 위험한 물건을 만지면 겁을 주기 위해 쓰이고 있다.(고윤정)

이와 같은 말이 유행하게 된 배경은 1597년 8월 21일에서 10월 9일 사이에 왜군들에 의해 자행된 전라도의 '코베기' 만행에 있다. 이 기간 동안 총 24,394명의 코가 잘렸다. 당시 종군 의료인으로 왔던 경염(慶念)이 남긴 『조선 일일기』의 길천가문서에 전라도 내 영광, 남원지방에서 9월 1일부터 10월 9일 사이에 19,350명의 코를 잘라갔으며, 같은 자료의 과도가문서에는 금구, 김제, 부안 등지에서 8월 21일부터 10월 1일 사이에 5,044명의 코를 잘라갔다고 되어 있다.(나종우)

인문학이란 겉으로 드러난 현상이 아닌 '본질'을 파악하는 학문이다

인문학은 정답을 말하지 않는다. 따라서 스스로 답을 찾을 수 있는 능력을 기르는 것이 인문정신의 함양이다. 여기에서 '창의적인 사고'가 나온다.

고인돌은 청동기 시대의 '무덤'인가, '제단(祭壇)'인가. 아니면 당시에 살았던 사람들의 '돌침대'인가. 무덤이라면 왜 많은 사람들이 감당할 수 없는 무거운 돌을 올려놓았는지, 또 여기에 새겨진 '성혈(性穴)'은 과연 무엇을 의미하는지 궁리해야 한다.(김재영) 성혈은 고인돌 조성 시기에 새긴 것인지, 그 뒤에 새긴 것인지도 따져 볼 일이다. 특히 한반도 전체에서 발견되는 고인돌의 90%가 왜 전라도 땅에 집중되어 있는지에 대해 의문을 가져야 한다. 상상력을 동원한 자연스러운 답이 나올 때까지 기다려야 한다. "질문에 즉답은 친절한 선생이지만 좋은 스승은 아니기 때문이다." 탈무드 원전연구소 김정완 소장의 말이다.

조선시대 시간을 알리는 제도에 '경(更)'과 '점(點)'이라는 게 있었다. '경'은 오후 7시부터를 저녁으로 보고 초경(7~9), 2경(9~11), 3경(11~1) 등 두 시간 단위로 나누고, 이를 다시 5등분한 것이 점이었다. 두 시간인 120분을 다섯으로 나누면 1점은 24분이 된다. 3경 2점이라면 지금의 11시 48분이 되는 셈이다. 시기에 따라 약간씩 달라지긴 했으나 조선시대에는 저녁 8시부터 통행이 금지되었다. 이를 알리기 위해 성문을 닫을 때 '인정(人定)'이라 하여 종을 28번을 쳤고, 통금이 해제되는 시각에는 '파루(罷漏)'라 하여 33번을 쳤다.(김유진) 독립선언서의 민족대표가 '33인'인 이유가 분명 있을 것이다. 불국사의 백운교(白雲橋)와 청운교(青雲橋)의 계단이 왜 '33계단'인지, 조선시대 문과시험 합격자 정원이 왜 '33명'이고, 무과시험 합격자가 왜 '28명'인지, 보물로 지정된 태인 피향정의 돌기둥이 왜 28개인지 궁리해야 한다.(김재영)

'코가 납작해졌다.'에서 '코'는 자존심을 의미한다. '내 코가 석자다.'에서 코는 걱정이 많다는 것을 의미한다. 여기서 코는 콧물을 의미한다. '큰 코 다친다.'는 것은 무안이나 봉변을 당한다는 의미로 쓰는 말이다. 그렇다면 '큰 코'는 무엇을 의미하는가.(김재영)

종교에서는 물을 그냥 '물'이라 하지 않고 '청수(清水)' 또는 정한수, 정화수라고 한다. 이밖에 물이 갖는 상징적인 의미는 무엇인지 알아보자.(김재영)

보신각(普信閣) 종은 왜 '33번'을 치는가. 한양대학교 박찬승 교수의 주장에 따르면 제야의 종은 원래 불교사찰에서 한 해를 보내면서 백팔번뇌를 모두 잊으라는 뜻으로 108번 치는 풍습이었는데 1961년부터 33번으로 줄게 되었다. 왜 그랬을까.

신라는 전국을 왜 '9주'로 나누었으며, 조선은 전국을 왜 '8도'로 나누었는가. 경주에서 발생된 동학이 왜 '고부'에서 혁명(革命)으로 터지는가.(김재영)

단군건국 이야기에 왜 '쑥[艾-애] 한 줌과 '마늘[蒜-산] 20개'를 굴속에서 햇빛을 보지 않고 '100일' 동안 먹으라 했는지, 마늘의 원산지는 '중앙아시아'인데 당시에 과연 마늘이 있었는지, 또 곰이 왜 하필 삼칠일만인 '21일' 만에 웅녀가 되었는지 궁리해야 한다.

우리나라 전통술은 '막걸리'다. 막걸리는 '농주(農酒)'이자 '노동주'이다. 탁주(濁酒)는 '텁텁한 술'이다. 우리의 막걸리를 가리키는 것이 아니다. 흥미로운 것은 왜 막걸리는 남쪽에서 많이 마시고, 소주는 북쪽에서, 소주와 막걸리의 중간 정도인 청주(淸酒)는 중부지방에서 많이 마시는가. 술에도 왜 이러한 지역적인 차이가 생기는 것일까. 궁리할 필요가 있다.

술 이야기가 나왔으니 막걸리와 약주에 대한 좋은 정보를 독자들께 제공한다. 정읍에서는 송명섭 막걸리를 비롯, 북면막걸리, 정우막걸리, 쌍화차 막걸리, 구절초 막걸리, 귀리막걸리 귀리귀인, 귀갑수 막걸리 등 10여 개의 막걸리가 시판되고 있고, 약주로 세 번 빚는 삼양주 '월탁'과 오양주 '서래연' 그리고 내장산 복분자주가 생산되고 있다. 송명섭 막걸리는 젊은이들 사이에서 일명 '강동원 막걸리'로 회자되면서 호사가들의 입맛을 돋우고 있다. 감미료를 전혀 첨가하지 않은 '막걸리계의 아메리카노'로 불린다. 이낙연 국무총리 취임 때는 기자간담회 건배술로 쓰였고, 문재인 대통령 재임 시 5당 대표 건배주로 채택된 술이다. 한편 전통누룩 명인 1호 한영석이 만드는 백수환동주, 청명주, 호산춘, 하향주 등은 출시하자마자 동나는 유명한 술이다. 애주가라면 반드시 맛보아야 할 술이다. 특히 '백수환동주(白首換童酒)'는 흰머리의 노인이 한 말을 마시면 어린아이로 돌아간다는 술이다. 온통 흰머리인 내게 명인이 준 선물이다. 막걸리든 약주든 마셔보지 않고 감히 맛을 논하지 마시라.(김재영)

『고려사(高麗史)』 악지에 다섯 곡의 백제가요가 전하고 있다. 남녀 간의 사랑을 노래한 것으로는 '정읍사'가 최초다. 원제가 '정읍'이다. 정읍곡을 제외한 나머지 4곡은 현재 전하지 않는다. 그렇다면 정읍사가 누천년이 흐르도록 전해질 수 있었던 그 질긴 '생명력'은 무엇이며 어디에서 온 것일까.(김재영)

조선시대 명나라 장수 이여송(李如松, 1548~1598)이 우리나라의 혈맥을 끊기 위해 쇠말뚝을 박았다는 이야기가 전해오고 있다. 일제도 한반도의 혈맥을 끊고 큰 인물과 장수가 나오지 못하도록 전국 명산에 쇠말뚝[穴針]을 박았다는 이야기가 정설로 굳어 있다. 정읍에서도 주산인 성황산에서 쇠말뚝이 발견되었다 하여 한때 화제가 된 적이 있었다. 과연 사실인가. 이러한 풍수침략은 구전으로만 전해질 뿐 그 진위를 확인할 길이 아직은 없다. 일제는 '음택풍수(陰宅風水)'가 아닌 '양택풍수(陽宅風水)'를 믿기 때문이다. 관련 기록이 없어 그것이 아니라면 그 쇠말뚝은 무엇인가. 측량 포인트나 산불감시 초소용 말뚝이었다.(김재영)

현재 남한에는 벽돌로 만든 전탑(塼塔)이 모두 다섯 기가 있다. 경북 안동의 신세동 칠층전탑, 안동 동부동 오층전탑, 안동 조탑동 오층전탑, 경북 칠곡 송림사 오층전탑, 경기 여주 신륵사 다층전탑 등이 바로 그것이다. 이 다섯 기의 전탑 중에서 4기가 신라의 전탑이다. 그중 3기가 안동에 모여 있다. 안동에 전탑이 많은 이유는 무엇일까.

10년 전 일이다. 2013년 3월 1일 인터넷에서 기사를 검색하다 어린 초등학생들이 3·1절의 의미가 무엇인지 모르는 학생이 절반에 가깝다는 기사를 보았다. 학원에서 배웠는데 잘 모르니 자세히 알려달라는 내용도 포함되어 있다. 학교에서 '계기교육'을 통해 분명 배웠을 터인데 이런 내용을 학원을 통해서 배웠다고 하니 이해가 안 된다. 그렇다면 학교는 뭐하는 곳인가. 그해 4월 8일 3.1절을 읽어보라는 어느 기자의 부탁에 '삼점일절'이라고 답했다는 중학생에 관한 기사가 실렸다. '삼일절'을 '삼점일절'로 읽었다는 건 상상하기 어려운 일이다. 문제는 한국 어문규정에 특별한 의미가 있는 날을 표시할 때는 월과 일을 나타내는 아라비아 숫자 사이에 '마침표'를 쓸 수 있다고 규정해놓고, 이때 마침표 대신 '가운뎃점'을 쓸 수 있다고 두 가지를 허용함으로써 혼란을 자초하고 있다는 점이다. 그 어린 학생은 학교에서 가운뎃점이 찍힌 3·1절로 배웠을 것이다. 모든 역사교과서에 3·1절과 3·1운동으로 되어 있기 때문이다. 이런 혼란을 없애기 위해서는 특별한 의미를 부여해야 하는 날에만 '가운뎃점'을 쓰면 될 것이다. 사실 3·1절의 의미를 잘 모른다면 그 어린 학생이 봤을 때는 '삼점일절'로 읽는 것은 당연한 일이다. 과연 역사교육이 문제인가.(김재영)

　그로부터 10년이 지났다. 2023년 3·1절에 세종시 한 아파트 주민이 일장기를 다는 어처구니없는 일이 벌어졌다. 일본 덕분에 근대화되었다는 것이 그의 주장이다. 일장기를 단 주민은 알고 보니 목사였다. "하필이면 왜 3·1절에 일장기를 달았느냐."는 기자의 질문에 "유관순이 실존 인물이냐"고 오히려 반문한다. 그러더니 며칠 뒤에는 사무실에 일장기를 달아 논란을 계속 키우고 있다. 한국과 일본이 우호적으로 미래지향적으로 나가길 바라는 마음에서 달았다고 했다. 무엇이 어디서부터 잘못된 것일까. 이는 민족운동사를 제대로 가르치지 않은 잘못으로밖에 해석되지 않는다. 그러다보니 국경일의 의미가 퇴색되고 있다. 국경일에 태극기를 다는 집이 몇이나 되는지 둘러보면 알 일이다. 이제 태극기를 달지 않으면 삼일절의 의미를 모르는 사람들이 역사를 왜곡하고 일장기를 달 태세이니 행여 태극기 부대라고 오해 받는 일이 있더라도 태극기는 꼭 달아야 할 처지가 되었다. 가장 두려운 일은 이런 아픈 역사가 잊혀 가는 것이다.(김재영)

진정한 역사공부는 암기가 아니라 '사색'이다

나는 76학번이니 예비고사(1969~1981) 세대에 해당된다. 1962년생이 예비고사 마지막 세대였다. 고사를 치르고 나면 도별로 커트라인이 형성되어 예비고사에서 이걸 넘어야 해당 지역에 있는 대학에서 본고사를 볼 수 있었다. 예비고사는 일종의 대학응시 자격시험이었던 셈이다. 오랜 시간이 흐르다 보니 모의고사였는지, 예비고사였는지는 기억이 분명하지 않으나 재밌는 시험문제가 하나 있었다. 당시 국사시험에 을지문덕이 고구려에 쳐들어온 수나라 군사 30만 5천 명을 맞아 싸웠는데 이를 괴멸시켰다. 수나라 군사들이 살아 돌아간 숫자가 몇이었느냐 하는 문제였다. 교사든 학생이든 모두가 역사는 암기과목이라 생각하던 시대였다. 정답은 2,700여 명이다. 꼭 이런 것까지 기억해야만 산교육이 되는지 의문이 들 수밖에 없는 문제였다. 역사학에 흥미를 잃게 된 원인이 바로 이런 것에 있었던 것은 아닐까.(김재영)

봉이 김선달이 대동강 물을 팔아먹을 수 있었던 배경이 무엇인지, 독립만세운동이 왜 하필 '3월 1일'에 터졌는지 의문을 품고 고민해 봐야 한다. 역사학은 책을 많이 읽는 것도 중요하지만 그 이상으로 더 많은 '고민'과 '사색'이 있어야 하는 학문이다. 역사학은 암기하는 학문이 아니다. 공자(孔子)도 "배우기만 하고 생각하지 않으면 현실과 동떨어지고, 생각하기만 하고 배우지 않으면 위험하다."고 지적했다. 독서와 사색의 중요성을 강조한 말이다. 진정한 역사공부는 암기가 아니라 '사색'이라는 것을 잊어서는 안 된다.(김재영)

임진왜란(壬辰倭亂)은 조선과 일본 그리고 명의 중앙정부가 직접 참여한 국제전쟁이었다. 그렇다면 왜놈들이 난리를 쳤다는 '왜란'이라는 호칭이 적당한 것인가. 난(亂)은 "정통 정부의 권위에 대한 비정통 집단의 도전행위이며, 전쟁(戰爭)은 "국가 간의 군사적 충돌"을 의미하기 때문이다. 일본에서는 '문록·경장의 역

(文錄·慶長の役)'으로, 중국은 '항왜원조(抗倭援朝)'로 각기 용어를 다르게 쓰고 있다. 일본은 침략전쟁을 회피할 목적으로 '역(役)'이라는 용어를 만들어 대체하고 있다. 중국은 분명한 전쟁인데도 조선을 도왔다는 측면을 강조하고 있다. 그래서 6·25전쟁도 '항미원조(抗美援朝)'라는 용어를 쓰고 있다.

땅이름은 '문화의 화석'이다. 거기에는 땅 자체가 가지고 있는 특징과 인간의 감정이 투영되어 있기 때문이다. 따라서 땅이름만 가지고서 함정에 빠져서는 안 된다. 왜 '말고개[정읍]'이고, '말티고개[속리산]' '대티터널[부산]'인가. 말이 죽어서 묻은 고개라서 말고개인가, 아니다. 강원도 홍천의 7백 고지가 넘는 고개 역시 말고개다. '말'은 크다는 뜻의 순수한 우리말이다. 따라서 모두 '큰 고개'라는 뜻을 지닌다. 고부 두승산(斗升山)의 9개 봉우리 중에서 가장 높은 봉우리가 '말봉'이다. 만주의 장군총도 현지에서는 '말무덤'으로 통한다.(김재영)

'배'와 '언덕', '고개'와 '재'는 어떤 차이가 있는가. '배'는 평지에서 약간 위로 올라온 것을 말한다. 사람의 '배'도 마찬가지다. 그러니 배는 나오는 것이 정상이다. 나오지 않으면 배가 아니다. 따라서 상대에게 배 나왔다는 말은 해서는 안 되는 말이다. 그 뜻을 알면 '배흘림[엔타시스]'과 '민흘림'의 차이가 확연해진다.(김재영) '치(峙)'나 '현(峴)'은 구분이 모호한 편이나 '치'는 높고 험한 곳을, '현'은 관습적으로 칭하는 고개를 지칭하는 말로 쓰였다. 남원의 정령치와 덕천의 황토현이라는 지명으로 우리 주변에 남아 있다. 정확한 높이를 기준으로 설정할 수 없으나 관행적으로 구분해서 써 오던 방식으로 이와 같이 구분할 수 있다. 그 다음 단계로 산봉우리를 뜻하는 '봉(峰)'과 산맥을 가로지르는 '령(嶺)'이 있다.

신태인읍 화호리(禾湖里)는 일명 '숙구지(宿狗地)'로 불린다. 한때 이북에서는 정읍은 몰라도 숙구지라면 알 정도로 감자로 유명한 마을이었다. 이때의 감자는 지금의 고구마를 의미한다. 감자는 따로 '하지감자'로 불렸다. 원래 화호는 '수곶'이었다. '곶'은 원래 육지에서 바다로 돌출된 지형으로 '고지' '꼬지' '구지' '꾸지'

등으로 변형되었다.(배우리) 이러한 지형은 부안 고지명에 장족리, 가야곳리, 진곳리로 나타나 있다. 부안 모산리 불곳이는 부꾸지-북꼬지-북구지로, 화호는 수고자-수구지-숙구지로 변형되었다.(『부안이야기』) 신태인읍 구석리 남계마을은 원래 하석곳리였다. 김정호(金正浩)의 「대동여지도」에는 70여 곳의 곳 지명이 해안지방에 보인다. 이 지명은 서남해안 특히 서해안에 많다. 곳 지명이 많다는 것은 그만큼 해안선이 복잡해 돌출 부분이 많음을 말해주고 있다. 수고지에서 '수'는 벼의 고어이다. 따라서 화호는 '벼의 고장'이라는 뜻이다. 김제의 벽골제(碧骨制)도 '벼+고을'로 볏고을이 벽골로 변한 것이다. 이 역시 '벼의 고장'이라는 뜻이다.(김재영)

해물탕에 없어서는 안 되는 식재료가 '미더덕'이다. 볼품은 없는데 톡톡 터지는 식감에 마치 멍게와 비슷한 향이 제법이기 때문이다. 일부 식당에서 식재료 값을 아끼기 위해 미더덕 대신 비슷한 오만둥이로 대체하는 바람에 일반 소비자 입장에서는 사실 구분하기 어렵다. 거기에다 더덕은 더덕인데 앞에 '미'자가 붙었다. '미'는 무슨 뜻을 가진 말일까. 물의 고어가 바로 '미'다. 그러니 미더덕은 '물더덕'이라는 뜻이 된다. '미'가 물이니 물기가 있으면 그래서 미끄러운 것이다. '미끄럽다', '매끄럽다', '미끈미끈하다', '매끈매끈하다'가 다 여기서 파생되었다. 물에서 크는 것이니 그래서 '미나리'라는 이름이 붙었다. 물에 타 먹는 '미숫가루'도 마찬가지다. 즐겨먹는 '매생이'도 물에 사는 이끼라는 뜻으로 추정된다. 우리말이 건너간 것으로 보이는 일본어의 '미즈'가 물이고, '미샤샤'의 뜻이 우리말로 '물 솟아'이다.(김재영)

석가는 보리수 나무 아래에서, 공자는 은행나무 아래[杏亶]에서 제자들을 가르쳤다고 한다. 『공부자성적도(孔夫子聖蹟圖)』85에 '행단예악'이라는 그림이 있다. 공자가 노나라에 돌아왔으나 노나라는 끝내 공자를 등용하지 않았으며, 공자 또한 벼슬할 생각이 없었다. 그리고는 매일 행단에 앉아 제자들과 함께 거문고를 타면서 서(書經)를 서술하고, 예(禮記)를 가르치고, 시(詩經)를 정리하고, 악(樂經)을 바로잡고 역(易經)을 찬술하였다. 이리하여 이 행단이 만세에 빛나는 입교(立敎)의 성지(聖地)가 되었다는 내용이다. 유홍준은 『답사기』 서울편에서 성균관에 있는 은행나무의 단풍들 때의 아름다움만을 찬탄(讚歎)할 뿐 은행나무가 왜 거기에 있는지 설명하지 않는다. 향교나 서원 어디를 가든 어김없이 은행나무가 있다. 왜 은행나무인가. '행'은 은행을 뜻하지만 '은행(銀杏)'은 은빛 살구나무라는 뜻도 된다. '행'은 원래는 살구나무였는데 우리나라에선 은행나무를 심어 은행나무처럼 많은 제자들이 배출되기를 바라는 마음에서 심었다는 주장이 있다. 한편으로는 은행의 고약한 냄새로 인해 벌레들이 꼬이지 않기 때문에 심었다는 이야기도 있다. 과연 공자는 은행나무에 아래에서 제자를 가르쳤는가.(김재영)

연구자라고 해서 다 알 수는 없는 일이다. 그런데도 배우는 사람은 늘 '왜'라는 질문을 할 수 있어야 하고, 가르치는 사람은 이에 '답'을 줄 수 있도록 항상 궁리해야 한다. 스승은 설명으로 학생을 가르치지만, 학생은 질문으로 선생을 가르치기 때문이다. '교학상장(敎學相長)'이라는 것은 바로 이것을 두고 하는 말이다. 그래서 『예기(禮記)』에 "남을 가르치는 것은 반은 배우는 것이 된다."고 한 것이다.(김재영)

요즘은 통용될 수 없는 말이라고 하겠지만 사람이 돈이 너무 많으면 게으름이 몸에 배어 공부를 못하는 법이라고 했다. 옛날 선비들은 적어도 그랬다. 절약하고 검소한 것이 몸에 배었다. 공부란 그렇다고 옛날같이 호구지책(糊口之策)이 마련되지 않아도 할 수 있는 것이 아니다. 사람이 먹고사는 일에 얽매이게 되면 공부할 마음의 여유가 없어지기 때문이다. 삶이 무의미하지 않도록 죽을 때까지 공부하기 위해서는 생산적인 일에도 어느 정도 관심을 기울여야 한다는 이야기다.(김재영)

석가는 "인생은 덧없으니 쉬지 말고 정진하라."고 했다. 율곡은 "공부는 죽은 뒤에야 끝나는 것"이라 했다. 그의 「자경문(自警文)」에 나오는 내용이다. 성철스님은 "밥은 죽지 않을 만큼만 먹고 옷은 살이 보이지 않으면 된다. 하지만 공부는 밤을 새워서 하라."고 했다. 한술 더 떠 조계종 제10대 종정 혜암 스님은 "공부하다 죽으라."고 했다. 사람은 휴식과 안정을 취하고 있을 때 가장 창의적인 생각이 떠오르는 법이다. 그런데 공부하다 죽으라니 주문이 너무 가혹하다. 아무튼 공부를 하다 죽든, 놀다 죽든 그것은 본인의 의지와 선택에 달려 있는 문제다.

어른이란 '얼'이 익은 사람이다. '어린이'는 얼(혼) 자체인 사람이다. 따라서 어른스럽지 못하다는 것은 어리석다는 말을 의미한다. 직역하면 '얼이 썩었다'는 이야기다. 늙으면 지혜로워진다는데 그게 아니다. 나이가 든다고 인격이 완성되는 것도 아니다. 살아온 경험-치로 보건대 오히려 자기주장만 앞세우는 뻔뻔스러움이 더 는다. 이렇게 자기 생각만을 우기는 사람들을 일러 '꼰대'라고 한다. 나이가 들수록 마음을 곱게 써야 하는데 온화해지기는커녕 아집이 강해지고 쉽게 분노하고 폭발한다. 이런 사람들의 공통적인 문제는 자신이 무엇을 잘못했는지 잘 모른다는 것이다. 그래서 그들은 절대 사과하지 않는다. 젊은이들이 말하는 '꼰대'가 달리 '꼰대'가 아니다.(김재영)

그럼 꼰대와 어른은 어떻게 다를까. 대안교육 전문가인 여태전 상주중학교 교장이 『경남도민일보』에 쓴 칼럼을 우연히 보았다. 그 정의가 아주 명쾌하다. "꼰대는 성장을 멈춘 사람이고, 어른은 성장을 계속하는 사람이다." 죽을 때까지 시대 변화에 맞게 공부하라는 의미로 해석된다. 아이는 내일(미래)에 살고, 어른은 어제(과거)에 살기 때문이다.

요즘은 비단 꼰대가 나이 든 사람들에게만 있는 게 아니다. '젊꼰'도 있다. 젊은이든 나이가 들었든 이런 사람들과 대화를 나누는 것은 사실 의미가 없다. 우리 주변에 반드시 이런 사람이 있기 마련이다. 나이 들면 생각을 고치기 어렵다고 하는데 아니다. 이는 변명에 불과한 말이다. 자신이 고칠 생각이 없기 때문이다. 원불교 창시자인 소태산 대종사는 "어리석은 사람은 남의 허물만 밝히기 때문에 늘 제 앞이 어둡고, 지혜 있는 사람은 늘 자기 허물을 살피느라 남의 시비를 볼 틈이 없는 법이라"고 했다.

10대를 일러 '철이 없다'고 한다. 20대는 '답이 없다'고 한다. 시대를 불문하고 나이 든 어른의 입장에서 본 이 말이 과연 맞는 것인지는 생각해 봐야 한다. 요즘 보면 나이가 들었는데도 그것도 60이 넘었는데 철이 들지 않은 사람들을 자주 보기 때문이다. 그 원인이 바로 '제철음식'을 먹지 않기 때문이다. 모든 식물은 봄에 싹이 나고 여름에는 가지와 줄기를 뻗고, 가을에 열매를 맺는다. 이 계절에 영양분이 뿌리로 가기도 한다. 겨울에는 수확한 열매를 저장하는 것이 '생장염장(生長斂藏)'이라는 자연의 이치다. 이 이치는 태어나서 자라고, 청년기를 지나 장년기를 거쳐 노인이 되어 자연으로 돌아가는 인간에게도 똑같이 적용된다. 따라서 자연의 이치 그대로 봄철에는 새싹음식을 먹고, 여름에는 줄기음식을, 가을에는 열매음식을, 그리고 겨울에는 뿌리음식을 먹으면 된다. 순리(順理)를 따르는 사람이 철이 들지 않을 이유가 없다. 철이 들지 않는 것은 바로 이와 같은 자연의 이치를 거스르기 때문에 생기는 현상이다. 제철음식이 아닌 것을 비싼 돈을 들여가면서 먹는 것을 자랑으로 여겨서는 안 된다. 제철하면 포항제철밖에 모르는 '철-부지(철不知)'들이 새겨들어야 할 이야기다.(김재영)

정읍은 풍수상 도시 전체를 배의 형국으로 보기도 하고, 금거북이 진흙탕에 빠진 '금구몰니형(金龜沒泥型)'으로 보기도 한다. 도시 전체를 배의 형국으로 보는 것은 전국에 많이 분포되어 있다. 그 가운데 평양을 풍수상 대표적인 행주형(行舟形)으로 보고 있다. 봉이 김선달이 대동강물을 팔아먹을 수 있었던 배경도 배의 형국에서는 우물을 파면 배의 밑바닥에 구멍이 뚫려 배가 가라앉기 때문에 우물을 파지 못하게 했기 때문이다. 따라서 주민들은 대동강물을 먹을 수밖에 없었던 것이다. 희대의 사기꾼 봉이 김선달이 대동강 물을 팔아먹을 수 있었던 배경에 풍수가 있다.(김재영)

정읍은 청동기 시대 고인돌이 45개소 177기가 분포하고 있다. 이와 같은 수치는 고창에 이어 전북지역에서는 두 번째로 많은 분포를 보이고 있어 정읍이 고창과 함께 고인돌 문화의 중심지를 이루었을 것으로 추정된다. 고인돌이 주로 서해안 일대에서 많이 발견되는 것은 아득한 선사시대부터 우리 조상들이 이곳 따뜻한 남쪽으로 내려와 농경생활을 했음을 알 수 있다.

중국 고대 전설상의 인물인 복희(伏羲) 때 하수(黃河)에서 용마(龍馬)가 지고 나왔다는 55개의 점으로 된 그림이 바로 '하도(河圖)'이다. 천지와 만물의 본성을 근원적으로 나타낸 것이다. 이 하도와 짝을 이루는 것이 '낙서(洛書)'다. 낙서는 중국 하나라의 우임금이 낙수라는 강에서 구한 거북이 등에 씌어 있었다는 45개의 점으로 된 아홉 개의 무늬를 말한다. 여기서 '팔괘'와 '홍범구주(洪範九疇)'라는 용어가 나왔다. 하도는 낙서와 함께 주역(周易)의 기본 이치가 되는 그림이다. 하도의 '도(圖)'와 낙서의 '서(書)'자를 딴 것이 도서관(圖書館)이다.

인문학은 평생학습의 대상이다. 현대 자본주의 사회를 살아가는 사람들의 삶의 방식을 '소유냐, 존재냐'라는 두 가지 개념으로 명쾌하게 설명한 독일의 철학자 에리히 프롬이 말했다. "인문학을 공부하면 어떤 방식이든 우리의 삶을 변화시킬 수 있다."고. 왜, 인문학자 박석무가 말했듯이 '인문학이란 사람 되는 공부'이기 때문이다.

인문학을 공부하면 생각이 바뀌고 행동이 달라져야 한다. 인문학을 공부하고서도 달라지지 않았다면 공부하지 않은 것과 같다. '인문학을 왜 해야 하는가'라는 근본적인 물음부터 자신에게 물어야 한다.(김재영)

참고문헌

고윤정, 「민초들의 우국충절과 상징, 호벌치 전투」, 『전북문화 살롱』, 2023년 5월호.

곡부공씨대종회, 『공부자성적도(孔夫子聖蹟圖)』, 회상사, 1994.

김유진, 「조선시대 밤 문화」, 『정읍문화원 지역사 강좌』, 2023.

김의원, 『국토이력서』, 매일경제신문사, 1997.

김재영, 『역사인문학 99강』, 대성인쇄기획(정읍), 2019.

나종우, '정유재란400주년기념 국제 심포지움' 「임진·정유왜란과 전라도 정신」, 『정유재란
　　　과 전라도 정신의 재조명』, 전북애향운동본부·한일관계사연구회, 1997.

배우리, 『우리 땅이름의 뿌리를 찾아서』 1·2권, 토담, 1994.

부안문화연구소, 『부안이야기』 통권 제12호, 밝, 2015.

에리히 프롬, 김진홍 번역, 『소유냐 삶이냐』, 홍성사, 1978.

이성우, 『한국식품문화사』, 교문사, 1984.

이용우 번역, 이용엽 편저, 『일기 속 100년 전 전주이야기, 이상래 선생의 일기』, 신아출판
　　　사, 2019.

이이화, 『전봉준, 혁명의 기록』, 생각정원, 2014.

조용헌, 『조용헌의 사주명리학 이야기』, 알에이치코리아, 2014.

조준상, 「20세기 사람들의 일상생활을 기록하라」, 『한겨레신문』, 2003년 8월 4일자.

주강현, 『우리 문화의 수수께끼』, 한겨레신문사, 1996.

최한선, 「문화재와 친해지기」, 『파인뉴스』, 2005년 3월 1일.

한문종, 「이재난고의 연구현황과 과제」, '황윤석의 西行日曆과 科擧' 학술대회, 2021.

『강진일보』, 2013년 6월 4일자.

공자와 링컨이 말하는 나이 40과 내가 보는 나이 40

공자(孔子)는 『논어(論語)』에서 자신을 이렇게 회고하였다. "나는 나이 열다섯에 학문에 뜻(立志)을 두었고, 서른에 뜻이 확고하게 섰다." 공자는 이를 '이립(而立)'이라 표현하였다. 그로부터 10년이 지난 마흔에는 마음이 흔들리지 않았다 하여 이를 '불혹(不惑)'의 나이라 했고, 쉰에는 하늘의 명을 깨달았으니 이를 '지천명(知天命)'이라고 했다. 예순에는 남들이 어떤 말을 하든 그 이야기가 귀에 거슬리지 않았다 하여 이를 '이순(耳順)'이라 하였다. 일흔이 되어서는 무엇이든 하고 싶은 대로 해도 법도에 어긋나지 않았다. 고 했다. 이렇듯 공자는 인생을 10년 단위로 쪼개어 설계하였다.

인생 후반, 40대에 설계하라

나는 40대를 '인생 후반'으로 보고 있다. 60이 넘은 퇴직 이후를 '인생 후반'으로 보지 않는다. 대체로 퇴직을 앞둔 65세를 전후로 한 시기를 인생 후반으로 보는 이유는 노화속도가 줄어들면서 나이 40 정도는 청년으로 보기 때문일 것이다. 한 통신사에서 규정한 청년요금제를 보면 만 34세 이하까지로 되어 있다.

우리나이 35세, 그때부터는 '아재'로 취급하겠다는 이야기다. 한편 지방도시가 소멸되면서 청년 지원금을 45세로 확대하는 지역이 생겼다. 이로써 청년에 포함된 이들은 청년주거 및 창업공간 임차보증금 융자사업, '청년 창업자 지원사업' 등의 혜택을 받을 수 있게 되었다. 한편 향교에서는 청년회원의 나이를 60까지 보기도 한다. 사회가 고령화되면서 노인정에서는 60대를 받아주지 않는다. 이렇게 청년을 보는 시각이 다양하다. 하지만 전통적인 유가에서는 40세까지는 개인적인 완성을, 50세 이후에는 유교 덕목인 '성인의 도'로 나아가는 과정으로 이해하고 있다. 그래서 옛날에는 50이 넘으면 노인의 길로 접어든 것으로 보고, 60이 되면 노인 대접을 했던 것이다.

격세지감이다. 요즘 100세 시대를 맞이했다고 야단이다. 하지만 곰곰이 생각해 보면 그렇게 즐거워할 일이 아니다. 모두가 100세를 사는 것이 아니기 때문이다. 통계청에 따르면 80을 사는 것도 큰 축복이다. 사람의 평균수명을 80이라고 가정하더라도 나이 40이면 인생의 절반을 산 셈이 된다. 통상 남자는 9년, 여자는 12년 정도를 이런저런 병으로 고생하다가 저세상으로 가는 것을 감안한다면 실제로 나이 40은 인생의 절반을 넘긴 것으로 봐야 한다. 그렇다면 건강수명으로만 따진다면 70이나 75세를 전후로 한 시기가 아닐까 한다. 따라서 40대에 인생 후반을 어떻게 살 것인가에 대한 진지한 고민과 설계가 없다면 인생이모작은 불가능할 것이다.

내가 지역사를 본격적으로 연구하기 시작한 것은 동학농민혁명 100주년을 앞둔 시점이었다. 40 초반에는 정년을 앞두고 나올 것을 대비하여 지역의 역사문화를 연구할 수 있는 작은 공간을 하나 마련하는 것이 꿈이었다. 그것이 2천 년 무렵의 생각이었다. 어느 날 가수 한치영을 농초 박문기 선생이 운영하는 정읍 백학농원에서 우연히 만났다. 오카리나를 연주 작곡하는 한태주의 아버지라는 사실은 그 뒤에 알았다. 아들 한태주는 그의 '물놀이'라는 곡이 KBS 프로그램

'걸어서 세계 속으로'의 시그널 뮤직으로 사용되어 일반에 널리 알려졌다. 나는 지인을 통해 건네받은 시디를 통해서 가수 한치영이 해남 출신이라는 사실을 알게 되었다. 그가 부른 노래는 주로 자연과 생명, 역사를 노래하는 곡들로 채워져 있었다. 그는 국민대학교 경영학과를 나와 한때 청와대에서 근무한 독특한 이력을 지니고 있다. 그런데도 그는 권력에 미련을 두지 않고 자연과 생명을 노래하는 가수의 길을 선택하였다. 그는 또 1982년 강변가요제에서 금상을 수상할 정도의 뛰어난 가창력을 인정받았으면서도 기성가수의 길을 걷지 않은 것이다. 내게는 그것이 대단한 배짱으로 여겨졌고 신선한 매력으로 다가왔다. 여기에다 그의 기타 연주 실력과 고향을 사랑하는 애틋한 마음이 나를 감동케 만들었다. 나는 이 곡을 들으면서 언젠가는 지역의 역사문화를 노래로 입히는 작업을 해야겠다는 생각을 한 것이다. 정읍을 알리는 가장 빠르고 효율적인 방법은 노래를 만들어 요즘 대세인 유튜브에 올리는 것이라는 결론에 이르렀기 때문이다.

예전 생각 그대로 2013년 명예퇴직 후 역사문화연구소를 설립하고, 2021년에 '녹두꽃 피던 그 자리'라는 음반을 냈다. 이는 아무런 과보(果報)를 바라지 않고 도와준 작곡가이자 가수인 유종화 시인이 아니었더라면 불가능한 일이었다. 노래를 만들어야겠다는 생각을 한 지 꼭 20년 만의 일이다.

뿐만이 아니다. 나는 젊었을 때 가지 못한 대학원을 나이 40이 넘어 들어갔고, 석·박사 과정을 어렵게 마쳤다. 그래서 항상 가르치고 연구하는 후학들에게 당부하는 이야기가 바로 이것이다. 나이 40이 되면 인생 후반을 설계하라고. 우리 속담에 "사람을 보려거든 그 사람의 말년을 보라."고 했다. 정읍 출신 시인 박성우도 나이 40이 넘으면서 "어떻게 사는 것이 나답게 사는 것인가"를 고민했다고 한다. 아마도 마흔이 넘으면서 새로운 세상이 보였을 것이다. 그렇지 않으면 마흔두 살의 나이에 억울하게 죽은 동향 출신의 박정만 시인을 떠올렸을지도 모른다.

40대 초반에 죽은 박정만(朴正萬) 시인을 생각하다

정읍시 산외면 상두리 출신의 시인 박정만(1946~1988)은 인생 후반을 설계해야 할 나이에 산 속 흙집 자연으로 돌아갔다. 박정만은 애먼 이유로 군사정권에 붙잡혀 3일간 받은 고문후유증으로 하소연할 데 없고 의지할 곳 하나 없는 상태에서 억울하게 죽었다. 그는 1965년 경희대학교에서 주최하는 전국 고교생 백일장대회에서 '돌'이라는 시로 장원을 차지할 만큼 촉망받는 인물이었다. 경희대학교를 졸업한 뒤에는 출판사 편집부장을 지냈으나 '한수산 필화사건'에 연루되어 공안기관에 끌려가 영문도 모른 채 모진 고문을 당해 결국 그 후유증으로 사망하였다. 당시 군사정권은 한수산이 1981년 『중앙일보』에 연재하고 있던 소설, 『욕망의 거리』에서 군부를 비하했다고 판단하였다. 그러고선 불온한 소설을 쓰도록 영향을 끼친 사람을 대라고 잔혹한 고문을 했다. 결국 한수산은 고문을 견디지 못하고 출판 문제로 몇 번 만난 적이 있었던 박정만의 이름을 댔던 것이다. 아무 죄가 없으니 아무런 일이 없을 것이라고 생각한 모양이다.

그는 인생이모작을 설계조차 못하고 자연으로 돌아갔다. 그는 죽음을 예감했던지 그가 죽던 그 해인 1988년을 전후해 초인적인 정신력으로 시를 쓰기 시작하여 8권의 시집을 남겼고, 1989년에는 그의 유고시집이 나왔다. 남들이 다 사는 인생 후반을 살지 못하는 대신 죽음을 앞두고 마치 뭔가를 쏟아붓듯 시를 쓴 것이다. 그가 쏟아낸 것은 다름 아닌 삭일 수 없는 고통과 울분이었을 것이다. 아마도 시를 쓰지 않고서는 견딜 수 없었을 것이다. 시를 쓰는 일 이외에는 아무것도 할 줄 몰랐다던 그는 천재적인 재능을 가지고 있었지만 안타깝게도 40대 초반에 그렇게 허무하게 죽었다. 다행히 그의 사후에 온당한 평가가 이루어졌다. 1989년 현대문학상, 1991년 정지용 문학상을 받았다. 1999년 12월에는 고향인 정읍 내장산문화광장에 그의 시비가 세워졌다. 그는 40대에 죽었지만 80을 살고도 남들이 이루지 못할 일을 다 하고 세상을 떠났다. 내가 40이라는 나이를 생각하면서 박정만 시인을 떠올리는 이유가 바로 그것이다.

나이 40이 되면 자신의 얼굴에 책임을 져야 한다

미국의 16대 대통령 링컨이 한 유명한 말이 있다. "사람은 나이 40이 되면 자신의 얼굴에 책임을 져야 한다."고. 사람의 얼굴은 선천적으로 타고나기 마련이지만 어떻게 살았느냐에 따라 외형적인 모습에서 그 위대함이 발견되기 때문이다. 40이 넘었을 때의 링컨의 모습에서 우리는 그것을 발견한다. 우리 속담에 "사람 모습, 열 번 변한다."고 했다. 마음을 어떻게 가꾸느냐에 따라서 사람의 얼굴은 얼마든지 달라질 수 있다는 것을 표현한 말이다. 그 기준을 링컨도 나이 40으로 보았다는 점에서 공자가 말한 불혹의 나이 40은 동서를 막론하고 인생 전반기의 완성이자 또 다른 삶을 선택하는 갈림길이지 않겠는가.

참고문헌

강창희, 『정년 후의 80,000시간』, 미래에셋퇴직연금연구소, 2010.
김동길, 『대통령의 웃음』, 민우사, 1976.
김명희, 「박정만 시 연구」, 창원대학교 박사학위논문, 2008.
김재영 인터뷰, 「천재시인 박정만」, 『전북의 발견』, jtv, 2023.6.18.
윤영걸, 『내 인생의 오후』, 천일문화사, 2010.
이수경, 「박정만 시의 전통지향성 연구」, 경희대학교 박사학위논문, 2021.
최명표, 『정읍시인론』, 신아출판사, 2021.

'역사는 지식이 문제가 아니라 '의식'이 문제다.'

　지역감정이 심각한 '이념갈등'으로 이어지고 있다. 관점이 달라도 이렇게까지 다를 수 있는 것인지 놀라울 따름이다. 일부에서 조장하고 있는 측면도 있겠지만 주의주장과 갈등을 봉합할 수 있는 묘책이 아직 보이지 않는다. 다른 건 몰라도 백범은 폭탄을 던지던 분이 아니냐. 단독정부 수립에 협조하지 않은 사람을 어떻게 대한민국의 건국 공로자로 볼 수 있느냐 하는 주장에서부터 안중근을 테러리스트로 보는 이들은 어떤 사고과정을 거쳐 이러한 결론에 이르렀는지 알 수 없는 노릇이다. 또 일본군성노예로 전락한 이들을 대상으로 위안부는 없었다고 주장하는 이들이 있는가 하면, 민족반역자로 평가되는 친일파에 대해서 일제강점기는 근대화 시기였다는 논리로 친일파를 애국자로 만드는 뒤바뀐 역사인식이 어떻게 한 나라 안에서 가능한 것인지 가슴이 답답해진다. 역사공부는 지식이 문제가 아니라 '의식'이 문제라는 것을 강조하는 것은 바로 이 때문이다.

　어느 시대나 진보와 보수는 있었다. 때로는 진보가, 때로는 보수가 주도하는 시기가 있었지만 사회가 발전하려면 보수와 진보가 어느 한쪽으로만 기울어서는 안 된다. 서로 극단적인 이념과 관점이 사회발전에 도움이 되지 않기 때문이다.

일본군위안부에 대한 인식

서울대학교 이영훈 교수는 "일본군위안부로 가장 많이 내몰린 쪽은 중국 여자들이었다. 그런데도 중국인이나 중국 정부는 그에 대해 우리만큼 심각하게 생각하지 않는다. 1907년 '헤이그 육전협약'이 체결되었음에도 1945년 4월 베를린이 함락될 때 스탈린의 붉은 군대는 베를린 여성의 50%, 약 10만 명을 겁탈하였다. 이후 베트남, 콩고, 방글라데시, 우간다의 전쟁에서도 대량의 겁탈이 자행되었다."고 주장한다.

이어서 그는 군에 의한 관리 매춘은 한국전쟁 당시에도 있었다고 상기시킨다. 서울, 춘천, 원주, 강릉, 속초 등지에 위안부가 설치되었다. 1962년 등록된 2만 명 이상의 위안부가 6만 5천 명의 미군에게 성적 위안을 제공하였다. 대부분 무학으로 가난한 집안의 딸들이었다. 이들을 기지촌의 '양색시' 또는 '양공주'라 불렀다. 뿐만 아니라 조선시대에도 국가가 직접 운영한 기생이란 성노예 제도(?)가 있었을 만큼 민간에 매춘업이 혼재했다고 주장한다. 심지어 배우자가 있는 여성을 위안부로 끌고 간 적이 있느냐고 주장하기도 했다. 그가 기생제도를 매춘이라 표현한 것은 아마도 조선시대 '관기제도'를 지칭하는 것으로 보인다. 조선시대 '남진주, 북평양'이라 할 정도로 두 지역은 기생으로 유명한 곳이었다. 그중 진주에 있었던 기생학교의 경우, 3년 동안에 걸쳐 학과목과 실기교육을 해서 합격한 사람들에게만 기생이라는 자격이 주어질 만큼 그 과정과 관리가 엄격했다. 학과목은 가무, 음곡, 산수, 국어, 예법, 고전시조, 가야금, 유행가, 서화 등이었다. 이러한 관기제도는 행정 쪽에서는 진주목사가, 군사 쪽에서는 경상우병사의 통제를 받았다.(정동주) 양반문화에서 비롯된 이 같은 교방문화(敎坊文化)를 매춘으로 보고, 이것이 마치 일반에까지 보편화된 것으로 표현하는 것은 문제가 아닐 수 없다.

이영훈 교수의 주장을 요약하면 어차피 비상시국인 전쟁 통에 벌어진 일이고, 그런 일들이 비단 우리나라에서만 일어난 것이 아니니 그렇게 크게 문제 삼을 일이 아니라는 말로 들린다. 더군다나 배우자가 있는 여성을 끌고 간 적이 있느냐고 항변하는데 이르러서는 아연실색해진다. 매춘을 전제로 한 이야기겠지만 마치 배우자가 있다면 몰라도 배우자가 없는 여성을 끌고 간 것이 그렇게 큰 죄가 되느냐는 이야기로 들리기 때문이다. 일제강점기 노무보국회 간부로 있었던 요시다 세이지(吉田淸治)가 1989년 과거 조선에서 젊은 사람들을 끌고 간 것을 눈물로 참회하면서 쓴 책이 『나는 조선 사람을 이렇게 잡아갔다』라는 책이다. 그는 이 책에서 '심지어 우는 아이를 내던지고 젊은 엄마를 납치하기까지 했다.'고 썼다. 이어서 경남과 전남 등지에서 남녀 6천 명을 끌어갔다고 썼다.

그런데도 그는 한국에서 위안부 연구와 시민활동은 조선의 순결한 처녀의 성을 일제가 마음껏 유린했다는 식의 대중적인 인식을 토대로 하여 이미 한 개인으로서 거스를 용기를 내기 힘든 권위와 권력으로 군림하고 있는 것 같다고 기술하였다.

같은 논리로 자신이 여성이면서도 일본군위안부를 보는 독특한 시각이 있다. 2015년 2월 15일 세종대학교 일문학과 박유하 교수는 "위안부는 매춘부로 일본군의 협력자였다. 위안부를 끌고 간 것은 일본인이 아닌 조선인 포주였으며, 조선인 위안부는 일본군에게 좋은 대접도 받았고, 나름 긍지를 느꼈다. 위안부는 가난한 소녀나 결혼을 거부하고 도망친 여자들이었다. 조선인 위안부나 일본인 위안부나 고통은 같았다. 일본은 나름의 사죄와 보상을 하였다. 위안부가 한일 역사 갈등의 원인이다."라고까지 하였다. 결국 위안부의 존재를 인정하면서도 그들을 끌고 간 것은 일본이 아닌 조선인이었다고 강조한 것이다. 가난이 죄인가, 결혼하지 않고 집을 나간 것이 죄가 되는가. 일본군에게 성적인 서비스를 하고 나름 긍지를 느꼈다는 이 대목을 한국인으로서 어떻게 이해해야 할 것인가.

친일파에 대한 역사인식

　역사인식에 문제가 되고 있는 것은 비단 이뿐만이 아니다. 벌써 10년 전의 일이다. 어느 총리 후보자가 자신이 다니는 교회 예배에서 "일본의 식민지배와 남북분단은 하나님의 뜻이다." 아울러 "조선 민족의 상징은 게으름이다. 게으르고 자립심이 부족하고 남한테 신세지는 것이 조선 민족의 DNA로 남아 있다."고 하였다. 뿐만 아니라 친일파를 옹호하는 발언도 서슴지 않았다. "윤치호(尹致昊, 1865~1945)가 몇 년간 친일은 했지만 기독교를 끝까지 가지면서 죽은 사람이다. 한국어가 아닌 영어로 일기를 쓰는 훌륭한 사람이다. 우리 모두는 다 죽어야 한다."라고까지 했다.

　이는 친일행위는 대수롭지 않게 보면서 기독교라는 신앙을 지킨 것은 높게 평가하고 있는 그의 역사인식을 은연중 드러낸 말이다. 하나님을 섬기는 돈독한 기독교인이라면 친일을 해도 괜찮다는 말로도 들린다. 더불어 일기를 영어로 쓸 정도의 외국어 실력이 아니라면 열등한 사람이라는 이야기로도 들린다. 더욱 가관인 것은 "일본이 이웃인 건 하나님께서 만들어 주신 지정학적 축복"이라는 말도 했다. 일제강점기를 근대화로 보지 않는 한 나올 수 없는 발언이다. 대학 강의에서는 일본군 '위안부'(성노예) 문제와 관련, "일본으로부터 위안부 문제를 사과 받을 필요가 없다."는 취지의 발언을 하기도 하였다.

　한술 더 떠 친일 청산을 주장하는 이들을 오히려 좌파, 빨갱이들의 선동으로 몰아가는 이도 있다. 한둘이 아니다. '빨갱이'라는 용어 자체가 해방 이후에 만들어진 것으로 일제강점기에는 없었는데도 불구하고 이들은 이런 것에 아랑곳하지 않는다. 어떤 이는 부친의 친일행각이 구체적으로 드러나자 "요새 좌파들 때문에 아버지가 친일로 매도되고 있다. 내가 정치 안 하면 이런 일이 없었을 텐데 정치를 해서 자식 된 도리로 마음이 아프다."고 했다. 이유가 어떻든 자식 된 입장을 이해 못하는 것은 아니지만 그렇다고 부친의 친일행각에 대한 문제 제기를 좌파들의 공세로 몰아가면 되겠는가. 이어 역사학자 90%가 좌파라는 놀라운 주장을 펼치기도 했다.

자신의 조부의 친일행위를 "변명의 여지가 없다."고 하면서 그 후손이 어떤 길을 걷는지 지켜봐 달라고 한 정치인과 자신이 쓴 『친일문학론』이란 책에서 아버지의 친일행위를 서문에서 사과한 것과는 아주 대조적이다. 정부에서는 독립유공자의 집에 표식을 달아드리고 있고, NGO '한국 해비타트'에서는 독립유공자 후손들의 주택 개선사업을 벌이고 있다. 이렇게 독립운동가와 그 후손들을 위한 사업을 전개하는 사람들이 있는 반면에 그들과 그들 후손들에게 견디기 어려운 모욕을 주고 망언을 일삼는 사람들이 있다. 독립운동을 하면 3대가 망한다는 이야기가 있다. 그도 그럴 것이 안정적인 경제활동을 할 수 없는 데다 독립운동하는 과정에서 전 재산을 탕진할 수밖에 없었을 것이고, 이로 인해 자녀교육이 제대로 될 수 없었다. 2015년 독립운동가 후손의 75.2%가 월수입 2백만 원 이하였다는 통계가 이를 잘 말해주고 있다.

그런데도 어느 만화가가 자신의 페이스북에 "친일파 후손들이 열심히 사는 동안 독립운동가 후손들은 도대체 무엇을 한 것일까"라며 "소위 친일파들은 열심히 살았던 사람들이고, 독립운동가들은 대충 살았던 사람들 아니었을까"라는 발언을 했다. 그러면서 친일파 후손의 집과 독립운동가 후손의 집을 비교하는 사진을 올렸다. 사진 속 '친일파 후손의 집'은 현대식 건물인 반면, '독립운동가 후손의 집'은 허름한 슬레이트 지붕의 건물이었다.

참고문헌

뉴스타파, 『친일과 망각』, 다람, 2016.

박유하, 『제국의 위안부』, 뿌리와이파리, 2013.

요시다 세이지, 『나는 조선 사람을 이렇게 잡아갔다』, 청계연구소, 1989.

이영훈, 『대한민국 이야기』, 기파랑, 2007.

임종국, 『친일문학론』, 민족문제연구소, 2013.

전북도교육청·강원도교육청·광주광역시교육청·세종특별자치시교육청 한국사 공동보조교재,
　　　『주제로 보는 한국사』, 오감기획, 2018.

정동주, 『정동주의 진주문화사 이야기』, 도서출판 곰단지, 2023.

친일인명사전편찬위원회, 『일제협력단체사전』, 민족문제연구소, 2004.

CBS 노컷뉴스, 2021년 1월 14일.

『동아일보』, 1991년 11월 26일자.

　　일본군 위안부란 1931년 만주사변부터 1945년 태평양 전쟁으로 일제가 패망할 때까지 점령 지역에 설치한 위안소에 강제 동원되어 성노예생활을 해야만 했던 여성들을 말한다. 그런데도 위안부는 없었다는 터무니없는 주장을 하는 이들이 있다. 위안부를 매춘부라고 주장하는 이들은 하나같이 조선여자들을 강제로 끌고 가지 않았다는 주장을 되풀이하면서 위안부 피해를 주장하는 이들을 일러 좌파민족주의, 위안부 사기극, 국민적 사기 더 나아가 국제적 사기라고 매도하고 있다.

　　일본 내에서도 극우파에서나 주장할 법한 극단적으로 편향된 역사의식을 갖고 있는 이들을 위해 여기 이토 다카시[伊藤孝司]라는 일본인이 쓴 일본군 '위안부'의 증언에 관한 책, 『기억하겠습니다』(2017)라는 책의 내용 일부를 소개한다.

　　"어떤 때는 50명을 상대하다가 쓰러진 적이 있었어요. '뇌신'이라는 약을 먹기는 했지만, 의식이 몽롱한 상태였지요. 병사는 불붙은 담배를 내 코와 자궁에 넣었습니다. 어느 장교는 '너는 질렸으니 필요 없다.'며 나를 군견인 셰퍼드가 덮치게 했습니다."(김대일 할머니의 증언)

　　황금주 할머니의 증언이다. "나보다 조금 나이가 든 여자는 '그 짓'을 거절하다 장교와 심하게 싸우기도 했어요. 이 벌거벗은 여자는 성기에 권총을 맞고 죽었습니다."

　　문옥주 할머니의 증언이다. "아직도 밤에 잠을 잘 이루지 못합니다. 어떤 광경이 너무도 생생하게 되살아나서 울면서 깨는 일도 많아요. 버마 랑군에서 자살한 여자의 시체를 태울 때입니다. 잘 타도록 막대기로 쑤셨는데 시체에서 기름이 흘러

나왔어요. 귀국해서 2년 정도는 불고기를 먹지 못했어요."

리복녀 할머니의 증언이다. "여자 두 명이 병사를 상대하는 걸 거부했어요. 병사들은 우리를 불러 모으더니 두 여자를 높은 나무에 매달았어요. 그들은 병사에게 '개 같은 너희들의 말 따위는 듣지 않겠다.'고 외쳤습니다. 그러자 놈들은 칼로 여자들의 유방을 도려내고, 머리를 잘라 끓는 물에 넣었습니다. 그리고 그것을 우리에게 마시라고 강요했어요. 거부하면 죽일지도 모른다는 생각에 어쩔 수 없이 마셨습니다."

도마 안중근과 그의 가문의 항일운동

순국 직전의 안중근 의사

중국의 국부, 쑨웬[孫文]의 송축시(頌祝時)

공은 삼한을 덮고 이름은 만국에 떨치나니 백세의 삶은 아니나
죽어서 천추에 드리우리 약한 나라 죄인이요, 강한 나라 재상이라
그래도 처지를 바꿔놓으니 이등(伊藤博文)도 죄인되리

안중근 의사의 독립운동

안중근은 한국독립운동의 상징적 인물이다. 2019년 국가보훈처가 5년간 뉴스, 블로그, 트위터 등의 빅데이터 분석을 통해 국민의 관심이 큰 독립운동가를 꼽았다. 그 결과 안중근 의사, 김구 선생, 윤동주 시인이 1~3위를 차지한 것으로 나타났다. 장병들이 꼽은 독립운동가 1위도 역시 안중근 의사였다. 뒤를 이어 유관순 열사, 윤봉길 의사, 도산 안창호 선생, 만해 한용운, 아나키스트 박열, 김좌진 장군, 단재 신채호 선생 등이 4~10위에 이름을 올렸다.

그런데도 안중근을 테러리스트라 하는 극우파도 있다. 안중근 의사의 사진을 보고 윤봉길 의사라고 답한 어느 유튜버가 있는가 하면, 안창호 선생이라고 답한 어느 연예인도 있었다. 이게 사실이 아닌 방송 설정이라고 나는 믿고 싶다. 일반 상식이라는 게 있다. 이걸 웃어넘기기에는 너무나 심각하다. 지극히 일부의 사례에 지나지 않는, 그러니 걱정할 것이 없다는 생각을 하면서도 그러다가 앞으로 우리가 살고 있는 대한민국이라는 국호도 잊을 수 있겠다는 생각이 든다.

안중근 가문의 독립운동은 계몽운동·의병운동·의열투쟁·특무공작(안공근) 등 다양하게 전개되었다. 따라서 역사학자들은 안 의사 가문의 독립운동은 반제·반봉건을 시대적 과제로 삼았던 '한국 근대민족운동의 축소판'으로 평가하는데 주

저하지 않는다.[1] 안중근은 독립운동가들도 존경하고 닮고 싶어 했던 인물이었다. 중화민국 초대 대총통 위안스카이(1859~1916)는 "몸은 한국에 있어도 만방에 그 이름을 떨쳤고, 살아선 백 살이 없는 것인데 죽어 천년을 갈 것"이라는 추모시를 남겼다.

그런데 안중근의 영웅적 거사만을 추앙하다보니 오히려 그의 '인간적 면모'는 우리로부터 멀어졌다. 한 걸음 더 나아가 친동생 안정근(安定根)과 안공근(安恭根), 사촌동생 안명근(安明根), 안공근의 장남인 안중근의 조카 안우생(安偶生) 등 안중근 일가가 우리 근현대사에 남긴 발자취는 연구조차 제대로 되지 않은 채 망각의 역사 속에 묻혀 있다. 안중근 가문만큼 오랜 기간 동안 다양한 분야에서 조국을 위해 헌신한 가문은 찾아보기 어렵다. 특히 안정근은 도산 안창호(安昌浩)의 요청으로 상해 임시정부에 합류했고, 청산리 전투에도 참전했으며 임시의정원 의원으로도 활동했다. 둘째 동생인 안공근은 백범 김구를 도와 '한인애국단'을 사실상 도맡아 운영했고, 백범의 오른팔 역할을 했음에도 안중근이라는 영웅에 가려 그간 제대로 빛을 보지 못했다. 마치 여성독립운동가로 유관순(柳寬順) 열사 한 사람만 기려온 것과 비슷하다.[2]

부끄럽고 안타깝게도 우리는 순국한 지 100년이 넘었지만 아직까지 안 의사의 유해조차 찾지 못했다. 그뿐만 아니다. 부친의 묘는 북한에 있지만 그의 사후 독립운동에 뛰어든 안태건, 안태순 등 안 의사의 숙부를 비롯해 모친과 친동생 안정근, 안공근도 해방된 조국에 돌아오지 못했고, 그들이 어디에 묻혀 있는지조차 현재 모르고 있다. 이제라도 정리하고 기록하는 일은 단순히 과거 안중근 일가의 활동을 복원하는 일에 그치지 않고 현재 우리가 사표로 삼아야 할 성찰과 교훈의 밑거름이 될 것이다.[3]

도마[多黙] 안중근의 가문

할아버지 안인수(安仁壽)는 황해도 해주에서 미곡상을 경영하여 막대한 재산을 축적하였다. 해주 봉산 연안 일대에 대토지를 소유하여 황해도 내에서 2~3위를 다투는 부자였다. 이는 다소 과장된 표현으로 보이지만 안태훈 집안이 그만큼 부유했음을 방증해주는 일화이다.[4] 안인수는 온후하며 인자한 사람으로 자선가로도 이름이 높았다. 진해현감을 지내기도 했다. 6남 3녀의 자녀를 두었는데 그중에서도 3남인 태훈(泰勳)이 수재로 칭찬이 자자했다.

안태훈은 9세 때 사서삼경에 통달하고 후에 문과시험에 합격하여 관리에 뜻을 두었다. 안태훈은 가문의 상무적 가풍을 이어받은 호걸풍의 문사로 병법과 병략에 깊은 관심을 보였고, 청소년기에는 박은식(朴殷植)과 함께 '해서지방의 신동'이라는 평을 받았을 정도로 뛰어난 재주를 보였다.[5] 태훈은 3남 1녀를 두었는데 장남이 중근(重根)이고 차남이 정근(定根), 3남이 공근(恭根)이다.[6]

김구는 1896년 2월부터 3개월간 안공근의 부친인 안태훈의 배려로 청계동에서 식객생활을 하였다. 『백범일지(白凡逸志)』에 따르면 "안진사는 눈빛이 찌를 듯 빛나 사람을 압도하는 기운이 있었다. 당시 조정대관들 중에 글로써 다투던 자들도 처음에는 안진사를 악평했지만 얼굴을 마주 대하고 나면 부지불식간 경외하는 태도를 가지게 되었다. 그는 퍽 소탈하여 아랫사람들에게도 교만한 빛 하나 없이 친절하고 정중하여 위아래 모두 함께 하기를 좋아하였다." 김구는 안인수의 자제들인 6형제가 모두 문사의 풍모를 갖추고 있으면서도 동시에 강건한 기상을 지니고 있음을 칭찬하였다. 백범은 특히 안태훈이 큰아들 안중근에게 한 번도 공부하라는 질책을 가하는 것을 보지 못했다고 했다.[7]

안중근은 두 살 때에 황해도 신천군 두라면 청계동으로 옮겨와 살면서 심신을 단련하고 사냥하기를 좋아하였으며, 7세 때부터 말타기와 활쏘기를 익혀 12세

때에는 화살로 20보 쯤 떨어진 곳에 매달은 엽전 구멍을 꿰뚫을 정도로 '사격의 명수'였다.[8]

안 진사의 식객이던 백범은 이때 의병을 일으키고자 스승인 고석로(高石魯)와 상의하고 안태훈과 논의했으나 안태훈은 아무 승산도 없이 일어나 본들 실패할 수밖에 없으니 아직 의병을 일으킬 생각이 없다고 했다. 그는 일단은 천주교에 귀의했다가 뒷날 기회를 보아 의병을 일으킬 생각이며, 당장 머리를 깎게 되면 깎을 의향도 있다고 했다. 이에 고석로는 천주학에 귀의하고 머리를 깎을 의향이 있는 안태훈과 절교를 선언하였다. 백범도 안태훈이 제 나라 안에서 일어난 동학은 토벌하고 오랑캐가 한다는 서학을 한다는 말을 듣고 무척 괴이하게 생각하였다.[9]

안중근의 항일민족운동

안중근은 1879년 7월 16일 황해도 해주부 수양산 부근의 양반 가문인 문성공(文成公) 안유(安裕, 안향)의 26대손으로 태어났다. 본관은 순흥(順興)이고 이름이 중근(重根), 자(字)는 응칠(應七)이다. 응칠은 가슴에 7개의 검은 사마귀가 마치 북두칠성과 같은 모양으로 있었기 때문에 자로 쓰게 되었다. 안중근은 그의 할아버지 안인수(安仁壽)로부터 유교적인 소양을 교육받았고, 아버지 안태훈(安泰勳)으로부터 개화사상에 대한 영향을 받았으며,[10] 천주교 신부인 빌렘(한국명 홍석구)을 통하여 국제정세나 서구사상에 눈을 떴다고 할 수 있다. 국내 독립운동가로서는 안창호와 이상설, 이범윤 등으로부터 영향을 받았다. 특히 블라디보스토크[해삼위]에서 전명운(田明雲) 의사와 3~4회 의견을 나눈 것으로 확인된다. 전명운과 안중근은 같은 동의회(同義會, 이범윤·최재형·이위종)[11] 소속이었으므

로 서로 동지적 결속을 가졌을 것이며 안중근이 의거를 일으키는 데 많은 영향을 주었을 것이다.(박환)

국내 애국계몽운동

안중근은 동학군을 진압하는 박석골 전투에서 중요한 역할을 담당하였다. 한때는 만인계(채표회사, 일종의 '복권회사') 사장으로 활동하기도 하였다.[12] 안중근은 백암 박은식, 도산 안창호와 함께 서우학회(西友學會)에도 참여하여 외국의 선진문물을 수용하여 국력을 기르자는 취지 아래 전 국민을 계몽코자 하였다. 1905년 11월 17일 한일보호조약(제2차 한일협약)이 체결되자 안중근은 앞으로 방책을 구상하기 위해 상해로 건너갔다. 그곳에서 만난 곽 신부(이름은 '르각', 한국명 '곽원량')로부터 속히 본국으로 돌아가서 교육의 발달, 사회의 확장, 민심의 단결, 실력양성에 힘쓰라는 이야기를 듣고 귀국하였다.[13] 그해 12월 귀국했으나 부친은 이미 타계하고 없었다. 안중근은 부친상을 치르며 "대한독립이 성취되는 날까지 절대로 술을 마시지 않겠다."고 단주를 맹세하였다. 1906년 상해에서 진남포로 돌아온 뒤로는 구국교육운동의 일환으로 사흥·민흥·국흥(士興·民興·國興)을 표방한 삼흥학교(三興學校)와 돈의학교(敦義學校)를 세워 운영했으며, 국채보상운동에도 적극 가담하여 국채보상관서동맹회를 조직하고 평양에서 뜻있는 선비 1,000여 명을 모아 의연금을 걷기도 했다. 이 운동에 어머니 조마리아와 안 의사의 형제, 부인 김아려, 제수 모두가 패물을 의연하였다.[14] 안 의사는 한때 산업활동을 통한 근대민족국가의 건설이라는 취지하에 무연탄 판매회사인 삼합의(三合義)를 평양에서 경영하기도 했다.[15]

연해주 블라디보스토크에서 의병항쟁

1907년 7월 24일 제3차 한일협약이 체결되면서 구한국군 군대가 해산되자 안중근은 이때부터 의병활동에 참가하기 위해 연해주의 블라디보스토크로 가기로 결심했다.

교육으로 백년대계가 가능할지 몰라도 당장 망해가는 나라를 구할 수 없다는 한계를 느끼고 망명을 결심한 것이다. 이때 안 의사의 나이 29세였다.[16]

연해주 남부의 항구인 블라디보스토크에는 수천 명의 한국인이 거주하여 학교는 물론 청년회도 조직되어 있었다. 망명 후 북간도 전역을 둘러보던 안 의사는 시인 윤동주(尹東柱)의 고향 명동촌 인근에서 사격연습을 했다고 전해진다. 이때 권총을 구해주고 격려한 사람이 북간도의 한인대통령으로 불렸던 김약연으로 윤동주의 외삼촌이다.

이후 블라디보스토크로 간 안 의사는 이범윤(李範允)을 만난다. 그는 대한제국 시기 간도관리사로 파견되었다. 러일전쟁 직후 러시아로 망명해 독립운동에 헌신한 인물이다. 그는 또 을사늑약 직후 일제의 소환에 불응한 채 러시아에서 계속 공사업무를 하다 망국 직후 자결한 이범진(李範晉)의 동생이자 헤이그특사 이위종(李瑋鍾)의 작은아버지이기도 하다. 안 의사는 또 연해주 지역의 한인지도자인 최재형(崔在衡)과도 만났다. 그는 러시아 황제에게 훈장을 받을 정도로 그 지역의 유력인사였다. 안 의사는 한인사회의 갈등을 해소하기 위해 '동의회(同義會)'를 결성하였다. 최재형이 총장, 이범윤이 부총장으로 참여하였다. 그리고 두 의병세력을 합쳐 의병연합부대를 창설하였다.[17] 안 의사는 최재형 계열의 의병부대의 우영장으로 3개 중대, 약 300명을 거느리는 지휘관이었다. 1908년 6월 두만강을 건너 함경북도에서 일본군과 싸워 4명을 포로로 잡는 성과를 올렸으나 이들을 석방하였다. 포로는 훗날 송환해야 한다는 '만국공법'(국제법)과 인도주의에 따른 것이었다. 이 작전으로 정보가 노출되어 일본군의 토벌작전에 밀려 고군분투했으나 탄환이 떨어지고 부하들도 흩어져 중과부적으로 참패하고 초근 목피로 연명하며 장마 속 산길을 헤맨 끝에 한 달 반 만에 연해주 본영으로 돌아올 수 있었다. 안 의사는 패퇴하는 12일 동안 단 두 끼를 먹고 두만강을 건너 엔치아 본영으로 다시 돌아온 것이다.[18]

단지동맹(斷指同盟, 정천동맹)과 하얼빈 의거

1909년 정월 노보키에프스크(煙秋) 지역으로 온 안중근은 이곳에서 12명의 동지와 함께 '단지동맹(斷指同盟)'을 결성하고 맹주가 되었다. 12명의 동지들은 모두 왼손 약지 세 번째 마디를 절단하고 그 손가락에서 흐르는 피로 국기에 '대한독립'이라고 쓴 뒤 대한독립만세를 삼창하였다.[19] 이때의 단지혈맹 동지는 안중근 비롯, 김기룡(29), 강순기(39), 정원주(29), 박봉석(31), 류치홍(39), 조순응(24), 황병길(24), 백규삼(26), 김백춘(24), 김천화(25), 강창두(26) 등이다.[20]

1909년 10월 26일 안 의사는 거사 직후 현장에서 곧바로 체포되었다. 안 의사의 의거가 성공할 수 있었던 결정적인 이유는 다음의 세 가지로 요약된다. 첫째는 나이가 어려 분위기 파악을 제대로 못한 유동하가 '미심쩍은 전보'를 보내 안중근을 하얼빈으로 불러들인 점이다. 둘째는 이토가 사열을 받으러 열차에서 내린 점이다. 셋째는 일본이 러시아 측의 동양인 검문 요청을 받아들이지 않아 안중근이 역 구내로 자유롭게 출입이 가능했다는 점이다. 이 셋 가운데 어느 한 가지라도 맞아떨어지지 않았더라면 거사는 성공하지 못했을 것이다.[21]

거사 4일 뒤 첫 신문에서 이토를 처단한 이유를 안 의사는 거침없이 말했다. 안 의사는 일본이 한국을 개화(근대화)시켜 준 데 대해서는 감사를 표했으나 일본의 보호정치에 대해서는 한국의 진보나 편리가 아니라고 단호하게 반박하였다. 특히 고종을 폐위시킨 점에 대해서는 극도로 분노를 표출했다. 안 의사는 한국의 시국상황을 두루 꿰고 있었다. 안 의사는 한국에서 발행되던 『대한매일신보』, 『황성신문』, 『제국신문』을 비롯해 미국에서 발행되고 있던 『공립신보』와 블라디보스토크에서 나오는 『대동공보』 등을 두루 탐독하고 있어서 당시 국내외 정세에 대해 해박했다.[22]

'동양평화론'을 주창한 위대한 사상가

안 의사는 물산장려운동에 앞장 선 민족의 선각자였고, 독실한 천주교 신자로 포교활동을 한 종교 운동가였으며, 직접 무기를 들고 일본 제국주의와 군경에 맞서 싸운 의병 참모중장이기도 했다. 또 한국을 침략한 일본의 초대 통감이자 총리대신을 역임한 추밀원(일본 구 헌법에서 천황의 정치 자문기관) 의장 이토 히로부미를 중국 흑룡강성 하얼빈에서 사살한 대한의 영웅으로 우리 민족사에 길이 남을 위대한 업적을 이룩하였다.[23] 여기에 더해 한국과 중국, 일본 3개국이 독립국가로서 주권을 가지면서 국제사회가 협력하여 서구제국주의 침략에 공동으로 대처하는 한편 안으로는 3국이 공동번영을 도모하는 방안을 구체적으로 제시한 '동양평화론'을 주창하였다.

안중근 의거의 숨은 공로자, 페치카 최재형(표토르 세묘노비치)

'페치카'를 아는가. 러시아말로 한때 군대 막사에서 난방을 위해 설치했던 벽

난로를 이르던 말이다. 우리 역사상 '페치카'라 불리던 독립운동가가 있었다. 독립운동에 이바지한 공적에 비해 저평가되어 있는 대표적 인물인 최재형(崔在衡)의 애칭이었다. 그는 동포들에게 가장 따뜻한 사람 노블리스 오블리제를 실천한 사람이었다. 최재형은 1880년대 러시아에 귀화한 뒤 한인 자치구의 책임자인 도헌(都憲)과 기업인으로 성장하여 한인사회를 이끈 대표적인 지도자였으며, 러시아 당국으로부터 가장 신망을 받는 친러 인사였다. 을사늑약 후 항일투쟁에 참여했고, 1920년대 시베리아에 출병한 일본군에 의해 처형될 때까지 독립운동을 전개하면서 전설적인 영웅의 이름을 남겼다. 1900년대에는 러시아에서 가장 대표적인 의병조직인 '동의회'의 총재로 활동했고, 블라디보스토크에서 발행된 민족언론인 『대동공보(大同共報)』, 『대양보』의 사장을 역임했다. 1910년대 초반에는 권업회(勸業會) 총재, 1919년 3·1독립만세운동 이후에는 대한국민의회 명예회장으로 활약하는 등 1900년대부터 1920년까지 러시아 지역에서 조직된 주요 단체의 책임자로 일했다. 최재형이야말로 우리나라 초기 독립운동의 대부였다.[24]

안중근과 최재형의 만남

최재형과 안중근의 연계는 안중근과 함께 활동했던 우덕순, 안중근과 의형제였던 『대동공보』주필인 이강, 최재형의 딸 올가, 러시아 지역 대표적 항일운동가 이인섭의 기록 등에서 확인할 수 있다. 최재형은 안 의사가 연추를 출발할 때 일정한 자금을 제공했고, 그의 의거 성공 소식을 듣고 안중근의 장거는 '국가 1등 공신'이라고 하며 축하하였다. 또한 금 400루블을 대동공보사에 보내 그의 의거를 찬양하였다. 하얼빈 의거 직후 일본 당국이 최재형을 하얼빈 의거의 연

루 혐의자로 지목한 37명 가운데 첫 번째 인물로 지목한 것은 우연이 아니다.[25]

페치카 최재형의 독립운동

1918년 6월 니콜스크에서 제2차 전로한족회중앙회의가 개최되었다. 1919년 1월에는 니콜스크에서 대규모 한인대회를 열어 조선의 독립을 촉구하였다. 이어 2월에는 전로한족회중앙총회를 확대 개편하여 '대한국민의회'를 조직하였다. '대한국민의회'는 향후 조선독립에 대비하여 정부형태의 조직을 구체적으로 구상했다는 점에서 '한반도 밖에서 구성된 최초의 임시정부'라는 중요한 의미를 가진다. 최재형은 대한국민의회 외교부장으로 선임되었다. 그를 외교부장으로 임명한 것은 그의 탁월한 러시아어 실력과 러시아인들과 귀화한인 관계 등을 전체적으로 고려하였기 때문일 것이다. 그해 4월 상해임시정부가 발족되었을 때는 초대 재무총장으로 임명될 만큼 최재형은 우리나라 독립운동사에서 중추적인 인물이었다.[26] 하지만 그는 상해로 가지 않았다. 그는 시베리아 현장에 남아 지속으로 항일투쟁을 전개하고자 했던 것이다. 이에 대하여 공산주의자 이인섭은 자신의 기록에서 최재형이 다음과 같이 언급했다고 했다. "조선해방은 임시정부를 조직하는 데 있는 것이 아니라 조선인 해방군대를 조직 양성하는 데 있다. 나는 본시 조선의병대에 종사하였고, 지금도 종사하고 있다. 만일 상해로 가는 여비가 있다면 나는 그 돈으로 총을 사서 우리 독립군 부대로 보내겠다."[27] 위의 내용을 통해서 최재형이 얼마나 현실적인 항일투사인가를 짐작할 수 있다. 최재형이 상해 임시정부 재무총장 선임을 거절한 것은 독립운동의 방식을 둘러싼 대한국민의회와 상해 임시정부 사이의 노선 차이가 작용했다고 볼 수 있다.

최재형은 이동휘(李東輝)와 함께 1919년 3월에 열릴 파리강화회의의 파견대표로 물망에 올랐으나 나이가 있는 데다 거물급 인사라는 점이 알려져 체포의 위험이 있었기 때문에 제외된 것으로 보인다. 대신 신한청년당의 여운형(呂運亨)이 선정한 김규식(金奎植)이 파견되었다.[28] 최재형은 1920년 4월 5일 순국(61세)하였다. 최재형은 우수리스크 거처에서 체포되어 일제에 의해 총살당했다는 설과 왕성하게 항일운동을 하던 대한국민의회와 함께 연해주 독립군을 총 규합하여 시가전을 벌이다 사살당했다는 두 가지 설이 있다. 아무튼 최재형의 순국은 1920년 3월 5일 아무르강 하구인 니콜라예프스키[尼港]에서 한 러시아 빨치산 연합부대가 일본군을 섬멸하고 일본영사 등을 살해하는 소위 '니항사건'의 발생과 연관된다. 이에 일제는 3월 31일 '일본 신민의 생명 재산에 대한 위협'과 '만주 및 조선에 대한 위협'이 엄존하다는 명분하에 성명서를 발표하고 4월 4일 블라디보스토크의 신한촌을 기습하여 우리의 한민학교와 한민보관 등의 주요 건물을 불태우고 무고한 한인을 학살하였다. 이는 일본군의 보복 대상이 그들을 공격했던 빨치산 부대에 국한하지 않고 재러 한인사회에 대한 무차별적인 학살과 파괴를 목적으로 하고 있다는 사실을 말해준다. 다음 날 최재형은 일본군에 의해 체포되었다. 일본 측 기록에 의하면 최재형은 4월 7일 취조를 위해 압송 중, 탈출을 시도하다가 사살되었다고 주장하며 살해의 불가피성을 강조하고 있지만 이는 그대로 받아들이기 어려운 측면이 있다. 최재형이 어떤 과정을 거쳐 살해되었는지에 대해서는 그 후에도 정확히 알려지지 않았다. 시신을 매장했던 장소역시 끝내 알려지지 않았다. 후손으로 아들 최발렌틴과 딸 최올가가 있다.[29]

일제가 표적으로 삼은 최재형 시대의 인물은 대략 30명으로, 러시아로 귀화한 사람은 10명, 귀화하지 않은 한국인은 20명이다. 여기에 ①이동휘(李東輝), ②계봉우(桂奉瑀), ③이갑(李甲), ④이범윤(李範允), ⑤이동녕(李東寧), ⑥안정근(安定根), ⑦안공근(安恭根), ⑧이위종(李瑋鍾), ⑨최재형(崔在衡), ⑩엄인섭(嚴仁燮), ⑪이상설(李相卨), ⑫홍범도(洪範圖) 등이 포함되어 있다.[30]

안중근의 동생, 안정근의 항일독립운동

안중근·안정근·안공근 3형제는 한국 근대사를 화려하게 장식한 독립 운동가들이다. 이들은 1905년 을사늑약 체결 후부터 1945년 해방 전까지 한국의 자주독립을 위해 이국땅에서 신명을 바쳤다. 특히 안정근(安正根, 1884~1949)은 형에 못지않은 활약을 펼쳤던 독립운동가이다. 안정근은 1884년 11월 15일 황해도 해주에서 안태훈의 3남 1녀 중 둘째아들로 태어났다. 호는 청계(淸溪), 세례명은 '시실로'이다. 부친의 영향으로 14살의 어린 나이에 천주교를 받아들였다. 어렸을 적 한문사숙에서 한학을 수학하였으며 진남포로 이주하기 직전인 1902년부터 1904년까지 집안 소유 토지에 대한 농사감옥을 맡았다. 1905년부터 1906년까지 무역상을 했다고 하는데 구체적으로 어떤 장사를 했는가는 분명하지 않다.[31]

그가 중국과 무역거점이자 황해도의 개항장인 진남포로 이주하게 된 것은 동생들에게 신식교육을 시키고 자신은 상업에 종사하려는 안중근의 뜻에 따른 것이었다고 한다. 1906년부터 1907년까지는 형이 세운 삼흥학교에서 영어를 공부했고, 1909년 3월경부터 양정의숙 법률과를 다녔다. 안중근 의거 직후 공범으로 체포되었으나 한 달 남짓 지나 석방되었다. 11월 13일 중국 대련으로 가 형을 면회하고 옥바라지, 형수와 조카들을 돌보는 일을 했다. 안 의사의 사형 집행 이후 안정근은 평양에서 출발, 북간도를 거쳐 블라디보스토크로 갔다가 안중근의 단지동맹 장소인 형수가 있는 크라스키노(연추)로 옮겼다. 일제 정보보고서에는 안정근을 블라디보스토크에 체류하고 있는 한인들 가운데 안창호·이강·이상설·이범석·유인석과 함께 유력자의 한 사람으로 파악하였다.[32]

1911년 4월경 생활 안정을 위해 중러 접경지대에서 안전한 동청철도 조차지를 얻어 거주하게 되었다. 이곳 목릉에는 서북출신들이 많이 살면서 항일집단촌을 형성하고 있었다. 무엇보다도 정치상황의 변동에 따라 중국이나 러시아 땅으로 쉽게 옮겨갈 수 있는 곳이었다. 이때 안정근은 자신과 일족의 안전을 위해 러시아 군대에 들어가 복무함으로써 러시아 국적을 취득하였다. 1912년부터 1913년까지 잡화상을 운영하며 생활비를 벌었다. 1914년 1월에 안정근은 블라디보스토크로 가서 안중근 사진 그림엽서를 제작하였다. 안중근 기념엽서 발행 사업은 안중근 기념사업을 펼칠 자금 마련과 해외 한인들에게 안중근의 위업과 민족의식을 고취하고자 하는 다목적 사업이었다.[33]

1914년 8월 20일 블라디보스토크 일본 황실 총영사 외무부는 연해주 군총독에게 비밀문건을 보냈다. 그 내용은 권업회(勸業會)를 해산하고, 『권업신문』을 폐간하고[34] 한인지도자들, 즉 이동휘·이동녕·계봉우(桂奉瑀, 1880~1959)·이범윤·이갑·안정근·안공근 등 총 21명을 축출하라고 요청하였다.[35]

1914년 9월 일제 밀정 김정국을 처단하였다. 일제의 검거령을 피해 1916년 8월 15일경에는 니콜리스크 병사관에 출두, 국민병으로 종군을 자원하여 하바로프스크 병영에 들어갔다. 1919년에는 기후와 풍토가 벼농사에 적합하지 않다고 알려진 니콜리스크에서 처음으로 벼농사에 성공하였다. 이를 기회로 안정근은 니콜리스크에 대규모 농장을 경영하고자 하였다.[36]

안정근은 1919년 2월 중국 길림에서 대한독립의군부가 발표한 '대한독립선언서'의 대표 가운데 한 사람으로 서명하였다. 독립의군부는 신한청년단과 연계하여 한국 민족과 파리강화회의 등에 한국의 독립을 확인하기 위해 선언서를 발표하였다. 조소앙(趙素昻)이 기초한 선언서는 한국의 완전한 자주독립을 후손에게 물려주기 위해 대한민주의 자립을 선언하고 독립을 완성할 것을 선포한 것으로 일본 유학생들의 2·8선언과 함께 3·1독립만세운동을 형성하는 중요한 갈래 중의 하나였다. 이 선언서의 말미에 만주·노령·미주 각지에서 활동 중인 39인의 독립운동가 이름이 나와 있다. 여기에 안정근의 이름이 포함되어 있다.[37]

1919년 가을, 상해로 옮겼다. 이후 안정근은 임정지도자인 안창호의 전폭적인 지원을 받아가며 활동했다. 사실 그는 이미 1911년부터 1912년 봄까지 연해주에서 안창호와 함께 독립운동을 벌인 적이 있었다. 안정근이 상해에 도착해서 맨처음 한 일이 천주교 신자들이 독립운동에 참여해 줄 것을 호소하는 일이었다. 그가 상해에서 벌인 대표적인 활동은 임정의 외곽단체인 대한적십자회의 부회장이자 실질적인 운영자로서 임정의 유력자인 안창호의 임정 운영을 측면에서 지원한 것이었다. 적십자회는 그의 노력으로 상해에서 가장 규모가 큰 단체가 되었다.[38]

1920년 4월 19일 임정 국무원은 안정근을 북간도 특파원으로, 계봉우(뒤바보)를 서간도 특파원으로 임명하였다. 이들의 임무는 말할 것도 없이 북간도 독립단체를 임정의 의도에 맞추어 군정기관과 민정기관으로 통합하고 재편하는 것이었다. 그 결과 1920년 10월 청산리 전투 이전에 주요 독립단체의 통합이 이루어졌다. 일체의 양보와 타협을 거부한 대한군정서와 복벽주의 계열의 광복단을 제외한 대한국민회·의민단(의군단)·신민단·한민회 등 4개 단체의 통합을 이룬 것이다. 이렇게 통합을 이룬 4개 연합부대가 '청산리 전투'에 참여하여 혁혁한 전과를 거두었다. 따라서 안정근은 한국독립운동사에 길이 빛나는 청산리 대첩의 밑거름 역할을 수행한 셈이다. 안정근은 청산리 전투에 직접 참가하여 활동하였다.[39]

1921년 가을 상해로 돌아온 안정근은 다음 해 4월경 임시의정원 의원이 되었다. 이때는 임정의 개조를 위한 국민대표회의 소집 문제로 의정원이 소란하던 때였다. 국민대표회의의 소집을 주창한 세력은 안창호를 중심으로 하는 서북세력이었다. 임정옹호를 주창한 세력은 임시대통령 이승만을 지지하는 기호세력이었다.[40]

1922년 여운형 등이 조직한 노병회에 가담하였다. 1924년에는 흥사단(창립 1914년) 청년들이 다수 가담한 상해 청년동맹회의 결성에 공헌하였다. 청년동맹회는 안창호·안정근·여운형·김구·조소앙 등을 중심으로 독립운동의 진흥책을 논의한 결과 단체통일의 중요성을 강조하면서 조직한 것이다. 그해 여름에는 그간 안창호가 추진했던 이상촌 건설운동에 참여하였다. 해전농장(海甸農場)은 안창호·안정근·김승만·의사 이동필 등 4인이 공동으로 북경에 건설한 것이다.[41]

1925년 가족과 함께 산동성 위해위로 이주하였다. 그가 해전농장을 접고 위해위로 이주한 것은 뇌병 때문이었다. 위해위는 풍광이 수려한 해안가 도시로 위생시설과 병원시설이 요양지로서 적지였다. 뿐만 아니라 위해위는 영국군의 영향 아래에 있어 일본군의 감시와 탄압을 피할 수 있었기 때문이었다. 특히 위해위는 지리적으로 황해도의 장산곶을 마주보는 곳으로 한국과 매우 가까웠다. 안정근은 해방 후 상해로 돌아와 한국적십자회와 한국구제총회 회장직을 역임하다 1949년 3월 17일 상해에서 병사하였다.[42]

안중근의 막냇동생, 안공근의 항일독립운동

1930년대 일제에 직접적인 타격을 가할 수 있는 특무공작과 결사활동 가운데 안중근의 이토 히로부미 포살의거와 안공근의 '한인애국단' 관리는 한국독립운동사에 특기할 만한 위업으로 평가받고 있다. 안공근은 호는 신암(信庵), 세례명은 '요한'이다. 1899년 7월 황해도 신천에서 안태훈의 3남 1녀 중 막내아들로 태어났다. 어린 시절 부친 안태훈의 영향으로 천주교 신자가 되었다. 안태훈은 동학군에게 빼앗은 정부미의 임의사용과 정부의 훈령을 무시하고 포군을 사사로이 양성했다는 이유로 정부의 추궁을 받자 종현의 천주교당(지금의 명동성당)으로 피신하면서 천주교를 받아들이게 되었다.[43]

안공근이 애국계몽운동에 가담한 것은 개화파와 친교를 맺고 서양종교를 받아들인 개화 성향의 부친 안태훈과 서양종교와 서양문화를 전수한 천주교 신부 빌렘, 사유재산을 쏟아가며 애국계몽운동과 국채보상운동을 추진했던 큰형 안중근의 영향이 복합적으로 작용한 결과였다.[44]

안공근은 1914년 안정근과 함께 일제밀정을 처단하고, 팔인단(八人團)을 조직하여 모종의 특무공작을 벌였다. 안공근은 상해거류 한인들 중에 정보력이 매우 뛰어났다. 친분이 두터웠던 김제 출신 아나키스트 정화암의 회고에 따르면 러시아어도 유창했다.[45]

안공근의 특무활동은 1931년 대한민국임시정부가 특무대를 조직하여 의열투쟁을 전개하면서부터였다. 당시 임정요인들은 "군사공작을 못한다면 테러공작이라도 하는 것이 절대 필요하다."고 생각했다. 임정은 의열단의 고문을 지낸 적이 있는 재무장 겸 민단장 김구에게 한인애국단의 조직을 일임하였다. 단원은 안공근·엄항섭 등이었으며 일제요인과 시설에 대한 암살과 파괴를 주요 임무로 삼고 있었다.[46]

한인애국단은 임시정부 산하의 비밀결사 단체였으나 실제로는 김구의 사조직처럼 운영되었다. 운영은 안공근에게 맡겼다. 안공근은 부단장 직책으로 단원의 모집과 관리·통신연락·정보수집·특무활동 등에 관한 일을 총괄한 것으로 보인다. 본부는 안공근의 집이었다. 1931년 12월 13일 이봉창 의사의 선서식이 안공근의 집에서 있었다. 윤봉길 의사가 출정에 앞서 태극기를 들고 찍은 사진은 안공근의 둘째 아들 안낙생(安樂生)이 촬영한 것이다. 안공근은 윤봉길 의거 이후에도 대중국 교섭과 친일파 처단에 열중하였다. 1933년 8월 제약회사를 경영하며 일제 관헌과 내통하고 있던 옥관빈(玉觀彬)을 처단하는 이른바 '서간단사건(鋤奸團事件)'을 성사시켰다. 이 사건은 안공근이 김구의 한인애국단과 정현섭(정화암)의 남화한인청년연맹이 합작하여 이루어진 것이었다.[47]

1934년 이후 안공근은 김구가 설립한 특무교육기관의 실질적인 책임과 운영을 맡았다. 안공근은 중국중앙육군군관학교 낙양분교 내에 설치된 한인특별반을 거느렸다. 한인특별반은 김구 계열이 운영자금을 조달하고 이청천 계열이 교육훈련을 담당하는 이원적인 구조로 이루어져 있었다. 1934년에는 한인특별반의 후신인 한국특무대 독립군의 관리와 운영을 도맡아 처리하였다. '김구 특무대'라고 불린 한국특무대 독립군은 군사적 무장수련을 목적으로 배신자나 친일파를 처단하고 일본제국주의와 그 정책을 파괴하는 것이 목적이다.[48]

한국특무대는 또 다른 사조직인 '학생훈련소'를 운영하였다. 학생훈련소는 1935년 2월 안공근의 건의로 설치한 것으로 각 지방에서 모집한 30명 정도의 한인청년들에게 교양훈련을 시켰다. 학생훈련소는 중국 중앙육군군관학교에 입학시키기 위한 예비교육을 실시하려는 것이었다. 한국특무대 독립군을 거느릴 장교를 양성하기 위한 일종의 예비 사관학교였다. 안공근은 이와 같이 한인애국단 한인특별반(한국특무대 독립군)을 실질적으로 운영하고, 학생훈련소 초기 운영에 관여하면서 세력 기반을 넓혀나갔으나 자금 낭비와 유용 문제로 김구와 사이가 틀어지면서 그의 모든 기반을 몰수당했다.[49]

안중근의 사촌 동생, 안명근의 독립운동

안명근(安明根)은 1879년 9월 2일 황해도 벽성군(해주시)에서 부친 안태현의 3남 중 맏아들로 태어났다. 호는 매산(梅山)이다. 1897년 11월 28일 빌렘 신부로부터 영세를 받고 천주교에 입교하였다. 안명근은 안중근의 사촌 동생으로 어려서부터 안중근의 감화를 받아 항일독립운동에 헌신할 것을 결심하고, '안악면학회'와 '해서교육총회' 회원으로 교육구국운동에 참여하였다. 당시 안악지역은 황해도 애국계몽운동의 중심지로 부상하였다. 안악은 타지역보다 신문화와 신교육 보급이 앞선 곳으로 안악면학회는 1906년 최광옥·김용제·안명근 등이 안악

을 중심으로 교육구국과 민중계몽을 위해 조직된 교육계몽단체이다.[50] 이 안악
면학회를 황해도 전 지역으로 확대발전시켜 조직한 것이 '해서교육총회'이다. 해
서교육총회는 황해도 내 1면 1교 실현을 목표로 소학교 설립운동을 전개하였다.
실무책임자인 학무총감은 김구가 맡았다.[51]

'안악사건'은 1910년 11월 안명근을 중심으로 황해도 일대 애국계몽 인사들이
서간도에 무관학교 설립을 목적으로 부호들에게 자금모금을 추진하던 중 일제에
발각된 사건으로 일명 '안명근 사건'이라고도 한다.[52] '안악사건'은 안명근이 모집
한 군자금을 맡아두었던 배경진이 체포되면서 한순직·원행섭이 평양역에서 체포
되었다. 이들은 모두 천주교 신자였는데 이들의 활동을 빌렘 신부가 뮈텔 주교
에게 알리고 뮈텔이 일본헌병대에 알림으로서 터진 것이다. 『신한민보』에서는
안악사건을 '제2 안의사 사건'으로 보도하였다. 일제는 이 사건을 데라우찌 마사
다케[寺內正毅] 총독 암살미수 사건으로 조작하였다.[53] 일제는 이 사건을 의도적
으로 확대하여 신민회 황해도 지회를 탄압하기 위해 160명을 체포했고, 양기탁
을 비롯한 신민회 중앙간부들을 체포 투옥시켰다. 이것이 이른바 '양기탁 등 보
안법 위반사건'이다. 안악사건과 양기탁 사건은 별개의 사건이다. 안악사건은 안
명근을 중심으로 황해도 지역 부호들을 대상으로 독립군 기지 건설을 위한 자금
을 모금한 사건이고, 양기탁 사건은 양기탁 등 16인이 중심이 되어 서간도 이주
계획과 무관학교 설립계획을 추진한 사건이다.[54] 일제는 또한 신민회라는 비밀
결사가 일제총독을 암살하려는 기도를 했다고 날조하여 신민회원 800명을 검거
하고, 안악사건과 양기탁 보안법 위반사건에 의하여 투옥된 신민회 간부들도 재
기소하였다. 이것이 데라우찌 총독 암살미수 사건이라고 하는 '105인 사건'이
다.[55]

안중근 의사와 천주교

안 의사가 의병전쟁을 치르는 과정에 성모 마리아가 나타나 땅에 쓰러진 안중근을 어루만지고 깨우쳤으며, 그런 중에도 함께 한 의병들이 천주교 신앙을 받아들이도록 천주교 교리를 설명했다고 한다. 여순감옥에서는 '영성(靈性)이 높아서' 음식과 잠자리를 평소와 같이 할 수 있었고, 사형판결이 내려진 이후에는 예수께서 돌아가신 날 죽기를 법원에 부탁하였고, 감옥 안에서 신부 주례의 천주교 의식을 행하였으며 판결을 받은 때가 봉재기간이었기에 천주교 신자로서 절개를 지키고 기도를 올렸다고 한다.[56]

안중근의 민권·민족의식의 형성은 대체로 천주교와 밀접한 관련이 있다고 보고 있다. 안 의사는 민권을 '천명의 본성으로 천주가 태중에서부터 불어 넣은 것'이라는 '천부인권론'을 주장하였다. 그는 해외 망명 결심을 빌렘 신부에게 고했는데 이를 만류한 빌렘 신부를 향하여 "종교보다 국가(민족)가 앞선다."고 선언하였다. 이처럼 안중근의 민족운동의 추동력은 천주교를 바탕으로 한 민족의식이었음이 분명하다.[57]

안 의사가 천주교를 받아들이게 된 것은 안 의사의 부친인 안태훈이 지금의 명동성당[58]인 종현성당으로 피신하면서 천주교를 받아들였고, 이때 안 의사도 자연스럽게 아버지를 통해 천주교를 신앙하게 되었다. 하지만 안 의사의 전교활동과 교리 이해 수준을 볼 때 종교적 감흥에 의해 자발적이고 주체적으로 천주교를 수용했음을 알 수 있다. 그렇기 때문에 천주교를 개인의 구복차원에서 접근하지 않고, 천주교의 교리에서 세상을 바꾸고자 방법을 찾고자 했던 것이다.[59]

안 의사는 빌렘[홍석구] 신부에게 "지금 한국 교인들은 학문에 어두워 교리를 전하는데 어려움이 큽니다. 사정이 이러하니 앞날 국가 대세야 말하지 않아도 생각할 만합니다. 서울의 천주교 최고 책임자인 뮈텔(민) 주교에게 말씀해서 유럼의 수사님들 가운데 박학한 선비 몇 사람을 초빙해 대학교를 설립[60]하고, 재주가 뛰어난 국내 자제들을 교육한다면 몇십 년 안에 반드시 큰 효과가 있을 것입니다." 이에 주교가 다음과 같이 말했다.

"만일 한국인이 학문에 밝게 되면 천주교를 믿는데 좋지 않을 것이니 다시는 그런 의견을 꺼내지 마시오." 안의사가 두 번 세 번 권했으나 끝내 들어주지 않았다.[61]

안 의사는 돌아오는 길에 맹세했다. "천주교의 진리는 믿을지언정 외국인의 심정은 믿을 것이 못된다." 그러고는 프랑스어 배우던 것도 중단하고 말았다. 안 의사의 대학 설립 건의에 대한 뮈텔 주교의 거부는 안 의사로 하여금 민족주체성을 확립하는 계기가 되었다.

친구가 물었다. "왜 프랑스어를 배우지 않는가?" 이에 "일본어를 배우는 자는 일본의 종놈이 되고, 영어를 배우는 자는 영국의 종놈이 되네. 내가 프랑스어를 배우다가는 프랑스 종놈을 면치 못할 것이니 배우지 않는 것이네. 만일 우리 한국이 세계에 국력을 떨친다면 세계 사람들이 한국어를 통용할 것이니 자네는 조금도 걱정하지 말게." 그러자 친구가 할 말이 없는지 물러갔다.[62]

빌렘 신부는 안 의사로부터 '사형선고, 빨리 와 달라'는 전보를 받고 뮈텔 주교에게 편지를 보냈다. 자신을 뤼순으로 보내달라는 내용이었다. 하지만 뮈텔 주교는 이를 거절하였다. 빌렘 신부를 보내 달라는 허락을 받기 위해 뤼순에서부터 찾아온 안명근의 부탁도 면전에서 거절하였다. 뮈텔 주교는 자신의 허락 없이 뤼순에 가서 성사를 베푼 빌렘 신부에게 60일간의 성무 집행정지 처분을 내렸다. 안 의사의 의거를 항일운동이 아닌 살인행위로 인식한 한국천주교회의 태도는 1970년대가 되어서야 바뀌기 시작하였다. 1990년대에는 천주교정의구현사

제단에서 안 의사 순국 80주기 추도미사를 집전했다.[63]

안중근 의거에 대한 천주교회의 인식

안중근의 의거가 있은 후 뮈텔 주교는 통감부로 가서 조의를 표하였다. 일본의 유력 신문이 이토의 암살자를 천주교 신자라고 보도하자 뮈텔은 '결코 아님'이라고 답전하였다. 30일에는 안응칠[64]이라는 이름이 안도마와 다르다고 하면서 불안감을 보였고, 11월 1일 안중근의 본명이 토마스로 신문들이 보도하자 보다 정확한 정보가 아쉽다며 사실을 받아들이려 하지 않았다. 1910년 2월 14일 안중근으로부터 사형선고를 받았으니 신부 1명을 보내달라는 전보를 받았으나 빌렘 신부를 보낼 수 없다고 했다. 16일 여순재판소의 일본인 검사로부터 안중근과 빌렘 신부의 면회를 허락한다는 공식 전보를 받고도 천주교 측에서는 빌렘 신부를 보내지 않았다. 뮈텔 주교는 3월 4일 여순으로 보내 줄 것을 간청하는 빌렘 신부의 편지에 안중근이 먼저 잘못이라고 시인하지 않는다면 불가능하다고 거절하였고, 빌렘 신부가 여순을 다녀오자 명령에 불복종했다며 2개월 동안의 미사 집전 중지 징계장을 발송하였다. 3월 28일 안중근의 사형이 집행되고 일본인들이 그의 시체를 가족들에게 넘겨주지 않았다는 소식을 듣고도 뮈텔 주교는 "그것은 매우 당연한 일이다"라고 논평하였다. 뮈텔은 안중근의 행동을 살인행위로 인식하였다. 안중근이 이토를 살해한 것은 이토를 오해한 때문이라고 생각한 것이다.[65]

이 같은 인식은 사실 빌렘 신부도 같았다. 그는 자신이 받은 처벌을 부당하다고 항의했지만 자신이 여순에 간 것은 사형수에게 성사를 줄 책임이 있다고 인식했기 때문이었다. 안 의사를 만난 빌렘 신부는 죄악을 범한 너라 할지라도 나는 너의 목숨을 끊을 때까지 이를 인도하지 않으면 안 된다고 했고 전연 오해에서 나온 흉행이야말로 그 범한 죄악은 천지가 다 용서하지 않을 것이라고 했다. 심지어 너의 동포, 교우는 너의 대죄는 도저히 생명을 보전케 할 여지가 없고 어느 국법에 비추어도 반드시 죽음을 면할 수 없는 바라 하여 네가 깨끗이 죽음에 나아가기를 절망하고 있다고까지 하였다.[66]

드망즈 신부가 편집을 맡고 있었던 『경향신문』은 10월 29일자에서 이토 저격 사건을 처음으로 보도하였고, 이토의 저격범이 안중근 도마란 이름의 천주교인임이 밝혀졌음에도 그러한 사실은 전혀 보도하지 않았다. 11월 12일자에서는 "고매한 사람의 죽음이니 매우 원통하다."고 하였고, 안중근과 두 동생이 만났던 12월 26일의 만남에 대해서도 소개는 했으나 천주교 관련 내용은 전혀 언급하지 않았다. 다만, 사형 집행 전에 3분간이나 기도하였다고 처음으로 기도한 사실을 보도하였다. 『경향신문』은 안중근이 천주교인임은 고사하고 종교인이라는 말을 한 번도 하지 않았다.[67] 한편 수녀들은 이토 장례식장에 조화를 보냈다. 이와 같이 한국천주교회의 어느 누구도 안 의사의 의거를 민족운동으로, 천주교 신앙과 민족운동을 조화시킨 정당한 행동이었다고 인식하지 않았다. 살인하지 말라는 제5계를 글자대로만 이해하고 안중근의 행동을 살인으로만 인식한 것이다. 그래서 그의 행동을 비난하고 그를 단죄한 것이다.[68]

하지만 1980년대 들어 이 같은 인식에 변화가 생겼다. 1984년에 발간된 『황해도 천주교회사』에 안중근 의거는 군인으로서 전쟁 중 전개한 정당방위라고 언급한 것이다. 천주교 교리상 살인을 반대하되 군인으로서 국방일선에 나서는 것을 전쟁행위라고 인정한다면 안중근 의거도 마땅히 전쟁행위요 더 나아가 정당방위로서 인정해야 할 것이라는 내용이다.[69]

1993년 제100회 교회사연구발표회 겸 안중근의사기념 학술심포지움에서 최석우는 교리상 살인해서는 안 되지만 '국가에서 하는 법적인 제재로서 사형', '개인적인 정당방위', '국가차원의 정당방위인 전쟁' 등의 예외사항이 있는 만큼 안중근 의거는 이러한 측면에서 심사숙고했어야 할 일이었다고 주장하였다.[70]

이에 반해 안중근의 행위는 살인죄가 분명하지만 살인의 벌을 받을만한 죄였느냐를 논의해야 하고 총알에 십자가를 새겨놓는 과정에서 그 총알이 어떤 기능을 할 것인가 충분히 성찰하였는지, 단지동맹을 하면서 거사가 실패하면 3년 안에 자살을 결정한다고 했는데 그렇다면 안중근은 생명의 주인이 누구인가를 정확히 알고 있었는가 의문이 제기된다는 주장이 있다.(이동호)

역사를 뒤흔든 여섯 발의 총성

단지동맹 이후 블라디보스토크와 엔치아를 오가며 의병재건에 몰두하던 안중근은 그해 10월 중순 대동공보사 주필 이강(李剛)으로부터 조선침략의 원흉인 이토 히로부미가 하얼빈에 온다는 소식을 들었다. 이강은 이때 정보를 알려주었을 뿐만 아니라 여비 100원과 권총 두 정을 구해주었다. 이강은 안중근의 절친한 벗이자 동지였다. 안 의사는 10월 21일 의병동지 우덕순(禹德淳)[71]과 함께 하얼빈을 향해 떠났다. 그곳에서 통역을 위해 조도선(曺道先)[72]을 영입한 안중근은 만일의 사태에 대비하여 우덕순과 조도선을 채가구(蔡家溝, 차이자거우)[73] 역에서 대기하게 하고 자신은 홀로 하얼빈에 와서 거사를 준비했다. 10월 26일 오전 9시경 이토가 탄 열차가 플랫 홈에 멈추고 마중 나온 러시아 재무대신 코코프체프 일행이 열차 안으로 들어간 지 20여 분 후 이토와 수행원이 일본 총영사의 안내를 받으며 9시 25분에 기차에서 내렸다. 이토가 의장대를 사열하고 일본인 출영객들로부터 인사를 받는 순간 러시아 군대 뒤에서 기회를 노리고 있던 안 의사의 권총이 불을 뿜었다. 가슴과 흉복부에 3발(안응칠 역사에는 4발)[74]을 맞은 이토가 무어라 몇 마디 중얼거리며 쓰러지자 안 의사는 혹시 다른 사람이 이 토일지도 모른다는 생각으로 일행 중 일본인으로 보이는 3명에게 다시 3발을 쏘 았다. 이토를 뒤따르던 하얼빈 일본총영사 가와카미 도시히코[川上俊彦], 비서관 모리 야스지로[森泰二郎], 만주철도 이사 다나카 세이지로[田中淸次郞]가 차례로 쓰러졌다. 셋 다 중경상을 입었다. 안중근은 사격의 명수로 한 발도 빗나가지 않 았다. 안중근의 7연발 권총에 장전된 일곱 발 가운데 한 발은 남았는데 일부러 남긴 것이 아니었다. 당시 안중근은 실패할 경우를 대비해 품 안에 작은 해군용 칼도 하나 갖고 있었다.[75] 현장에 안 의사가 소지하고 있었던 나이프가 떨어져 있었다. 이때가 오전 9시 30분, 저격 직후 러시아 헌병들이 덮쳐 넘어졌던 안 의 사는 곧장 다시 일어나 힘찬 목소리로 "코레아 우라(대한국 만세)"를 삼창하고 순순히 체포되었다. 안중근의 총탄을 맞은 이토는 수행의사 고야마[小山]가 응급 처치했지만 30분 만에 절명하였다. 이토의 나이 68세였다. 한 증인에 의하면 이 토는 자신을 저격한 사람이 한국인이라는 것을 알고, "바보 같은 자식"이라고 말 했다고 하는데 그것은 사실이 아니다. 이토는 총을 쏜 자의 국적을 들을 여유도 없이 숨을 거두었기 때문이다.[76] 이때 중국은 흡사 자기들의 원수를 갚은 것처 럼 기뻐했다. 안 의사는 체포 당시 몸에 십자가를 달고 있었으며, 검사 앞에 잡 혀갔을 때는 "목적을 달성한 것을 신에게 감사한다."고 말했다. 한편 국내 일부 친일파들은 통감부를 방문하여 조문하고 사죄단을 파견해야 한다고 법석을 떨기 도 했다.[77]

안중근은 청국 내에서 이토를 살해하고 러시아 측에 체포되었다. 그러다 보니 재판관할권 문제가 불거졌다. 가해자는 한국인, 피해자는 일본인, 사건 발생 장 소는 청국 땅 하얼빈이었는데 당시 하얼빈은 동청철도의 부속지로 러시아 정부 의 행정권이 미치는 곳이었기 때문이다. 1899년에 체결된 한청통상조약에 따르 면 청국 영토 내에 있는 한국인에게는 한국법을 적용하며 한국의 영사재판권을 인정한다고 명시되어 있다. 이 조약대로 한다면 이번 사건에 대해서 러시아나 청국은 모두 재판권이 없게 되어 있다. 하지만 1905년 11월 17일에 체결한 제2차 한일보호조약에 따라 일본은 한국의 외교권을 위양 받았기에 한국 외 지역의 한국인 보호를 일본이 담당하게 되어 있다. 하얼빈 주재 일본 총영사는 이러한 법해석에 근거하여 러시아 측으로부터 안중근과 동료들을 인도받게 된 것이다.[78] 일제가 뤼순(여순)의 관동도독부 지방법원에서 재판을 한 것은 이곳은 단독판사여서 일본 정부의 의도대로 조종할 수 있었고 국제여론에서 벗어날 수 있었기 때문이다. 물론 여기에는 러시아의 묵인과 협조가 있었다.[79]

안중근을 심문했던 여순지방법원 검찰관 미소부치 다카오는 심문 도중 안중근으로부터 '이토 죄상 15개조'를 듣고 "당신이야말로 진정한 동양의 의사이다. 의사가 사형을 받는 법은 없다. 걱정하지 말라"고 오히려 위안했다. 한편 여순 관동도독부 지방법원에서는 "안중근의 형량은 무기형이면 족하다."는 의견이 나오기도 했으나 일한병합을 앞두고 한국에 미칠 영향이 클 것을 염려한 일본 정부의 방침에 따라 극형으로 분위기가 선회하였다. 안중근은 이때까지 특별대우를 받았다. 안중근은 "일주일에 한 번은 목욕을 할 수 있었고, 매일 오전 오후 한 차례 감방에서 나와 사무실에 갈 수가 있었다. 하루 세 끼 식사는 좋은 쌀밥이 나왔고, 갈아입을 내의와 좋은 의복이 지급되었다. 또 솜이불 네 개가 침구로 지급되었다. 이런 후대(厚待)에 안중근은 공정한 재판이 진행될 것으로 믿었다.[80] 하지만 일제는 재판에 앞서 극형으로 다스릴 것을 이미 결정한 상태였다. 따라서 안 의사의 기대는 이뤄질 수 없었다.

안 의사의 의거가 성공한 지 10년 후 남대문 역, 지금의 서울역에서 다시 거사가 일어났다. 안중근 의사를 숭모해 순국일자를 벽에 붙여놓고 의거를 준비했다던 강우규(姜宇奎) 의사다.[81] 3대 조선총독 사이토 마코토가 취임 차 남대문 역에 도착하자 그가 탄 마차를 향해 폭탄을 던졌으나 빗나가 결국 실패하였다.

미즈노 정무총감과 호위군경, 조선총독부 관리 등에게 중경상을 입혔을 뿐이다. 결국 매국노 경찰 김태석에게 체포된 강 의사는 서대문형무소에서 순국했다. 강 의사의 나이 환갑을 넘긴 예순넷이었다.[82]

안 의사에 관해 잘못 알려진 이야기

안중근이 대동공보사의 기자였다는 주장과 안중근이 모진 고문을 당한 후에 죽었다는 설, 안중근이 동양평화 만세를 부르면서 순국하였다는 설, 전기장치로 사형을 집행했다는 설, 안중근이 권총 총알에 새긴 것은 그의 신앙심을 상징하는 것이라는 주장과 함께 의거의 배경이 천주교 신앙이라는 주장, 통역을 맡았던 유동하(17세)와 그의 아버지 유승렬의 합작으로 의거가 성공할 수 있었다는 주장(유동하의 여동생 유동선의 구술), 이토 처단 성공 감사기도를 올렸다는 설, 이토 히로부미 사망 일시에 맞추어 안중근의 사형을 집행했다는 설, 안중근의 장남인 안우생(安祐生, 분도)을 일제가 독살했다는 설,[83] 수의를 고향에 계시는 어머니가 보냈다는 설 등은 그동안 학계에 잘못 알려진 것들로 바로 잡아야 한다.[84]

특히 총알에 새겨진 십자형은 총과 총알을 구입할 때부터 있었던 것이다. 이는 살상력을 높이기 위한 러시아 지역의 일반적인 현상이었다.[85] 또 보복의 의미에서 이토가 죽은 지 5개월 되는 같은 시각 3월 26일 오전 10시에 사형을 집행했다는 주장은 사실이 아니라는 점이 일본 측 전보에 잘 나타나 있다. 전보 내용에 따르면 25일은 순종의 탄신일인 '건원절'이었고 27일은 부활절이었다. 일제로서는 두 날 모두 사형을 집행하기가 부담스러웠다. 결국 그 중간인 3월 26일로 정해진 것인데 묘하게도 이토가 죽은 날인 26일과 같은 날이었다.[86] 전보에는 덧붙여 10월 25일 안중근의 사형을 집행하고 여순감옥[뤼순감옥]에 매장하여 가족에게 돌려주지 않기로 내정한다는 내용도 들어 있다. 사형 집행 시간도 관동도독부 사형 집행 규칙에 10시를 넘지 않는다는 규정이 있어 이를 따른 것일 뿐 안중근의 사형 집행과 이토의 죽음은 전혀 관계가 없는 것이다.

앞으로의 일을 우려하여 일제가 안중근의 큰아들인 분도를 독살했다는 것도 사실이 아니다. 1914년 6월 22일자 『권업신문(勸業新聞)』에 의하면 9살 분도는 우연한 병에 걸려 사망한 것으로 보도되었기 때문이다.[87] 이렇게 알려지게 된 것은 유동하의 동생인 유동선(柳東善)이 밀정에 의해 독살되었다고 증언했기 때문이다. 유동선은 당시 안중근 가족 집에 놀러갔다가 분도의 죽음을 목격했다고 한다. 그에 따르면 분도는 어떤 낚시꾼이 주는 과자를 먹고 이내 숨을 거두었다고 한다. 즉 일제는 앞으로 일을 염려하여 안중근의 후손까지 멸족시킬 생각이었다는 것이다.[88] 영화 '도마 안중근'(2004)도 분도의 죽음을 일제에 의한 독살로 보고 이 부분을 마지막 장면으로 내보내면서 내레이션으로 영화를 끝맺었다. 하지만 당시 『권업신문』은 안 의사의 맏아들 분도는 우연히 병에 걸려 죽은 것으로 보도하였다. 만약에 안중근의 장남이 일제 밀경으로부터 독살을 당했다면 당시 언론에 대서특필되었을 것이다.[89]

또 한 가지 안 의사는 두 동생들에게 이토를 처단할 때 입은 옷이 더러워져 이 옷으로 천당에 갈 수 없다면서 수의를 부탁하였다. 이에 대해 유동하의 여동생 유동선은 안중근의 부인이 지어서 보냈다는 설을 제기했고, 일각에서는 안중근의 수의를 고향의 어머니가 만들어서 보냈다는 설을 주장하였다. 심지어 여순 감옥의 전옥 구리하라 사타기치[栗原貞吉]의 부인이 만들어주었다는 설도 있다. 일제는 "이날 안의 복장은 어젯밤 고향에서 도착한 한복(상의는 백무지이며 바지는 흑색)을 입고 품속에 성화(聖畵)를 넣었다."는 기록을 남겼다. 그렇다면 앞으로 누가 어떻게 보낸 것인지가 더 자세하게 밝혀져야 한다.[90]

안중근 의사가 남긴 마지막 말

여순지방법원은 1910년 2월 14일 최종공판에서 안중근에게 사형을 언도하였다. 사형선고를 받은 안중근은 2월 14일과 15일 이틀에 걸쳐 친인척과 빌렘(홍석구) 신부·뮈텔 주교에게 보내는 유서를 작성하였다. 그는 2월 17일 항소를 포기한다는 사실을 일제에 통고하면서 예수 승천일인 3월 25일에 사형 집행을 요청하였다.

안중근은 사형을 선고받았으나 지극히 태연했다. 판결에 불복하면 5일 이내에 고등법원에 공소할 수 있었으나 안중근은 공소를 단념하였다. 이에 고등법원장 히라이시 우진도가 직접 감옥으로 찾아와 상고를 권했으나 그는 끝내 이를 거절하였다. 장부다운 기품이며 의병장다운 태도였다. 공소권을 포기한 이유는 바로 어머니의 충고 때문이기도 했다. 사형선고 소식을 들은 안중근의 어머니는 두 동생을 급히 뤼순으로 보내면서 안중근에게 이렇게 전했다.

"네가 만약 늙은 어미보다 먼저 죽는 것을 불효라 생각한다면 이 어미는 웃음거리가 된다. 너의 죽음은 너 한 사람의 것이 아니라 한국인 전체의 분노를 짊어진 것이다. 네가 공소한다면 그것은 목숨을 구걸하는 것이 된다. 네가 국가를 위해 이에 이르렀으니 죽는 것은 영광이나 모자가 이 세상에서는 다시 상봉할 수 없는 심정을 어찌 말로 다 할 수 있으랴. …… 천주님께 기원할 따름이다."

이를 전해 들은 『대한매일신보』와 일본의 『아사히 신문』은 "그 어머니에 그 아들"이라는 기사를 실었다.[91] 안중근은 사형 직전에 자신을 돌보던 간수 치바에게 그간 친절하게 대해 준 것에 대한 고마움을 표시하면서 '위국헌신군인본분(爲國獻身軍人本分)'이라는 글씨를 써 주었다. 동양에 평화가 찾아오고 한일 간에 우호가 회복되는 날 다시 태어나서 다시 만나고 싶다는 인사를 했다. 사형 집행

5분 전이었다. 안 의사가 치바에게 써 준 유묵은 안의사탄신백주년인 1979년 우리나라로 반환되었다. 유묵을 반환한 해인 1979년 10월 26일은 박정희 대통령이 암살당한 비상시국이었고, 이날은 마침 이토가 피살된 날이기도 해서 무언가 운명적인 것을 느끼게 한다. 박정희 대통령은 안중근 의사 기념관 앞에 '민족정기의 전당'이라는 글씨를 남겼으나 안중근 의사를 존경했다던 자신의 심복 김재규에게 하얼빈 의거일인 10월 26일 죽임을 당했다.

안 의사는 여순감옥에서 자서전인 『안응칠 역사』[92] 저술을 끝내고 이어 『동양평화론』을 쓰다가 미완인 채로 순국하였다. 안 의사는 순국 하루 전까지 붓글씨를 썼다. 안 의사는 3월 11일 둘째 아들을 신부로 만들어 달라, 유해를 하얼빈에 묻어 달라는 유언을 남겼다. 3월 25일에는 둘째 아들 대신 첫째 아들을 신부로 만들어 달라, 정근은 공업에 종사하라, 공근은 학문을 연구하라, 하얼빈에서 우덕순과 유동하와 함께 찍은 사진을 찾아라, 장봉근에게 빌린 50원을 갚아라, 이치권에게서 정천동맹 때 자른 손가락과 구두 의류 등을 찾아라, 어머니와 숙부 빌렘 신부, 뮈텔 주교, 그리고 안명근 부인 김아라에게 보내는 유서를 전해 달라는 부탁을 하였다.[93]

안중근 숭모회에서는 출처를 밝히지 않은 채 안중근 최후의 유언을 안중근 의사 자서전에 다음과 같이 소개하였다.

"내가 죽은 뒤에 나의 뼈를 하얼빈 공원 곁에 묻어두었다가 우리 국권이 회복되거든 고국으로 반장해다오. 나는 천국에 가서도 또한 마땅히 우리나라의 회복을 위해 힘쓸 것이다. 너희들은 돌아가서 동포들에게 각각 모두 나라의 책임을 지고 국민된 의무를 다하여 마음을 같이 하고, 힘을 합하여 공로를 세우고 업을 이루도록 일러다오. 대한독립의 소리가 천국에 들려오면 나는 마땅히 춤추며 만세를 부를 것이다."

한편 안 의사의 동생인 안정근이 1914년에 제작한 안중근 엽서에 "나 죽은 후에 나의 시체는 어느 때든지 나라가 회복되기 전에는 본국에 반장하지 말고 속히 독립의 소식으로 나의 영혼을 위로하게 하라"는 유언을 기입하였다.

"내가 한국독립을 회복하고 동양평화를 유지하기 위하여 3년 동안 해외에서 풍찬노숙 하다가 마침내 그 목적을 도달치 못하고 이곳에서 죽노니, 우리들 2천만 형제자매는 각각 스스로 분발하여 학문에 힘쓰고 실업을 진흥하여 나의 끼친 뜻을 이어 자유독립을 회복하면 죽는 자 유한이 없겠노라."

이 유언은 안중근(1879.9.2.~1910.3.26.)이 순국하기 전 2천만 우리민족에게 남긴 내용이다. 아래는 1907년 8월 1일 조국을 떠나 망명길에 오르면서 쓴 자음시(自吟詩), 산다고 해도 죽은 것과 같다는 시다.

"사지에서 살기를 도모하면 산다고 해도 죽은 것과 같으니, 문을 나서 한번 크게 웃고 거친 바다를 건넌다."

안중근 의사가 옥중에서 남긴 육필

서예는 고도의 집중력이 필요하다. 사형이 결정된 후 안 의사는 이런 작업을 해낼 정도로 심리적으로 안정을 유지하고 있었다. 『만주일일신문』에 이런 기사가 있다. "안 의사가 뤼순감옥에 처음 수감되었을 때 54.5kg이었던 몸무게가 56.5kg으로 오히려 늘었다."는 내용이다. 죄수는 대체로 사형선고를 받으면 죽음에 대한 공포로 몸무게가 주는데 안 의사는 반대로 체중이 늘어난 것이다. 사형선고 이후에도 안 의사는 매우 안정된 정신적 육체적 건강 상태를 유지하고 있었다.[94]

일반적으로 안중근의 글씨체를 중국 당나라의 안진경(顏眞卿)의 글씨체라고 하지만 그만의 독특한 필체가 있어 일명 '해주체'라 부르기도 한다. 『한국통사』에 따르면 안 의사의 옥중육필은 200여 점으로 알려져 있지만 현재 확인된 것은 62점이다. 이 중 국가보물로 지정된 것이 25점(一日不讀書口中生荊棘, 見利思義見危授命, 國家安危勞心焦思,[95] 爲國獻身軍人本分)이고, 나머지 36점 중 4점은 기록은 있으나 실물 또는 사진본으로 발견되지 않은 것이다. 나머지 31점은 한국과 일본, 중국의 기관 또는 개인이 소장하고 있다.

옥중육필을 받은 사람들은 모두 일본인으로 여순감옥 전옥을 비롯하여 안 의사 재판책임자인 하라이시 고등법원장, 판사·검사·서기·변호사 그리고 조선통감부에서 파견한 사카이 경시와 헌병 등이 그들이다. 그 외 통역·간수·교화담당 승려 등도 안 의사에게 글씨를 부탁해 받았다. 즉 안중근 의사가 한국인을 위해 써준 유묵은 하나도 없다. 재판은 철저히 통제되고 왜곡되었지만 일제 관원 개개인은 안 의사에게 상당한 호의를 가지고 있었던 것으로 보인다.[96]

안중근 의거에 대한 중국의 반응

중국인들은 모두 안중근은 "중국인들이 하려고 하면서도 하지 못한 일을 한" 일대 쾌거를 거행하였다고 하면서, 안중근은 중국을 대신하여 원수를 갚아 준 살신성인한 영웅으로 극찬하였다. 『민우일보』는 단도직입적으로 "조선의 원수는 우리의 원수다. … 비록 한인이 스스로 자신의 원한을 갚은 것이지만 이것은 우리에게 지극한 행운이 아닌가. … 만약 불행히도 우리나라 사람이 한 것이라면 요동 삼성은 이토의 묘지가 될 것이다." 만약 중국인이 이 행동을 했다면 만주를 무덤으로 삼아도 대가를 치르는데 부족했을 것이라는 이야기다.

『시보』는 거사 직후 러시아 헌병에 체포되었을 때 안중근의 모습을 "이토 공작을 암살[97]한 살인범의 나이는 약 스무 살 정도이고 눈빛은 늠름하고 양복을 입어 일본인 사이에 서 있으면 식별할 수 없다. 압송된 후 표정이 태연하고 침착하며 두려움이 없었고 모든 언동은 평소와 특별히 다르지 않았다."고 보도했다. 『신주일보』와 『하문일보』 역시 내용은 크게 다르지 않았다.

『화자일보』는 당당히 재판받는 모습을 이렇게 표현했다. "자태가 아주 단정하고 평소처럼 의기양양하였다. … 두 손을 가슴 앞에 가로놓고 눈길로 재판장을 똑바로 보고 있다가 이토의 죄상을 열거할 때 음성은 더욱 웅장해졌고 이목구비가 거의 불을 토할 듯했다."[98]고 보도했다.

당시 중국 신문 가운데 안 의사 의거 보도에 가장 큰 관심을 보인 것은 중국 근대민주언론운동가이며 혁명당원인 우석임(于石任, 1878~1964)이 1909년에 창간한 『민우일보(民吁日報)』였다. 『민우일보』는 15일 동안 다양한 형식으로 안 의사의 의거와 관련한 기사를 93회에 걸쳐 보도했으며, 그 양은 무려 53,000여 자에 달했다. 신문은 일제의 식민지 정책을 집중적으로 폭로 비판하면서 백화문(白話文, 구어체)을 사용하여 지식층이 아닌 일반 독자들도 안 의사의 의거를 쉽게 이해하도록 했다.

신문은 1909년 10월 28일 1차 보도에서 안 의사의 의거는 "일본이 한민족을 억압한 결과"라 지적하였다. 이어 "지금 한국인들이 일본인에 대하여 불공대천의 원한을 가지고 있는데 이는 일조일석에 생긴 것이 아니라 러일전쟁 이후 일본이 한국에서 합병주의를 추진하여 한국인이 망국의 고초를 겪고 있었기 때문"이라고 분석하였다. 그리고 의거를 국가와 민족을 위한 정당한 행위로 평가하였다. 마지막으로 한국인 모두가 안중근의 뜻을 이어 간다면 한국이 망하지 않을 것이라는 강한 메시지도 함께 전달하였다.[99]

이 같은 중국인의 반응은 당시 국내에서 상당한 영향력이 있었던 『대한매일신보』가 50여 편의 보도를 발표했지만 안중근의 거사와 심판 과정을 소개했을 뿐 그를 찬양하는 논조는 한마디도 없었던 것과 대비된다.[100]

박은식의 『안중근전』에 나타난 중국인의 인식

박은식의 『안중근전』에서 중국인들은 안 의사를 당대의 호걸, 세계의 영웅으로 인식하고 있었다. 안 의사의 의거가 한국의 원수만을 갚기 위한 것이 아니라 세계의 공적을 처단하기 위한 것이며, 안중근이야말로 당대의 호걸이며 패망한 나라의 영웅이라고 칭송하였다. 안중근은 '한국의 공인(功人)만이 아니라 동아의 공인이며 세계의 공인이다.'라고 평가하기도 했다. 그는 '세계의 영웅호걸이며 그의 업적은 천고에 길이 빛날 것'이라고도 했다. 또 안중근은 일본의 중국침략을 막아주고 나아가 동아의 평화를 지켜준 공신으로 인식하였다. 이등의 만주행은 단순한 여행이 아니라 중국대륙을 침략하기 위한 것이며, 장차 한국통감으로부터 중국통감이 되려는 것으로 파악하였다. 또한 안중근 의거와 애국정신은 항일투쟁뿐만 아니라 중국의 신해혁명의 성공에도 일조한 것으로 이해하면서 안중근의 공업에 보답하기 위해서라도 한국의 독립운동을 도와주어야 한다고 인식하고 있었다.[101]

안중근 의거에 대한 러시아 언론의 반응

니콜스크-우수리스크시에서 발행하는 『우수리스크 변방』 신문 1910년 3월 10일자에 실린 내용이다. 일본법원이 한국어를 아는 몇 명의 일본인들을 감옥에 있는 안중근 의사에게 보냈다. 그들이 안중근 의사에게 제안한 내용은 "이토 히로부미 암살은 엄청난 오산으로 인한 실수였다고 진술할 것을 제안하였으며, 안중근 의사가 이 제안을 받아들일 경우, 바로 석방하겠다고 말하였다." 이에 격분한 안중근 의사는 "처형보다 더한 극형은 없는지 물으며, 그는 처형당하는 것이 조금도 두렵지 않다."고 말하였다.[102]

2월 9일 최종 선고가 내려지기 전 안중근 의사에게 최후 진술 기회가 주어졌다. 『연해주 신문』은 1910년 3월 23일자를 통해 재판에서 마나베 재판장의 저지로 안 의사가 최후 진술을 끝맺지 못했음을 전하면서 다음과 같이 게재하였다.

"이토 암살은 오랜 숙고 끝에 결행된 것이며, 우리들이 계획한 위대한 목표달성의 시작에 불과하다. 이번 거사는 개인적으로 한 것이 아니며, 더욱이 개인적인 복수와도 무관하다. … 일본은 한국의 독립을 지키기 위해 일본이 자신들의 황제의 명에 따라 러시아와 전쟁을 했다는 것과 일본군대가 승리하여 한국으로 돌아갔을 때 한국인들이 전쟁의 승리를 자신들의 것처럼 기뻐했다. … 나는 우리 국민들의 지도자의 한 사람으로서 이번 거사를 행하였다. 나를 보통의 범죄자들과 동일시하지 말라. 한국 국민의 자신들의 황제에 대한 관계는 일본 국민의 천황에 대한 관계와 같다. 일본 국민들이 그들의 황제에게 충성스러운 신민으로서 의무를 다하는 것과 같이, 한국 국민 역시 그러한 권리를 가지고 있다.…"[103]

『연해주 신문』 1909년 11월 10일자에는 다음과 같은 내용이 실렸다.

순종이 조의를 표하기 위해 일본통감 소네 마사타케를 방문하였다. 방문한 자리에서 순종은

"우리 국가의 은인이자 가까운 우리의 조언자인 이토가 우리 국민인 흉악범에 의해 암살되었다. 일본 정부에 사죄를 청한다. 왜냐하면 범행이 한국인에 의해

서 이루어졌기 때문이다. 이토는 왕자의 스승으로서 그의 교육에 많은 노력을 기울였음으로 지금 이후의 왕자의 교육은 일본 정부에 달려 있다. 이토의 사망 소식은 우리 정부를 놀라게 했으며, 우리는 그의 죽음을 애석해하며 진심으로 조의를 표한다."

이상이 이토 히로부미의 저격소식을 접한 한국 황실의 반응이었다.[104]

『연해주 신문』 1909년 11월 8일자에는 이토의 죽음에 즈음하여 '대한제국 황제의 선언'을 러시아어로 번역하여 기재하였다. 선언문은 한국에서 이토의 행적을 칭송하는 내용이었다.

"우리 국민들의 행복을 바라면서 이를 위한 모든 수단을 강구하는 것이 필요하다고 여긴다. 우리나라는 혼자이며 약하기 때문에 우리는 일본국의 보호하에 남기로 하였다. 일본의 보호 없이 우리국가는 존재할 수 없을 것이다. 일본국의 보호하에서 우리나라는 개화될 수 있다. 우리 왕자의 스승 이토는 황제의 충성스러운 고관으로 40년 동안 일본 국민을 계몽시켰으며 일본에 입헌정치를 도입하였다. 이토는 일본정부의 모든 중요한 문제들을 주관했으며 동양평화의 옹호자였다. 통감으로 있을 때 이토는 양국의 이익을 도모하였으며 우리나라의 통치에 아주 훌륭한 조언을 하는데 자신의 모든 힘을 썼다. 또한 이토는 우리나라에게 분명히 도움이될 개혁정책을 수행하였다. 일본정부의 위인이자 우리의 고관 이토가 하얼빈에서 암살되었다. 그는 우리 국민인 흉악범의 손에 암살되었다. 따라서 우리는 깊이 애도하며 모든 국민에게 이토의 슬픈 죽음에 대해 알린다. 본인이 바라는 바는 우리 국민들이 일본에 대항하여 나쁜 생각들을 버리고 우리를 보호해주고 있는 일본과 가장 친밀한 우정을 유지해 갈 수 있도록 노력하는 것이다."[105]

일본인 전 게이딴렌[經團聯] 부회장 안도 토요토쿠의 회고

　일본의 일부 역사학자들은 아직도 안 의사가 이토를 처단함으로써 일제의 한국병탄을 앞당겼다는 주장을 하고 있다. 안 의사가 온건파 이토를 오해했다는 주장이다. 하지만 을사늑약으로 외교권을 빼앗고, 정미칠조약으로 내정권까지 박탈한 이토의 행보에 오해라는 표현이 과연 적절한가.[106]

　한편 일본인 안도는 하얼빈에서 죽은 이토를 수행했던 전 만철[107]이사 다나카 키요저에게 직접 들은 이야기를 이렇게 전했다. 그는 어느 날 자신의 대선배이자 오랫동안 여러모로 지도해 준 다나카에 물었다.

　"선배님이 지금까지 만난 세계의 명사들 가운데 가장 훌륭한 인물은 누굽니까?" 그러자 즉석에서 이렇게 대답했다. "유감스럽게도 안중근일세. 훌륭한 사람은 순간의 짧은 만남으로도 알 수 있네. 인간의 깊이란 긴 세월이 흘러도 잘 알 수 없는 것이지만 순간적으로 알 수 있는 경우도 있지. 묘한 이야기지만 나는 총에 맞은 아픔보다도 안중근의 눈망울에 정신이 팔려 있었네."[108]

　훗날 다나카는 또 다른 기록에서 매우 특별한 회고담을 남겼다. "나는 당시 현장에서 10여 분간 안중근을 볼 수 있었다. 그가 총을 쏘고 나서 의연히 서 있는 모습을 보는 순간 나는 신(神)을 보는 느낌이었다. 그것도 음산한 신이 아니라 광명처럼 밝은 신이었다. 그는 참으로 태연하고 늠름했다. 나는 그같이 훌륭한 인물을 일찍이 본 적이 없었다."[109]

안중근 의거에 대한 한국의 반응

청구한인(青邱恨人), 「독안중근감언(讀安重根感言)」, … 일본이 합병한 것은 한국의 영토일 뿐 대한사람의 애국심, 대한사람의 대한혼은 일본이 합병할 수 없는 것이다. 그러니 조선이 과연 망하였다고 할 수 있으랴! 이토 조문단에 참여했던 김윤식은 복합적인 심정을 글로 남겼다. "큰 별이 홀연 떨어지니 산하가 진동한다. 범행을 한 자는 어떤 사람인지 알지 못하지만 또한 애국자일 것이요, 죽음을 두려워하지 않는 사내일 것이다."

황현은 『매천야록』에 이렇게 썼다. "소식이 서울에 이르자 사람들이 감히 통쾌하다고 칭송하지는 못하였지만 모두 어깨를 추켜세웠다. 저마다 깊숙한 방에서 술을 따르며 경하하였다. 안중근을 직접 만난 백암 박은식은 『안중근』을 지었다. 그는 서문에서 "안중근은 세계적인 식견을 가지고 스스로 평화의 대표로 나선 사람이다."라고 썼다. 백범은 안중근 의사를 '사당의 신주'에 비유하며 모든 조선인 독립운동가의 정신적 지주로 평가했다. 의열투쟁을 주장했던 아나키즘 계열의 대표적 독립운동가 신채호 또한 안중근 의사를 진정한 독립운동가로 추앙했다.[110] 『아리랑』의 주인공 김산은 안중근 의사를 독립운동의 모델로 삼았다. 또한 중국 관내 우리 민족의 첫 정규 항일무장부대인 조선의용대는 3주년 기념 특별간행물에서 안중근 의사를 '조선혁명투쟁사'의 기원으로 인정하였다.[111]

독립운동가이자 개신교 신자이기도 한 계봉우는 『안중근전』에서 안 의사를 '대종교가 안중근'이라는 제목 아래 안중근을 도마라는 세례명을 받은 천주교 신자의 측면에서 기술하였다. 계봉우는 예수교의 위대함을 설명하고, 지구상의 모든 제왕장상과 영웅호걸이 예수교 신자라고 하였다. 그는 안중근을 큰 상무가(尙武家), 대종교가, 대교육가, 대시가(大詩家), 대여행가, 사군이충, 사친이효, 교우이신, 임전무퇴한 인물로 항목을 나누어 서술하였다.[112]

안중근 의거에 대한 일본의 반응

1950년 일본의 진보적 역사학자들이 만든 『日本の歴史』에 기록되어 있는 내용이다.

"조선의 병합 … 이 때문에 국왕은 일본으로부터 양위를 강요받고, 일본은 더 나아가 조선국의 내정도 감독하게 되었다. 그때부터 조선민족의 독립을 위한 투쟁이 높아갔다. 초대통감이었던 이등박문은 통감을 그만둔 뒤 만주를 여행하고 있었을 때 한 사람의 조선인민에 의해 살해당하였다. 그것을 계기로 일본은 마침내 1910년 (명치 43) 조선을 일본에 합병하였다. 조선도 결국 대만과 마찬가지로 완전한 일본의 식민지로 되어 버렸다."[113]

이 책에서는 일본의 억압과 한국인의 저항을 언급하면서도 안중근 의거를 계기로 일본이 한국을 병합했다고 서술하였다. 식민지로 전락한 직접적인 책임이 안중근에게 있는 듯 서술한 것이다. 한편 문부성에서 만든 일본 교과서에는 안중근 의거 자체를 언급하지 않은 경우도 많았다. 때문에 이등박문과 안중근의 이름조차 거론하지 않았던 교과서도 많았다. 그러다 보니 한국병합에 대한 일본의 강제성도, 한국인의 저항에 대해서도 일체 언급하지 않는 교과서가 많았다. 그 연장선상에서 3·1독립만세운동에 관해서는 서술하지 않는 교과서가 대부분이었다. 이밖에 안중근의 이름을 거명하지 않으면서 암살사건 자체만을 언급하는데 그치는 경우도 있다.[114]

안중근 의사에 대한 북한의 역사인식

북한에서 안중근은 애국열사다. 그는 남북한의 한국근현대사 관련 역사교과서에서 동시에 존경받는 몇 안 되는 인물 가운데 한 사람이다. 북한 역사교과서에 소개된 인물은 김옥균, 전봉준, 홍범도, 이준, 안중근 정도이다. 하지만 그에 대한 평가는 주체사관의 틀 속에서 정치적으로 해석하였다. 북한 역시 안중근의 이토 히로부미 처단을 반일의병투쟁 속에서 설명하고 있으나, 당시 탁월한 지도자를 만나지 못하여 올바른 투쟁의 길을 찾지 못했다고 기술함으로써 은연 중 김일성이 등장해야만 이를 극복할 수 있었다는 암시를 준 것이다.[115]

안중근의 '동학당'에 대한 인식

안 의사는 그의 자서전인 『안응칠 역사』에서 "동학당은 각지에서 외국인을 배척한다는 명목으로 봉기하더니 정작 그 실태는 군현을 유린하고 관리를 살해하고 재산을 약탈하였다. 이는 한국 위기의 근원이자 청일 및 러일전쟁의 원인이 되었다. …… 관군이 진압을 못했기 때문에 청국이 출병하게 되었고, 따라서 일본이 출병하니 마침내 충돌하여 큰 전쟁이 되었다. 결국 한국에 비참한 재난을 가져오게 되었다."고 썼다. 『동양평화론』에서는 동학농민혁명을 '조선의 쥐새끼' 같은 도적의 무리인 '동학당의 소요'로 표현하였다.

안중근을 숭배했던 간수 '치바 토시치'

안중근이 여순형무소에 수감되어 사형이 집행되기까지 5개월간 간수임무를 맡았던 이가 일본인 치바 토시치이다. 치바는 당시 여순의 관동도독부 육군헌병 상등병의 신분이었다. 치바는 1921년 4월 36세의 나이로 퇴임하여 일본 동북지방에 있는 고향으로 돌아왔으나 치바는 만년에 불치병과 싸우며, 안중근과 한국 국민에 대한 참회로 하루하루를 보냈다. 치바는 안 의사가 처형된 후 그의 사상 과 인품에 깊은 감동을 받고, 평생 그의 유덕을 기리며 날마다 불전에 향을 바치 고 명복을 비는 동시에 한결같은 마음으로 한일 양국의 독립되고 명예로운 우호 와 평화의 회복을 기원했다. 아내 기즈요도 남편의 유언에 따라 불단에 유묵과 안중근 의사의 사진을 남편의 위패와 함께 모시고 조석으로 공양을 계속하다 1965년 10월 22일 향년 74세로 이 세상을 떠났다.

안 의사는 처형 직전 치바에게 "친절하게 대해 주서서 진심으로 감사합니다. 동양에 평화가 찾아오고 한일 간 우호가 회복되는 날 다시 태어나 만나고 싶습 니다."라고 인사했다. 치바는 이때 눈시울이 뜨거워져 아무 말도 하지 못하고, 그저 합장만 하였다고 한다. 이때 받은 '위국헌신군인본분'이라는 유묵은 치바의 질녀 미우라 구니코가 간직하고 있다가 1979년 10월 26일 국내에 반환하였다.

안중근 의사의 정체(政體) 인식

1880~1890년대 서구식 근대화를 추구했던 개화파는 '입헌정체'의 도입을 고려 하였고, 1900년 전후 박영효(朴泳孝)와 유길준(兪吉濬) 등 일본망명 정객은 군주 제의 대체 수단으로 민주정체를 논의하였다. 을사늑약 전후의 애국계몽 운동가 들은 중국 근대 사상가 양계초(梁啓超)의 영향과 일본 명치정부를 모방하여 '입 헌제'를 내걸었다. 그러다가 신민회(新民會)의 주요 인사들에 의해 '미국식 공화 제'가 논의되기 시작하였다. 이로써 1910년대 전반을 지나면서 한국독립운동의 정치적 지향은 점차 '공화제'로 모아지고 있었다.[116]

안중근은 상해 체재 당시 자신을 방문한 상인 서상근에게 훈계하기를 "만일

인민이 없다면 국가가 어디에 있을 것이요, 더구나 국가란 대관 몇 명의 국가가 아니라 당당히 2천만 민족의 국가인데, 만일 국민이 국민의 의무를 이행하지 않는다면 어찌 민권의 자유를 얻을 수 있을 것이요. 지금은 민족세계인데 어찌 홀로 한국민족만이 편안히 남의 먹이가 되어 앉아서 멸망을 기다리는 것이 옳겠소."라고 하였다. 여기서 안 의사는 국민이 국가의 주인이며 주권이 국권에 있다는 '주권재민론'을 당연시하였다. 이로 보아 안 의사는 서양의 정치제도에 대해서도 일정한 지식을 가지고 있었음을 알 수 있다. 안 의사가 이토 히로부미를 포살한 것은 국가와 민족을 위해 기꺼이 한 몸을 바쳐 거사한 것이지 황실을 위해 거사한 것은 아니라고 한 점에서도 그렇다. 나아가 안 의사는 한국의 쇠망을 초래한 것은 바로 황실이라는 입장을 보였다. 따라서 안 의사는 군주제를 비판하였고, 황제가 아니라 한국민족을 위해 이토 히로부미 포살의거를 벌였다고 주장한 것이다.[117]

그렇다고 안 의사가 군주제를 부정한 것은 아니었다. 안 의사는 이토 히로부미를 처단할 수밖에 없었던 논리를 '천명론'에 근거하여 설명하였다. 안 의사는 종교를 바탕으로 군주를 소천주(小天主)로 인식하고 있었고, 군명(君命)을 천명(天命)이라는 식으로 보았다. 안 의사는 한국침략의 최종 책임자인 천황을 침략세력으로 보지 못하고, 이토 히로부미가 신하된 자로 천명과 같은 천화의 선전조칙을 이행하지 않고 한일 양국 국민을 속이고 한국을 침략한 자로 보았다는 점에서 안 의사는 군주제를 부정했다고 볼 수 없는 것이다.[118]

안중근 의사의 『동양평화론』

일제는 동양평화와 한국의 독립을 위한다는 명분으로 청일전쟁과 러일전쟁을 도발하였다. 일본정부는 한국에 대해 청일·러일전쟁이 한국의 독립을 확고히 하기 위한 수단이라는 논법으로 일진회와 같이 부일성향을 보이는 일부 한국인들의 동의를 바탕으로 한국을 침략한 것이다. 이토는 고종에게 한국을 병탄하려는 청국과 러시아 세력에 맞서 일본은 한국의 독립을 위해 이들 국가를 축출하였다는 궤변을 늘어놓았다. 이어서 일본의 한국지배는 세계가 인정하는 바라고 하면서 한국에서 러시아와 청국세력이 제거된 이후 일본이 독점적으로 한국을 강점한 상태를 '동양평화'라고 표현하였다. 여기에서 이들이 말하는 동양평화라는 것은 일제의 한국점령을 의미한다는 사실이 분명히 드러나 있다.[119] 당시 대부분의 일본인들은 일본이 한국을 보호하고 문명화시키는 후견인이라는 인식을 갖고 있었으며, 재한 일본인들은 한국침략을 당연시하였고 동시에 우월의식으로 가득차 있었다.[120]

일제는 안 의사가 동양평화론의 집필 마무리를 위해 몇 달이라도 사형 집행을 연기해달라는 부탁을 처음에는 받아들였으나 그 약속을 지키지 않았다. 애초 서(序)-전감(前鑑)-현상(現狀)-복선(伏線)-문답(問答)의 순으로 구성되었던 이 책은 마무리를 짓지 못하고 서와 전감 일부만 기술된 채 미완으로 남았다. 전하는 말에 따르면 동양평화론이 완성되지 못할 것을 안 사카이 경사가 결론만이라도 써달라고 하자 사형 며칠 전 안 의사가 일필휘지로 다음과 같이 썼다고 한다.

동양 대세 생각하니 아득하고 어둡나니, 뜻있는 사내 편한 잠을 어이 이루리오.
평화론은 시국 못 이뤄 분하고 슬픈데, 침략정책 고치지 않으니 참으로 가엾도다.

동양평화론을 보면 안 의사가 이토를 처단한 이유가 명쾌하게 제시되어 있다. 이토의 동양평화론은 안 의사의 동양평화론과 근본적으로 다르다. 이토의 동양평화가 일제에 의한 동양 전체의 식민지화였다면, 안중근 의사의 동양평화는 동

양 각국의 평화공존이었다.[121]

　동양평화론의 전감(前鑑)은 앞 사람이 한 일을 거울삼아 스스로를 경계한다는 뜻이다. 이 글에서는 지난 역사를 되새겨 일본 군국주의의 무모함을 경계한다는 의미로 사용하였다.

부끄럽고 참담한 일

　안중근은 독립항쟁을 상징하는 인물이다. 그런데 안중근의 둘째 아들 준생은 이토를 추모하기 위해 만든 박문사(博文寺, 1932)에서 이등박문(伊藤博文)[122]의 아들인 이토 분키치와 같이 고개를 조아리며 아버지 안중근 의사의 잘못을 사죄하였다. 안준생은 박문사에서 이토의 명복을 빌며 부친 안중근이 죽기 직전에 자신의 행위가 "오해로 인한 폭거였음을 인정했다."고 발표했다. 하지만 이것은 사실이 아니다. 안중근은 최후 진술에서 "내가 이토를 오해하고 있다고 하는데 오히려 나는 너무 잘 알고 있다. 이토는 영웅이 아니라 간웅"이라며 검찰관 미조부치와 변호인 미즈노에게 정면으로 반박하였다.[123] 안준생의 이와 같은 반민족 행위에 대해 백범은 준생을 민족반역자로 지목하고, 교수형에 처하라고 분노하였다. 백범과 안중근 의사의 집안은 사돈지간이다. 백범의 장남 김인과 안정근의 장녀 안미생이 결혼한 것이다. 『백범일지』에 따르면 안준생은 이토의 죄를 용서하고 총독 미나미 지로[南次郎]를 아버지라 불렀다 한다. 미나미 지로는 1936년부터 조선총독을 지낸 인물이다.[124] 박문사는 조선의 궁궐뿐만 아니라 대한제국의 상징적 건축 일부를 훼철해 건립한 것이다. 박문사 산문(山門)은 원래 경희궁의 정문인 흥화문(興化門)이었다. 이것을 뜯어다 박문사로 옮긴 것으로 여기에 이토의 호 '춘무(春畝)'를 따 이름도 '경춘문(慶春門)'으로 바꿔 버렸다.[125]

순종은 하얼빈 의거 당일과 이틀 후 일왕에게 두 차례 전보를 보냈다. 안 의사가 아니라 이토를 조문하기 위해서였다. 두 번째 전보를 보낸 10월 28일 순종은 이토에게 문충(文忠)의 시호를 내렸다. 이 시호는 조선왕조 500년 중 최대의 위기였던 임진왜란 당시 국난극복을 위해 혼신의 힘을 다했던 서애 류성룡과 백사 이항복에게 내려졌던 시호다.[126]

한편 이토의 장례가 치러졌던 11월 4일 일본 히비야 공원에서는 일본 평민으로서는 처음으로 국장이 거행되었다. 현재 기준으로 약 60억 원에 이르는 장례비용이 국고에서 지출되었다. 지금까지 많은 국장이 치러졌지만 전에도 없었고 앞으로도 없을 그러한 것이었다. 같은 날 장충단(獎忠壇) 공원에서 이토 추도회가 열렸다. 이때 대한제국의 황제 순종과 황족, 고위관료, 그리고 몇천 명의 학생들이 동원되었다.[127] 장충단은 원래 어영청의 분영인 남소영이 있었던 곳인데 명성황후가 시해된 을미사변 당시 순국한 이들의 충정을 기리기 위해 세운 이곳에 제단을 만든 것이다. 을미사변 5년 뒤인 1900년에 조성된 대한제국의 국립묘지 격에 해당하는 곳으로 이곳은 대한제국 충의의 상징적 공간이다.[128] 1909년 10월 27일 하얼빈 일본영사관에서 첫 심문을 받을 때 안 의사가 열거한 이토의 죄악 15가지 중 첫 번째가 바로 명성황후를 시해한 죄였다. 일제는 1919년 장충단의 제사를 중단시키고 일본식 공원으로 전락시켰다.

고종황제는 근세의 4대 인걸로 영국의 빅토리아 여왕, 독일의 비스마르크, 청국의 이홍장, 그리고 나머지 한 명은 이토 히로부미로, 경은 지금 유일하게 생존해 있다고 말한 바 있다.

2016년 현재 안중근 의사 가문에서 독립유공자 포상을 받은 사람은 직계와 방계를 포함해 15명이다. 단일 가문으로는 최대다. 그런데도 안중근 의사의 묘는 물론 상하이 만국공묘에 있던 가족들 묘 또한 지금까지 찾지 못하고 있다. 안 의사의 어머니 조마리아 여사, 아내 김아려 여사, 아들 안문생, 동생 안정근, 안공근 선생의 묘는 사라졌거나 현재 확인되지 않는다. 안 의사의 어머니 조마리아 여사는 '독립군의 어머니'로 불렸다. 상해에서 대한민국임시정부 경제후원회 창립총회에서 임원으로 선출되는 등 임정의 살림을 도왔다. 두 동생 안정근과 안공근은 하얼빈 의거 이후 형님의 뜻을 이어 독립운동에 헌신하였다. 안정근은 대한민국임시정부에 참여해 임정과 만주 독립군 조직 사이의 연락을 주관하는 등의 활동을 했다.[129]

의거동지였던 우덕순이 왜놈의 주구로 변신하였다. 우덕순은 충북 제천 출신으로 상동교회에서 청년회 활동을 하며 항일의식에 눈을 떴다. 블라디보스토크로 망명하여 의병활동과 교육사업에 참여했다. 1908년에는 안 의사와 함께 국내 진공작전을 감행하기도 했다. 의거 후 우덕순은 3년형의 징역형을 선고받았다. 우덕순은 의병활동 당시 탈옥사건이 들통 나 형량이 늘었지만 항소를 포기하는 조건으로 형량이 줄어 1913년 봄에 출옥하였다. 안 의사의 5촌 조카인 안민생이 사촌동생인 안경옥에게 보낸 편지를 보면, 그의 행적으로 보아 밀정이었음이 드러나게 된 것이다. 1920년대에 하얼빈 조선인민회장을 지냈고, 30년대에는 치치하얼에서 조선인민회 활동을 이어나가면서 독립운동가들을 감시하고 일제의 정보를 전달하는 밀정 노릇을 한 것이 밝혀진 것이다. 광복 후 귀국하여 안중근 추모회를 개최하고 안중근기념사업회를 결성하는 등 애국자 행세를 하였다. 우덕순은 건국훈장 독립장을 받은 채로 현재 현충원 애국지사 묘역에 잠들어 있다.[130]

안 의사 의거에 대한 고종의 인식과 대한제국의 대처

안 의사의 이토 히로부미 처단소식이 10월 26일 오후 국내에 전해지자 이 소식을 식사 중에 들은 고종은 숟가락을 떨어뜨릴 정도로 놀라 약을 먹고 침전에 들어갔으나 잠을 청할 수 없었다고 한다. 고종은 안중근 의거를 부정적으로 인식한 반면에 이토를 조선의 은인으로 칭송하였다. 고종은 이토를 처단한 사람이 한인이 아니길 바랐고, 한인이라 하더라도 이토의 진의를 이해하지 못하는 해외 유랑자의 소행일 것이라고 여겼다. 동경의 황태자도 상식(常食)을 폐하고 김응선을 하얼빈에 파견하는 동시에 일본 황실에 조문 친전을 보낼 것을 대한제국 황실에 요청하였다. 이는 당시 한국인들이 안중근 의거를 평계로 일제가 강경책으로 대한제국을 병탄하지 않을까 하는 두려움에 쌓여 있었기 때문이다. 대한제국 정부는 이토에게 휘호를 내리고, 장례도구를 보내기로 협의하였으며 28일부터 30일까지 3일간 각 학교와 상점, 연예장에 휴업하라는 명을 내렸다.[131]

이 같은 결정은 대한제국이 크게 세 가지 문제에 봉착했기 때문이다. 하나는 안중근 의거의 진상을 파악하는 일, 두 번째는 안 의사의 이토 처단으로 야기될 일제의 외교적 공세를 막아내는 것, 세 번째는 일본에 있는 황태자의 신변안전 문제를 일제로부터 보장받는 것 등이었다. 대한제국 정부는 의친왕을 조문사로 파견하기로 결정하고 장례비로 3만 원, 유가족 조문비로 10만 원을 증정한다는 뜻을 일본정부에 전달하였다.[132] 하지만 일제는 의친왕의 조문을 거절하고 황실 인사가 아닌 고위관료를 파견할 것을 요구하였다. 또 장의비 10만 원은 무례하다고 받지 않았다. 일제가 의친왕을 거부한 것은 그가 반일적인 성향을 갖고 있었기 때문이다.

이토 히로부미 추도회와 송덕비 건립

한국황실과 정부는 이토 히로부미 조문사를 11월 4일 일본에 파견하였다. 국내에서는 11월 8일 한성부민회 제9회 의원회에서 유길준, 윤효정, 오세창 등이 이토를 추모하기 위해 소위 '대한국민추도회'를 발기하였다. 이완용은 한성부민회가 주최한 이토 추도회에서 제주(祭主)로 나서 직접 쓴 제문을 당일 내각 서기관장 한창수에게 낭독하도록 하였다. 이완용은 이토에 대해 아시아를 개명시키고 평화를 유지하였고, 강대국으로부터 조선을 보호하고 종묘사직을 지켜주었다고 망언을 하였다. 한성부민회 부회장 윤효정도 이토의 만주행은 조선과 동양의 평화를 위한 것으로 후인이 더욱 주의하여 동양평화를 유지한다면 이토도 구천에서 기뻐할 것이라는 내용의 제문을 작성하여 천도교 인사인 오세창으로 하여금 낭독케 하였다. 윤덕영도 이토가 평화를 유지시켜주었으며, 조선의 문명도 발전시켰다는 조사를 읊기도 했다. 친위부 병력 290여 명의 감시 속에서 이토 추도회에 약 일만여 명의 군중이 모였다. 그중 전체의 반수인 약 5,000명의 학생이 이등 추도회에 동원되었다. 이러한 배경에는 이토를 위인, 안중근을 흉도로 대한제국의 학생들을 세뇌시켜 반일민족투쟁의 싹을 잘라내려는 일제와 부일배들의 의도가 숨겨있었던 것이다.[133]

일진회 회장 이용구를 비롯한 300여 명의 일진회 회원들과 대한광부회에서도 추도회를 거행하였다. 영도사에서도 통일회 주최로 이토 추모식이 열렸다. 이 추도식에서 지석영(池錫永)은 추도문을 읽었다. 종교계에서는 해리스가 기독교인들을 모아놓고 이토의 죽음에 대해 조의를 표했고, 정동교에서 회합하여 이토 추도회를 열었다. 구세군에서도 장교회의를 열어 이토의 추도회를 개최했고, 천도교주 손병희도 이토의 생애를 찬양하고 안중근의 거사를 동양의 불행이며 이로 인해 한국은 멸망을 초래하였다고는 극언으로 기회주의적 부일성향을 노출시켰다. 『대한계년사(大韓季年史)』의 저자로 유명한 정교(鄭喬, 1856~1925)도 이토의 송덕비를 건립한다는 명분으로 단체를 설립하는 등의 매국행각에 동참하였다. 그는 안 의사의 의거와 재판 과정, 부일배들의 이토 추도회 등의 작태를 소개하고 있으나 정작 자신의 부일행위에 대해서는 언급하지 않았다. 이러한 정교의 자세는 손병희, 오세창, 남궁 억, 윤효정, 지석영 등의 경우에서 보듯이 기회주의적인 부일태도로 평가받아야 할 것이다.[134]

참고문헌

김태빈 우주완, 『대한국인 안중근』, 도서출판 레드우드, 2019.
대구카톨릭대학교 안중근연구소, 『도마 안중근』, 선인, 2017.
박환, 『페치카 최재형』, 도서출판 선인, 2018.
백범김구선생기념사업협회, 『백범과 민족운동 연구』, 백범학술원, 2005.
백범학술원 총서2, 『백범일지(白凡逸志)』, 나남, 2002.
사이토 타이켄 지음, 이송은 옮김, 『내 마음의 안중근』, 집사재, 2002.
사키류조(佐木隆三), 『광야의 열사 안중근』, 고려원, 1992.
안중근의사 기념관, 『안중근 안쏠로지』, 서울셀렉션, 2019.
안중근의사기념사업회, 『안중근 연구의 기초』, 경인문화사, 2009.
안중근의사기념사업회, 『안중근과 그 시대』(안중근 의거 100주년 기념연구 논문집 1,2),
        경인문화사, 2009.
안중근의사기념사업회, 『의사 안중근』, 2009.
안중근의사숭모회, 『대한의 영웅 안중근 의사』, 2008.
(사)안중근의사숭모회, 『대한국인 안중근』, 2019.
이경미, 「자료로 읽는 역사, 안중근 사진엽서」, 독립기념관.
정운현 정창현, 『안중근家 사람들』, 역사인, 2017.

⚜ 한시

장부가 세상을 살아가니 그 뜻이 크도다. 때가 영웅을 만들고 영웅이 때를 만드네. 천하를 응시하니 어느 날에 과업을 이룰꼬. 동풍이 차가워지니 장사의 뜻이 뜨겁다. 분함으로 한번 치달으니 반드시 목적을 이루리로다. 쥐새끼 이토 놈아 어찌 이 목숨에 비길 것인가. 어찌 이렇게 될 줄이나 알겠는가. 일은 그렇게 될 터인데. 동포여, 동포여 속히 대업을 이루자. 만세 만세 대한독립, 만세 만세 대한동포

⚜ 노래

만나고자 만나고자 원수놈을 만나고자 너와 한번 만나려고 수륙만리 천신만고 윤선화차 바꿔 타고 러청 양국 지나갈 때 행장마다 하나님께 예수님께 진심으로 기도드려 하는 말은 동쪽반도 대한제국 이루소서 이루소서 이내 뜻을 이루소서. 간적 노적 네 놈은 이천만 이내 동포 씨말리고 삼천리 금수강산 빼앗고저 십대강국 농락하고 내장까지 발겨먹고 그러고도 성이 안 차 쥐새끼처럼 달리는고 또 누구를 속여 먹고 또 누구땅 빼앗으려는고 네 놈처럼 치달리는 교활 노적 만나고저 빌고 빌며 내달리며 저놈 노적 만나고저 정거장서 천만번 기도하고 밤낮을 잊고 드디어 만나리라 네 놈 도적 만나리라.

네 놈 수단 교활함은 이 세계가 다 아는 것 우리 동포 네 놈에게 금수강산 빼앗기고 행락도 못하니 네 놈 목숨 내 손으로 끊으면 네 놈 또한 무상하리 죄지은 자 벌 받고 덕 쌓은 자 존경 받네 이 소식을 알아라. 네 놈들 사천만인 지금

부터 한 놈 두 놈 내 손으로 죽이리라 오호라 동포들아 일심단결 외적괴멸 우리 국권 회복하여 부국강병 이루면 그 누가 우리 동포 압박하고 업신하리 오호라 우리 동포. 일심단결 이루세 이토 간적 놈을 한시 빨리 주살하세 우리일 하지 않고 무위평안 앉았으면 국권회복 없으리니 용감하게 우리 힘으로 국권회복 이루세.

우덕순(禹德淳, 1879~1950)

다른 이름은 연준, 호는 단운, 충청북도 제천 출신으로 서울에 올라와 독립협회에서 활동했다. 1905년 을사늑약이 체결되자 해외에서 국권회복운동을 해야겠다고 결심하고 러시아 연해주로 망명하였다. 그곳에서 교육사업을 하며 의병을 모집했고, 1908년 안중근과 함께 국내진입작전을 감행했다. 두만강을 건너 경흥, 회령 등지에서 일본군과 교전했다. 우세한 일본군의 병력과 화력 앞에 패하고 연해주로 돌아온 그는 이름을 연준으로 고치고 담배행상을 하면서 재기를 도모했다. 그는 담배행상을 하면서 만나는 동포마다 출신지역의 민요를 노래하게 했다. 가사를 취재하고 악보를 채집하였다. 나라가 점점 쇠락해 가는 것을 슬퍼한 그는 민족 고유의 문화인 민요를 후세에 남기는 것이 애국운동이라고 믿고 있었다.[137] 1909년 10월 블라디보스토크에서 안중근을 만나 이토 히로부미 처단에 동참하기로 결정하고, 거사 장소를 하얼빈으로 정했다. 의거 전날, 이토가 탄 기차가 다른 역에 정착할 것에 대비하여 우덕순은 조도선과 함께 차이자우거우역에서, 안중근은 하얼빈역에서 의거를 일으키기로 하였다. 하지만 차이자우거우역에서 두 사람은 러시아 경비병의 방해로 계획을 실행하지 못했다. 우덕순은 조도선과 함께 러시아 헌병대에 체포되어 일본총영사관에 인도되고 안중근과 함께 뤼순에서 재판을 받고 3년 동안 옥고를 치렀다. 그 후 북만주 일대에서 한인회장을 지내다가 해방 후 귀국, 1948년 대한민국당 최고위원으로 정치활동을 하였다. 1950년 한국전쟁 중 인민군에게 처형당했다. 1962년 건국훈장 독립장에 추서되었다.

유동하(劉東夏, 1892~1918)

다른 이름은 강로, 함경남도 원산 출신이다. 그의 아버지 유경집은 한약방을 운영하며 독립운동을 도왔는데 1909년 10월 21일 안중근이 하얼빈으로 가는 도중 통역을 구하자 아들 유동하를 소개했다. 유동하는 안중근, 우덕순과 함께 하얼빈에 도착해 그의 사돈인 김성백 집에 의거 동지들이 유숙하도록 주선했다. 10월 25일 채가구역(차이자우거우역)에 머물고 있던 안중근에게 그는 이토 일행이 10월 26일 아침에 하얼빈에 도착한다는 전보를 쳤고, 이 소식에 안중근은 하얼빈역으로 달려왔다. 유동하는 이렇게 정보를 제공하여 이토 처단을 성공하도록 도왔다. 이로 인해 일제에 체포되어 뤼순감옥으로 이송되고, 1년 6개월 동안 옥고를 치렀다.[138] 석방 후 항일운동을 지속적으로 전개했으며, 1918년 조선의 독립운동을 지원받기 위해 러시아 볼셰비키 혁명군에 가담했다가 일본군에 붙잡혀 처형당했다. 1962년 건국훈장 독립장에 추서되었다.

조도선(曺道先, 1879~?)

함경남도 홍원 출신으로 1894년 2월 동학농민혁명에 가담하여 관헌에 쫓기는 신세가 되자 1895년 고향을 떠나 블라디보스토크로 도망하였다. 그때부터 광부로 금광을 전전하다가 이르쿠츠크에 정착하여 러시아 여성과 결혼한 뒤 세탁업과 러시아어 통역에 종사하였다. 1910년 2월 10일 제4회 공판내용을 보면 일제는 조도선은 세탁업에 종사하기 전에는 토목일을 하였고 재산은 거의 없으며, 러시아인을 부인으로 맞이하였는데 둘 사이에 애정이 깊은 것으로 보았다. 따라서 아내를 저버리고 큰일을 벌일 사람은 못된다고 판단했다.[139] 세탁업만으로는 생활이 어려워지자 1909년 8월 블라디보스토크를 거쳐 하얼빈으로 갔다.[140] 그해 10월 한국침략의 원흉 이토 히로부미가 하얼빈에 온다는 소식이 들려오자 그는 이토를 처단하기 위해 하얼빈에 온 안중근, 우덕순, 유동하와 뜻을 함께 하기로 했다. 의거의 성공률을 높이기 위해 하얼빈역이 아닌 차이자우거우역에서 먼저 시도를 하고, 성공하지 못할 경우 하얼빈에서 의거를 단행하기로 결정했다. 10월 26일 안중근이 하얼빈역에서 의거에 성공하고 체포될 즈음 조도선도 우덕순과 함께 차이자우거우역 지하실에서 러시아 군인에게 체포되었다. 1910년 2월 14일 징역 1년 6개월 형을 선고받고 옥고를 치렀다. 1962년 건국훈장 독립장에 추서되었다.

❀

중화민국 초대 대총통, 위안스카이(원세개, 1859~1916)

평생을 벼르던 일 이제야 끝냈구려. 죽을 땅에서 살려는 건 장부가 아니고말고. 몸은 한국에 있어도 만방에 이름 떨쳤소. 살아선 백 살이 없는 건대 죽어 천 년을 가오리다.

❀

추풍단등곡[秋風斷藤曲]

량치차오[梁啓超]

흙모래 대지를 휩쓸고 강쇠바람 울부짖는데
칼날 같은 흰 눈이 흑룡강에 쏟아진다.
다섯 발자국에 피 솟구치게 하여 대사를 이루었으니
웃음소리 대지를 진감하구나.
장하다. 그 모습, 영원토록 빛나리라.
영구 실은 마차 앞서 가는데 뚜벅뚜벅 말발굽 소리 애처롭구나.
먼 하늘 바라보니 상복이나 입은 듯

먹장 같은 구름 안개 대지를 덮었네.

당나라 덕종이 무원형을 잃더니

조정에서 나라의 동량지계 얻었도다.

창해장수 박랑사에서 진왕을 치더니

하얼빈 역의 총소리는 세계를 진감(震撼)하구나.

만민이 형가 같은 영웅을 우러러보니

그 사나이 평소마냥 태연자약하고

공개 재판에 나서서도 떳떳하게 법관 질문에 대답하기를

내가 사나이 대장부로 태어나 자기의 죽음을 예사로 여기지만

나라의 치욕을 씻지 못했으니 어찌 공업(功業)을 이루었다 하리오.

깊고도 혼탁한 독록강 물결 세상은 이 강물처럼 험악한데

사람들의 원한도 흐르는 그 물결마냥 해마다 날마다 이어져 가리.

* 안중근을 찬양하는 시 가운데 가장 유명한 시다. 량치차오는 이 시에서 안중근을 향한
  존경과 숭배의 마음을 극대화시켜 표현하였다. 량치차오는 중화민국 초 계몽 사상가
  이자 저널리스트·정치가이다.

…… 재판은 2월 7일 오전 9시가 지나서야 시작되었다. 극동의 한 도시 포트 아서(Port Arthu, 뤼순의 영어식 별칭)의 법정 앞은 이른 아침부터 사람들로 붐볐다. …… 안중근과 세 사람의 공범은 낡고 더럽고 딱딱한 죄수 호송마차에 실려 법정 앞에 도착했다. 법정 안에는 무거운 정적이 흘렀다. 온순한 동양인 방청객들은 너무 얌전한 나머지 이 사건에 대해 가타부타 말이 없었다. 사사로운 의견 같은 것은 절대 표현하지 않기로 마음먹은 것 같았다. … 이 역사적인 재판의 권위와 공정성을 훼손시키는 어떤 행위도 용납해서는 안 된다는 엄격한 지시가 법정의 헌병들에게 내려져 있었던 것이다. 방청객 가운데 혹시라도 일본인이 아닌 외국인이 앉아 있다가 무심코 다리를 꼬기라도 한다면, 그는 즉시 엄중한 질책을 받고 방청석 밖으로 끌려 나갈 판이었다.

드디어 재판이 시작되었다. 담당 검사는 안중근에게 1급 살인혐의를, 공범으로 체포된 우덕순과 조도선에게는 살인미수 혐의를 적용했다. 유동하는 이들과 은밀하게 접촉하고 서신을 전달한 혐의로 기소되었다. 안중근은 좀 지루하다는 표정이었다. 안중근에게 말할 기회가 주어지자 즉시 열변이 터져 나왔다. 이에 판사가 "당신이 발언을 계속한다면 …… 우리는 이 법정에서 방청인들을 모두 퇴장시키는 수밖에 없다."라고 경고했다. 그런데도 안중근의 말은 흐르는 강물처럼 막힘이 없었다. 하는 수없이 판사는 법정경비 헌병들에게 방청인 모두를 퇴장시키라고 명했다. …… 하지만 금지된 연설은 폭포처럼 쏟아냈다.……

2월 14일 월요일 예상대로 안중근에게 사형이 언도되었다. 우덕순은 3년 징역에 중노동이, 조도선과 유동하는 각각 1년 6개월의 징역형이 선고되었다. 이때 나이 어린 유동하는 가련하게 울먹였다. 조도선은 좀 나았다. 우덕순은 잃었던 침착성을 되찾은 듯 아무도 원망하지 않았다. 안중근은 달랐다. 기뻐하는 모습이 역력했다. 그는 이미 순교자가 될 준비가 되어 있었다.……142

『더 그래픽(The Graphic)』, 1910년 4월 16일자

이토 공작은 오늘 오전 9시, 장춘에서 러시아 특별열차로 하얼빈에 도착하여 영접하는 러시아 재무상 코코후초프 씨와 기차 속에서 약 30분간 회담 후 가와가미 총영사의 선도로 기차를 내려 코코후초프 씨와 나란히 나카무라 만철 총재, 다나카 이사, 후루야 비서, 모리 씨, 무로다 요시부미 씨 등을 이끌고 플랫폼으로 들어섰다.

공은 플랫폼에 정렬한 의병대와 인사를 나누면서 발걸음을 옮긴 후, 그 옆에 늘어서 있는 일본인 단체 앞으로 돌아와 몇 발자국을 옮겼다. 그때 왼쪽에 정렬한 러시아 군대의 앞쪽 맨 오른쪽 끝에 서 있던 쥐색양복에 사냥 모자를 쓴 나이 22~23세의 한국인이 7연발 권총으로 공을 조준하여, 겨우 2미터 거리에서 쏘았다. 공은 우측 흉부 및 복부 세 곳에 총탄을 맞았다. 옆에 있던 나카무라 총재는 공을 안았다. 이때 공은 태연자약하게 "당했다. 세 발을 맞은 것 같다."라고 말하였다. 공의 얼굴색이 점점 창백해졌기 때문에 나카무라 총재는 공을 옆으로 눕히고 바로 열차로 옮겼다. 공은 누구인가, 모리도 당했는가라고 묻고 이윽고 말을 할 수 없게 되었다. 약 30분이 지난 오전 10시, 절명하였다. 공은 "늘 이제 얼마 남지 않은 목숨, 국가를 위해서라면 암살을 당해도 좋다."라고 말하곤 했다. 상처는 모두 심하고, 오른쪽 폐부를 관통한 탄환이 치명상이 되었다.

저격한 한국인은 그 자리에서 체포되었다. 그의 자백에 의하면 공을 암살할 목적으로 원산에서부터 블라디보스토크를 경유하여 어젯밤 7시에 하얼빈에 도착하였다 한다. 이토 공 때문에 많은 한국인이 목숨을 잃은 것에 대해 복수하는 것이라고 말하였다. 태연자약하고 두려워하는 기색도 없으며, 다른 것에 대해서는 입을 열지 않았다. 혹시 다른 누구의 교사에 의한 것인지도 모른다. 흉한은 수행자에게도 총구를 돌려 6발을 발사하여 한 발을 남기고 있다. 사와가미 총영사는 오른팔을 맞고 다나카 이사는 오른발을, 모리 씨는 오른팔과 오른쪽 흉부에 부상을 입었다.[143]

* 이토 히로부미(伊藤博文)는 우리에겐 을사늑약, 군대해산 등 침략의 원흉이지만 일본에서는 위대한 인물로 여겨 한때 천 엔짜리 화폐의 도안으로도 이용되었다.

아나키스트 백정기 의사의 항일무장투쟁

　일제강점기 독립운동의 주류는 '민족주의자'를 포함한 '아나키스트'와 '사회주의자'들이었다. 백정기(白貞基) 의사는 이봉창 윤봉길 의사와 함께 '3의사'로 불리는 독립운동가임에도 불구하고, 그간 잘못된 인식으로 온당한 평가를 받지 못하였다. 이는 아나키즘과 공산주의를 같은 개념으로 보았기 때문이다. 이 같은 잘못된 인식을 바로잡고, 식민지 조선을 비롯한 일본과 중국을 오가면서 독립운동을 전개한 백정기 의사의 항일투쟁과 그 의의를 서술하고자 한다. 현재 효창공원 3의사 묘역에 이봉창 윤봉길 의사와 함께 나란히 안장되어 있다.

아나키즘(Anarchism)과 아나키스트

　아나키즘은 원래 정부가 없는 혼돈상태를 의미하는 말이 아니었다. 아나키즘이라는 용어가 '무정부주의'라는 뜻으로 자리 잡게 된 것은 1902년 일본 도쿄대학생 게무리야마 센타로[煙山專太郎]가 『근대무정부주의』라는 책을 발간하면서부터였다. 이후에는 아예 '정부가 없는 혼돈상태'를 의미하는 말로 사용되었으나, 원래는 우두머리, 강제권, 전제 따위를 배격한다는 뜻이다. 아나키즘은 말 그대로 그리스어의 '없다(an)'와 '지배자(arche)'라는 뜻의 합성어로 '지배자가 없다'는 뜻이다. 우리말로 번역한다면 '무강권주의' 또는 '자유연합주의'가 될 것이다. 아나키즘을 '자유연합주의'로도 부르는 이유는 자유를 중시하지만 동시에 개인 간의 연대도 대단히 중시하기 때문이다.

대표적인 아나키스트로 이회영(李會榮)과 일제가 사형시킨 엄형순(嚴亨淳), 여순감옥에서 옥사한 신채호(申采浩), 백정기(白貞基) 의사 그리고 김구가 말하는 이을규(李乙奎)·이정규(李丁奎) 형제, 유자명(柳子明)을 비롯한 김종진(金宗鎭), 정현섭(鄭賢燮), 박열(朴烈) 등이 있다. 이회영은 노블리스 오블리제의 상징적 인물이자 아나키스트 운동의 태동기에 해당하는 대표적인 인물이다. 1920년대 활동이 가장 활발했던 의열단(義烈團)을 지배한 사상이 바로 아나키즘이었다. 일제가 가장 두려워했던 조직이 의열단이었다. 유자명은 의열단의 주요 인물로 이들에게 아나키즘이란 사상적 배경을 제공한 인물이다.

서울 효창공원 삼의사 묘역 (사진: 정읍역사문화연구소)

아나키즘과 공산주의, 어떻게 다른가

아나키즘을 비판하는 사람들은 흔히 무정부주의는 '공산주의의 사촌'이라고 비판한다. 아나키스트들이 그동안 존재여부조차 제대로 알려지지 않은 것은 냉전 체제 아래서 아나키즘이 공산주의의 사촌으로 몰린 것이 결정적인 원인이었다. 무정부주의는 자본주의 사회를 타도하고 사유재산제도의 철폐, 무계급착취 사회 건설을 지향한다는 점에서 공산주의와 비슷하지만, 그 주요목표를 자유에 대한 관심과 통치기구의 폐지를 촉진하는데 둠으로써 독재를 용인하는 공산주의와는 큰 차이가 있다. 공산주의 사회에서 당은 목숨보다 소중하며, 당명 또한 목숨을 걸고 수행해야 하는 지상명제이다. 하지만 아나키스트는 모든 독재를 거부하면서 인간의 참된 해방을 지향한다. 자본주의를 반대하는 것에는 인식을 같이하지만, 권위주의에 대한 태도는 이와 같이 극과 극을 달릴 만큼 서로 다르다.

영주정사에서 구학문을, 영학숙에서 신학문을 공부하다

구파(鷗波) 백정기(白貞基) 의사는 1896년 1월 19일 전북 부안군 동진면 하장리(지금 부안읍 신운리)에서 태어났다. 그의 나이 일곱 살 때 지금의 영원면 은선리로 이주했다는 주장이 있으나, 결혼 후 은선리(지금 영원면)로 이주했다는 설도 있다. 10대 후반에(?) 삼례도찰방을 지낸 박만환(朴晚煥, 1849~1926)이 세운 영주정사(瀛州精舍, 지금의 흑암동)에서 구학문을 공부하였다. 이때 간재(艮齋) 전우(田愚)의 문하에서 당시 호남의 명문가 자제들인 백관수(22세), 김성수(20세) 등과 같이 공부했다. 이후 담양 창평의 영학숙으로 옮겨 송진우, 김병로, 양태승과 함께 이곳에서 한문과 국사, 영어와 일어, 산술 등 신학문을 익혔다.

영학숙은 호남근대 교육의 창시자로 불리는 창평 갑부 고정주(高鼎柱)가 세운 학교였다. 고정주는 인촌 김성수의 장인이다.

영주정사가 한말 국운이 다하여 일제에 나라를 빼앗길 조짐이 있던 1903년에 세워졌고, 영학숙은 을사늑약으로 대한제국의 외교권이 박탈된 이듬해인 1906년에 건립되었다는 점에서 두 학교가 민족교육을 통한 실력양성에 중점을 두고 있었다는 사실을 알 수 있다. 당시 호남지역 구학문을 대표하는 곳이 고부의 영주정사라면, 근대학문을 대표하는 곳이 창평의 영학숙이었다. 이 두 곳이 '호남지역 인재양성의 산실'이라 해도 과언이 아니다. 특히 영주정사의 설립자인 박만환의 민족의식은 1920년대 백정기, 백관수 그리고 그의 아들 박승규의 민족운동으로 이어졌으며, 영학숙에서 만난 김성수, 백관수, 김병로, 송진우 등은 일본 유학 시절과 일제강점기 그리고 해방 이후까지 관계를 유지하면서 한국민주당의 중추적인 요인으로 성장하였다.

식민지 조선과 일본에서 독립운동

1914년 말에서 1915년 초 어느 추운 겨울날, 구파는 민가에 들이닥쳐 씨앗과 물레를 짓밟는 일제경찰을 폭행하였다. 물레는 당시 농민들의 생존을 위한 중요한 수공업도구였다. 물레가 없게 되면 농민들은 무엇으로 생계를 유지할 수 있었을까를 생각하면 농촌에 살던 백 의사의 분노를 짐작하기에 충분하다.

이 일로 일제의 감시대상이 될 수밖에 없었던 그는 고향을 떠나 19세 때 서울로 올라간 것으로 보인다. 1919년 3·1독립만세운동이 일어나자 독립선언문을 가지고 다시 고향에 내려와 항일운동을 이끌었다. 그 후 동지들과 경인(京仁) 간의 일본 군사시설 파괴를 꾀하다 경찰에 체포되었으나 다행히 본적지와 행적을 속여 나올 수 있었다.

한편 백정기 의사의 조력자인 박승규(영주정사 설립자 박만환의 아들)는 백 의사를 비롯한 최동규, 김기홍 등과 함께 일본국왕을 암살하기 위해 독립운동 자금을 모으기 시작하였다. 박승규는 1923년 8월 6일, 전답 30,000평을 담보로 군산의 일본인 쌀장수로부터 3,500원을 빌리고, 그 다음 해 6월에는 부인 김예동 이름으로 다시 1,400원을 빌렸다. 이렇게 마련된 돈으로 1923년 8월 초순 일본 동경으로 건너가 일본국왕을 암살하기 위한 사전 조사를 벌였으나 관동대지진으로 여의치 못하자 20일 만에 귀국하였다고 전해진다.

중국 상해에서 독립운동

백 의사는 1924년 6월 '재중조선무정부주의자연맹'에 가입하고, 1925년 5월에는 일본과 영국의 자본가를 상대로 하는 '상해총파업'을 동지들과 함께 주도하였다. 1928년 2월에는 상해 '남화한인청년연맹'에 가입하였다. 당시 대외책임자는 유자명(柳子明)이었다. 이 남화한인청년연맹과 중국무정부주의자연맹의 연합이 바로 '항일구국연맹'이다. 이것이 '흑색공포단(BTP/Black terrorist party)'의 모체가 된다.

항일구국연맹은 이회영(李會榮)과 김제 출신 아나키스트 정화암(鄭華岩)이 지휘하고 중국인 왕아초가 재정과 무기 공급을 맡았던 비밀결사단체였다. 백 의사는 1933년 3월 17일 중국 상하이 공동조계(共同租界)에 있는 일본요정 육삼정에서 일본 정계와 군사계 거물, 중국 국민당 고관들의 회합이 있다는 중요한 정보를 입수하였다. 참석자 중에는 일본 육군대장 아라키 사다외[荒木貞夫]와 일본공사 아리요시 아키래[有吉明]도 있다는 사실이 확인되었다. 정보를 제공한 자는 자칭 아나키스트 일본인 '오키'라는 자였다. 아라키는 일본 군부를 대표하는 육군대신으로 일본 총리대신보다 더 실권이 있었던 인물이었고, 아리요시는 무수히 많은 독립운동가를 체포한 장본인이었다.

남화연맹 동지들이 너도나도 실행자로 나섰다. 이에 결행자를 아리요시의 이름이 적힌 한자 '유(有)'자를 뽑는 제비뽑기로 결정한 결과, 백 의사가 뽑고, 백의사는 함께 할 동지로 이강훈을 지목했다. 동지인 정화암은 김구가 피신하면서 주고 간 폭탄 두 개와 왕아초와 화균실로부터 받은 권총 두 자루와 탄환 20발이 수중에 있었다. 그는 수류탄도 한 개 더 준비했다. 그해 3월 17일 정화암, 원심창(元心昌), 이강훈(李康勳) 등과 같이 일본공사 아리요시 아키라를 암살하려고 모의했으나, 정보를 제공한 일본인 '오키'의 사전 정보누설로 안타깝게 의거는 실패하였다.

상하이 '육삼정(六三亭) 의거'의 의의

백정기 의사는 1933년 11월 15일 치안유지법 위반, 폭발물취체법 위반, 살인예비, 기물파손 등의 혐의로 일본 나가사키[長崎] 지방재판소에서 공판을 받았다. 그는 재판과정에서 모든 것을 자기가 했다고 주장하였다. 모든 것을 자기가 뒤집어쓰려는 생각에서였다. 그는 사형구형에 무기형의 선고를 받고 수감되어 있던 중 1934년 6월 5일 향년 39세의 나이로 운명하였다.

그와 함께 중국에서 자취를 했던 이회영의 아들, 이규창은 "그 많은 사람 중에 백정기 선생과 엄형순 선생 같은 분은 이 세계에 둘도 없는 분으로 생각한다."고 말했고, 육삼정 의거를 함께 일으킨 이강훈도 "의리가 대단한 분"이었다고 회고하였다.

한편 징역 15년을 선고받은 이강훈은 12년 반을 복역한 후 일제가 패망하자 석방되었다. 그 후 박열(朴烈)과 함께 일본에서 거류민단 활동을 하다가 귀국 후 광복회장을 역임하기도 하였다. 무기형을 선고받은 원심창도 광복 후에야 석방될 수 있었다. 그도 광복 후 아나키스트인 박열, 이강훈과 함께 거류민단에서 통일운동을 하다가 1971년 7월 65세를 일기로 세상을 떠났다.

1946년 7월 6일 이봉창(李奉昌), 윤봉길(尹奉吉), 백정기(白貞基) 등 3의사의 대한민국 국민장이 해방 후 최초로 거행되었다. 당시는 미군정시대였기 때문에 기록이 없고, 행정안전부 기록에는 국민장 1호로 백범 김구의 국민장으로 기록되어 있다. 1963년 대한민국 건국훈장 독립장이 정부로부터 주어졌다. 육삼정 의거는 의열단의 '황푸탄 의거'(1923), 윤봉길 의사의 '훙커우 공원 의거'(1932)와 더불어 중국 상하이에서 벌어진 '3대 의거'로 꼽힌다.

백정기 의사의 고택과 조팔락 여사의 묘

현재 전라북도 기념물로 지정 관리되고 있는 백정기 고택(정읍시 영원면 갈선 1길 17-13)은 고택이 아닌 한때 살았던 곳으로 이야기되고 있다. 고택 안내문에 따르면, 이곳은 백정기 의사(1896~1934)가 부안에서 태어나 어려서 이주한 뒤 12년 동안 거주했던 곳으로 되어 있다. 하지만 고택은 그 당시 고택이 아니라 초가집이 무너지자 그 자리에 시멘트 건물이 들어서 있던 것을 2004년 백정기 의사 기념관이 지어지면서 유사한 형태의 초가집으로 복원한 것이다.

백 의사의 부인 조팔락 여사의 묘(영원면 은선리 203-3번지)는 영원면 게이트 볼장 뒤쪽 비학재(飛鶴峙)에 있으나 관리관청이 없어 관리가 제대로 되지 않고 있다. 독립운동을 하다 보니 백 의사와 조팔락 여사 사이에 자녀가 없다. 자녀가 없다 보니 돌보는 이 또한 없어 묘는 잡목과 억새로 뒤덮여 있다. 이에 뜻있는 인사들이 해마다 묘를 찾아 벌초를 하고 있다.

참고문헌

국민문화연구소, 『항일혁명가 백정기 의사』, 2004.
김재영 외, 『전라북도 근현대 인물이야기』, 전북도교육청, 2015.
김재영, 「아나키스트 백정기 의사의 항일운동」, 『전북문화』, 2004.
김재영, 「팽이대신 총을 든 아나키스트 백정기 의사」, 『전북도민일보』, 2017년 7월 13일자.
김재영, 「아나키스트 선구자 이회영의 독립운동」, 『전북금강일보』, 2023년 8월 31일자.
정화암, 『이 조국 어디로 갈 것인가』, 자유문고, 1982.
조광해, 『항일혁명투사 구파 백정기』, 백정기의사기념사업회, 2009.

우리 역사에서 '노블리스 오블리제'의 상징적 인물

'노블리스 오블리제'에서 노블리스는 명예를, 오블리제는 의무를 뜻하는 말이다.

따라서 노블리스 오블리제란 상류층일수록 사회적인 책임을 다해야 한다는 말이다.

한국 노블리스 오블리제의 대표적인 인물이 바로 우당 이회영 선생이다.

6형제의 가산을 모두 정리하고, 서간도로 이주하여 독립운동을 하였다.

우당 이회영

경남 진주에는 양반출신으로 백정계급을 차별하는 관행을 없애기 위해 형평운동을 전개했던 강상호가 있었고, 전라북도에는 군산에 이인식이, 김제에 장현식이 있었다. 경주에는 최씨 일가가 있었다.

우당(友堂) 이회영(李會榮, 1867~1932)의 독립운동

이회영은 아나키스트 운동을 태동시킨 인물이다. 서울 저동에서 판서의 넷째 아들로 태어났다. 백사 이항복의 11세 후손이다. 명문집안의 자손답게 어질고 너그러운 마음씨에 곧은 절개와 강한 의협심이 있었다.

알려지지 않은 헤이그 특사의 주역

이회영은 1906년 북간도에 근거지를 잡고 독립운동 투사를 양성할 것을 결심하였다. 그의 꿈은 만주에 독립운동 거점을 확립하여 조국광복을 이루는 것이었다. 1907년 헤이그에서 만국평화회의가 열린다는 소식을 듣고 우당은 밀사 파견에 착안하여 고종의 윤허와 신임장을 얻어 부사 이준을 정사인 이상설과 만나게해 함께 유럽으로 떠나게 했다. 헤이그특사 사건 자체는 잘 알려져 있으나 이 사건의 숨은 주역이 우당 이회영이었다는 것은 일반에 알려지지 않은 것이다. 동지였던 아나키스트 이정규는 『우당 이회영 약전』에서 헤이그 특사 사건은 이회영이 주도한 일이었다고 적고 있으며, 이상설(李相卨)을 추천한 인물도 이회영이었다고 기록하였다. 헤이그 특사 사건을 통해 외국의 동정심에 호소하는 독립운동 방안은 효과가 없다는 사실을 깨달은 이회영은 만주에서 독립군을 양성하는 일에 전력을 기울이기로 결심하였다. 그는 운동자금을 마련하기 위해 가산 정리를 결심하고 형제들을 설득하기 시작했다.

서간도 삼원보에 경학사와 신흥강습소를 설립하다

1910년 6형제인 이건영·이석영·이철영·이회영·이시영(해방 후 대한민국 부통령)·이호영과 더불어 가산을 처분하고 일족 40여 명과 노비를 포함한 60여 명이 만주로 이주할 것을 결정했다. 이렇게 모든 재산과 토지를 처분하고 이들이 손에 쥔 것이 당시 돈으로 40만 원이었다. 지금 600억이 넘는 큰돈이라고 하지만 현 토지 공시지가로 환산한다면 수조 원대에 이를 것이라는 평가도 있다. 이들은 망명하기 전에 이미 노비신분이 해방되었음에도 몇 명의 노비들은 행동을 같이 하였다. 우당은 "나라가 통째로 망했는데 조상 제사가 무슨 의미가 있겠는가."라는 생각에 제사를 지내기 위해 남겨 놓은 땅마저 모두 처분했다. 삼한갑족(三韓甲族)이자 최고의 명문가의 후손이었던 그는 국가와 민족이 위기에 처했을 때, 모든 기득권을 버리고 목숨을 바쳐 나라를 구하려고 했던 것이다. 꽁꽁 얼어붙은 압록강을 건너 서간도로 이주했지만 이들은 풍토병과 마적대에 시달려야 했다. 여기에다 중국 관리들과 토착민의 비협조로 이들의 정착은 더 어려웠다. 1911년 4월 통화현 삼원보에서 300명의 동포를 모아 자치조직 경학사(耕學社)를 조직하고, 그해 5월 이를 바탕으로 신흥강습소를 설립하였다. 강습소는 중등과정의 본과와 군사교육 과정의 속성과를 운영하였다. 수업료는 물론 숙식과 의복 등 모든 경비를 6형제가 돌봤다. 하지만 현지인들의 비협조로 1912년 통화현 삼니하로 학교를 옮기고, 이때부터 신흥무관학교로 이름을 바꿨다. 3·1독립만세운동 이후에는 본교를 유하현 고산자에 마련하고, 기존학교는 분교로 삼았다. 신홍무관학교는 1911~1920년까지 약 3,500명의 졸업생을 배출하였다. 이들이 바로 청산리 전투와 의열단에서 활동하던 주역이었다. 1940년대 광복군의 중추적인 인물도 모두 신흥무관학교 출신이었다.

대한민국 정부수립에 참여하다

1919년 4월 10일, 이회영과 이시영을 비롯한 29명의 대표자들이 모여 임시의정원을 구성하고, 국호를 '대한민국'으로 정했다. '대한제국'이 '대한민국'으로 전환되는 역사적인 임시정부 출범에 두 형제가 참여한 것이다. 이때 이회영은 국무총리에, 이시영은 법무총장에 선출되었다.

아나키즘(Anarchism)을 독립운동의 방략으로 수용하다

1923년 이회영은 유자명·이을규·이정규·백정기·정화암·김종진 등과 함께 아나키즘을 수용하고, 재중조선무정부주의자연맹을 조직하고, 1930년에 남화한인청년연맹에도 참여하였다. 1931년 10월 중국 일본의 아나키스트들과 함께 '항일구국연맹'을 결성하고, 그 산하에 '흑색공포단'(Black Terrorist Party)을 조직하였다. 흑색공포단원이었던 백정기 의사는 1932년 4월 29일 상하이 홍커우 공원에서 일본의 천장절 행사가 열리던 날, 의거를 준비했으나 출입증을 구하지 못해 실행에 옮기지 못했다.

조선 최고의 명문가 출신, 이회영이 순국하다

그가 독립운동을 하던 1920~1932년은 삶 자체가 가혹하리만치 어려웠다. 곤궁해 아사 직전까지 가기도 했다. 아나키스트 정화암(현섭)이 쓴 『이 조국 어디로 갈 것인가』에서 화암은 "어느 날 천진 남개에 있는 우당 이회영 집을 찾아갔는데 여전히 생활이 어려워 식구들의 참상이 말이 아니었다. 끼니도 못 잇고 굶은 채 누워 있었다."고 증언하였다. 그러면서도 1931년 만주사변 이후 만주지역에서 독립운동이 뜸해지자 이회영은 독립운동 단체를 건설하기 위해 만주로 가다 체포되어 고문 끝에 11월 17일 순국하였다. 월남 이상재는 "우리 민족은 우당 가문에 큰 빚을 졌다. 해방이 되면 반드시 보상해야 한다."고 말했다.

독립운동가이자 형평운동의 선구자, 강상호

강상호(姜相鎬, 1887~1957)는 진주지역 항일운동사에서 빼놓을 수 없는 인물이다. 그는 진주공립농업학교(현 경남과학기술대학교) 제1회 졸업생으로, 진주 3·1독립만세운동 시위를 주도하다 검거되어 1년간 옥고를 치렀다. 이밖에 국채보상운동 경남회 조직, 진주 사립일신고등보통학교 설립운동, 경남도청 이전 반대운동, 신간회 간사, 『동아일보』 창간 발기인, 『동아일보』 초대 진주지국장 등을 역임하였다. 해방 후에는 진주3·1동지회를 만들어 초대회장을 맡았다.

이 같은 독립운동 말고도 우리가 주목하는 것은 그가 만석꾼의 아들이자 양반 출신이면서도 백정계급에 대한 차별철폐를 위해 사회전면에 나섰다는 점이다. 그는 1923년 4월 25일 백정 출신의 장지필, 이학찬 등과 함께 형평사(衡平社)를 조직하였다. 이학찬은 진주중앙시장(지금 '논개시장')에서 식육점을 하던 도축업자였다. 강상호는 형평사 초대 사장을 맡고 백정차별은 부당하고 불의하며 조선 전체의 해악이라며 백정들의 인권을 보호할 것을 호소했다. 심지어 그는 백정의 아이 둘을 자신의 양자로 입적시키고 학교에 입학시키기까지 했다. 당시 백정 자녀들은 일반학교에 입학할 수 없었기 때문이다. '노블리스 오블리제'를 몸소 실천한 것이다. 강상호는 1935년 형평사가 대동사(大同社)로 바뀌자 형평운동이 친일로 변절되었다며 이들과 교류를 단절하였다. 실제로 대동사는 일본의 태평양 전쟁을 지원하기 위해 국방성금을 일본정부에 전달하는 등 친일행각을 벌였다.

그가 한 말이다. "백정들의 생활을 개선시키지 않고 한 인간으로 사는 것은 위선이며 식민지 상황에서 조선인들끼리 차별하고 탄압하는 것은 결국 일본의 식민통치를 돕는 어리석은 일이다."

대하소설 『백정』의 작가, 정동주 선생의 표현을 빌리면 "한국인은 일본제국주의의 식민지 노예로 차별당하고, 백정계급은 그 같은 한국인으로부터 다시 차별당하는 이중차별의 모순에 짓눌려 있다."는 것을 강상호는 인식한 것이다.

해방 후인 1946년 자신의 회갑연에 아버지 강재순이 생전에 빌려 준 돈과 곡물을 적어놓은 계약서를 채권자로서 권리행사를 포기하기 위해 채무자와 여러 사람들이 보는 가운데 계약서에 불을 질렀다. 축의금은 빈민들에게 나눠주라며 도로 내놓았다. 1957년 12월 29일 그의 장례식 날 전국에서 모여든 백정 출신 인사들이 9일장을 치렀다. 형평사원들은 그를 기리는 조사를 다음과 같이 발표했다고 한다.

"오직 선생님만이 양반계급임에도 불구하고 자신의 명예를 포기하고, 전 재산을 희사해 우리들의 인권해방과 계급타파를 위하여 선봉에 나서 자유·인권·평등을 부르짖고 우리 50만 동포를 위해 주야로 고심하면서 투쟁하셨습니다. 위대하십니다. 장하십니다."

노블리스 오블리제를 대표하는 전북의 인물, 이인식과 장현식

전북을 대표하는 인물이 옥구의 이인식과 금구의 장현식이다. 이인식은 1901년 임피면의 만석 부호의 아들로 태어났다. 보성고보 재학 중인 3·1독립만세운동 당시 전라북도 학생대표로 독립운동 주최 측과 외국공관의 연락 책임을 맡아 활동하다가 검거되어 10개월간 옥고를 치렀다. 감옥에서 상해 임시정부의 독립운동 자금이 현저히 부족하다는 사실을 알고, 출옥 후 부모로부터 상속받은 재산 200억을 임시정부에 헌납하였다. 이인식은 상해 임시정부에 모든 재산을 군자금으로 내놓는 등 독립운동에 필요한 자금을 아낌없이 내놓았다. 노블리스 오블리제의 삶을 실천한 독립운동가이자 헌신적 교육자로서 삶을 살다 간 대표적인 인물이다. 1923년 일본 동양대학 철학과에 입학, 학생운동을 통한 독립운동을 계속하였다. 항일결사 '금우회'를 결성하고 월보를 발간하던 중 일제에 발각되어 중국으로 망명하였다. 6·10만세 운동 당시에는 국내에 잠입하여 정보를 수집하고 군자금을 조달하였다. 해방 후 교육사업에 전념, 임피중학교 교장이 되어 후진을 양성하였다. 학교는 일제강점기 이엽새[후타바] 농장이 있었던 자리였다. 1962년 건국훈장 독립장을 수여하였으나 이듬해인 1963년 작고하였다. 1974년 10월 서울 동작동 국립현충원 애국지사의 묘역에 안장되었다. 2005년 군산 월명공원에 그의 동상이 건립되었다. 그가 생전에 남긴 말이다.

> "나에게 상속된 땅을 팔아 빼앗긴 나라를 찾는데 투자하여 나라를 찾았으니 이 얼마나 남는 장사인가. 이 한 몸 바쳐 민족이 살고 나라를 찾는다면 이 얼마나 영광된 일인가."

이인식이 군산을 대표하는 노블리스 오블리제의 실천적 인물이라면, 김제에는 장현식(張鉉植, 1896~1950)이 있었다. 장현식은 1896년 김제 금구 서도마을에서

3대 진사 3천석 부자였던 장석규의 외아들이자 인동 장씨 중 서도 장씨 종손으로 태어났다. 금구면 서도리의 장씨 문중에는 1,000석이 넘는 지주가 열 집이 넘었고 100석이 넘는 부자는 셀 수가 없었다. 그래서 장현식의 집안은 인동 장씨였으나 서도 장씨로 더 널리 알려지게 된 것이다. 장현식의 집안은 대대로 부자였지만 탐욕을 부리지 않았고 베풀기를 주저하지 않았다. 장현식 때 재산은 만석으로 불었으며 전답이 금구면 일대는 물론, 금산, 봉남, 황산, 용지, 신태인, 정읍 감곡 등 7개 면에 걸쳐 있을 정도로 광대했다. 가을이면 소작미를 싣고 오는 우마차 행렬이 1㎞에 이를 정도였다고 한다.

장현식은 선대에서 벌인 독립운동의 영향을 받아 대동단 사건과 조선어학회 사건에 연루되어 고통을 겪었다. 1910년 종조부인 장태수(張泰洙)는 나라가 일제에 강제 병합되자 27일 동안 단식한 끝에 스스로 목숨을 끊었다.

대동단은 조선 내지의 유력자들을 해외로 망명시켜 독립운동을 실행하기 위해 조직된 비밀결사였다. 유력자는 한말 법무대신을 역임하고 일제로부터 작위를 받은 김가진과 고종의 다섯째 아들인 의친왕 이강이었다. 그들을 임시정부의 상징적인 인물로 추대하기 위해서였다.

장현식은 조선어사전편찬회가 결성되었을 때 발기인으로 참여했고 조선어표준제정어 사정위원 전라북도 대표로 활동하였다. 편찬기금으로 3,000원을 내놓았다. 조선어학회 사건으로 구속되어 일경에게 혀를 대못으로 박히는 최악의 고문을 당해 말더듬이로 여생을 살아야 했다. 1949년 전라북도 2대 지사를 지냈으나 당시 주한미군사령부의 간섭을 호통 치다 백일 만에 지사 자리에서 물러났다.(윤상원)

경주 최씨 집안에 내려오는 '육훈(六訓)'과 '육연(六然)'의 교훈

경주 최씨는 400년 동안 9대 진사와 12대 만석꾼을 배출한 집안이다. 집터가 경주 교동 69번지에 있다. 신라 요석공주가 살던 요석궁 터라고 전해진다. 원효대사의 아들인 설총(薛聰)의 출생지이기도 하다. 아마도 궁터를 그냥 잡지 않았을 것이다. 그만큼 지세가 좋은 곳을 고르고 골랐을 것이다.

경주 최씨가 어느 정도의 갑부였는지를 가늠케 하는 것이 몇 가지 있다. 우선 아흔아홉 칸 집에 부지 2천 평, 1만여 평의 후원이 있었다. 만석꾼이라 했으니 만석은 쌀 1만 가마니에 해당하는 재산이다. 노비만 100명이 넘었고, 쌀 800석이 들어가는 한국에서 가장 큰 뒤주가 집안에 있었다. 그런 뒤주가 몇 개 더 있었다는 것만 보아도 최씨 집안의 부를 충분히 짐작할 수 있다.

경주 최씨 마지막 부자는 최준(崔浚, 1884~1970)이다. 교육사업에 뜻을 두어 영남대학교를 세웠으나 5·16군사정변 이후에 경영이 어려워지자 호암(湖巖) 이병철(李炳哲, 1910~1987)에게 이사장직을 맡기고 전 재산을 영남대학교 재단에 희사(喜捨)하였다. 한 푼의 대가도 받지 않았다. 말 그대로 아낌없이 미련 없이 과감하게 버렸다. 현재 경주 교동 집은 영남대학교 재단 소유로 되어 있다.

가훈으로 '육훈(六訓)'이 전한다.

첫째, '과거를 보되 진사 이상 벼슬을 하지 말라.' 벼슬이 높아지면 감옥이 가까워진다는 영국 속담처럼 양반 신분은 유지하되 현실정치와는 일정한 거리를 두고자 했던 것으로 보인다. 오늘날 정경유착의 교훈으로 삼아야 할 내용이다. 둘째, '만석 이상의 재산은 사회에 환원하라.' 최부자 집에서는 만석 중 천석은 손님 접대에 썼고, 천석은 빈민 구제에 썼다. 셋째, '흉년에는 땅을 늘리지 말라.' 이는 남의 약점을 이용하지 말라는 뜻이다. 흉년은 부자들이 재산을 늘릴 수 있는 절호의 기회였다. 그런데도 땅을 늘리지 말라는 것은 재산증식의 윤리성을 강조한 것이다. 넷째, '과객(過客)을 후하게 대접하라.' 과객은 길 가던 손님을 말한다. 여기서 하룻밤을 묵었던 과객 중에는 영덕 출신의 의병장 신돌석과 태인 의병[병오창의]을 일으켰던 면암 최익현, 그리고 금관 발굴을 위해 경주를 방문했던 스웨덴의 구스타프 왕세자도 있었다. 국내 저명인사로는 손병희·최남선·정인보·안희제·여운형·김성수·장덕수·송진우·조병욱 등이 다녀갔고, 의친왕 이강은 며칠씩 묵어가기도 했다. 과객이 많을 때는 100명이 넘었다. 최씨 집안에서는 이들을 통해서 지식을 넓히고 각종 정보를 얻었을 것이다. 하룻밤을 지내고 떠나는 과객에게 결코 빈손으로 보내지 않았다. 과메기 한 손과 하루분의 양식, 그리고 몇 푼의 노자를 쥐어 보냈다.(조용헌) 인심 좋기로 소문난 전라도를 뛰어넘는 인정을 베푼 것이다. 다섯째, '주변 100리 안에 굶는 사람이 없게 하라.' 이는 100리를 하루에 갈 수 있는 거리로 보고, 사방 100리를 이웃으로 보았다는 이야기다. 물론 사방에 걸쳐 그의 땅이 있다는 것을 의미하기도 하고, 실제로 소작지가 100리에 걸쳐 있었을 가능성도 있다. 토지가 한 들판에 집중되어 있지 않고, 여기저기 멀게는 백 리까지도 있었을 것이다. 여섯째, '시집 온 며느리는 3년간 무명옷을 입게 하라.' 이는 며느리조차 근검과 절약을 강조한 말이었다.

한편 수신(修身)의 글귀로 내려오는 '육연(六然)'이라는 내용이 있다. 스스로 초연하게 지내고, 남에게 온화하게 대하며, 일이 없을 때는 맑게 지내며, 유사시에는 용감하게 대처하고, 뜻을 얻었을 때는 담담하게 행동하며, 실의에 빠졌을 때에는 태연하게 행동하라 등이다. 연(然)은 그러하다, 그렇다고 여기다의 뜻이다.

참고문헌

강시일, 『경주 힐링로드』 3~4권, 책나무, 2018.

김재영, 「아나키스트 선구자 이회영의 독립운동」, 『전북금강일보』, 2023년 8월 31일자.

김재영, 「노블리스 오블리제의 삶을 실천한 전북의 독립운동가」, 『전북금강일보』, 2023년 9월 12일자.

박종국 에세이 칼럼, 「박종국의 세상사는 이야기」, 2022.08.12.

윤상원, 「전북지역 민족주의자의 인적 교류」, 『인적교류를 통해 본 전북 독립운동가들의 사회 관계망 구성』, 2017년도 보훈선양 학술회의 자료집, 국가보훈부, 2017.

이덕일, 『이회영과 젊은 그들』, 위즈덤하우스, 2009.

이인식 선생 추모문집편찬위원회, 『이인식과 그 시대』, 홍익재, 2014.

전라북도교육청, 『전라북도의 근현대 인물 이야기』, 청동기획, 2015.

전북애향운동본부, 『전북인물지』 중권, 동명정판사, 1983.

정동주, 『정동주의 진주문화사 이야기』, 곰단지, 2023.

정현섭, 『이 조국 어디로 갈 것인가』, 자유문고, 1982.

조규태, 『백촌 강상호』, 펄북스, 2020.

조용헌, 『500년 내력의 명문가 이야기』, 푸른역사, 2002.

기획전시 『우당 6형제의 독립운동 - 민국의길, 자유의길』, 서울역사박물관, 2017.

백정 출신들의 형평운동과
이 시대의 진정한 어른, 진주의 김장하

　진주는 조선시대 유학자인 남명(南冥) 조식(曺植) 선생과 임진왜란 당시 진주대첩의 김시민(金時敏) 장군, 의인(義人) 논개(論介), 1862년에 있었던 임술농민봉기, 그리고 형평운동(衡平運動)의 발상지 등으로 알려져 있다. 특히 형평운동은 백정 출신들의 차별철폐를 위한 국내 최초의 인권운동으로 진주시가 '인권운동의 성지(聖地)'로 부각될 수 있는 역사문화자원임을 부인할 사람은 아무도 없을 것이다. 그간 진주의 인권도시를 만들기 위한 노력에 가장 앞장섰던 이가 바로 김장하 어른이다.

　그는 진주에서 형평운동기념사업회 이사장(1992~2003)을 맡아 국제학술대회를 개최하고, 형평운동기념탑과 형평운동의 선구자인 강상호 선생의 묘비를 세우는 등 각종 기념사업을 활발히 추진해 왔다. 그 뒤를 이어 제2대 박노정 이사장(2004~2007), 3대 홍창신 이사장(2008~2009), 4대 장승환 이사장(2010~2015) 그리고 경상대학교 김중섭 교수의 공적을 빼놓을 수 없는 일이다. 형평운동은 바로 이들에 의해 이어져왔기 때문이다. 현재 5대 이곤정 이사장(2016~)과 신진균 박사가 이사 겸 학술위원장의 역할을 맡으면서 장애인 인권운동 채택과 장

애인식 프로그램 개발, 인권의식을 심어주는 교재 개발, 사적지 정비 등으로 확대하여 주목할 만한 성과를 냈다. 앞으로 국내 최초의 인권운동을 어떻게 하면 전국화, 세계화할 수 있는지에 대한 방안을 모색하고 이를 구체적으로 어떻게 실천해야 할 것인가에 대해 진주시가 보다 더 적극적으로 나서야 할 부분이라고 생각된다. 모든 일이 그렇듯이 전문연구자들이 해야 할 일이 있고, 행정과 언론에서 해야 할 일이 따로 있는 것이며, 민간단체에서 해야 할 역할이 따로 있기 때문이다. 나는 형평운동 연구자로서 진주시를 대표하는 문화요소이자 진주정신은 단연 '형평운동'이라고 생각하고 있다.

진주형평운동기념탑 (사진: 정읍역사문화연구소)

백정은 최하층 천민출신이었다

백정에서 '백(白)'은 희다, 깨끗하다, 무식하다, 없다는 여러 가지 뜻이 있다. '정(丁)'은 장정을 의미한다. 이것이 신분제와 결합되면 주로 '없다'는 뜻으로 통용되었다. 따라서 백정이란 아무것도 가진 것이 없는 무식한 장정이라는 뜻이 된다. 백정은 한마디로 노비만도 못한 존재였다. 백정들은 생계유지를 위해 도축업에 종사하면서 버드나무 가지로 바구니를 만들어 팔기도 했고, 악기연주나 노래, 간단한 무용이나 재주로 구걸하면서 유랑생활을 하였다. 때로는 '망나니'로 부르는 사형 집행수 노릇을 하기도 했다. 이밖에도 가죽신을 만들어 파는 피혁 제조업에 종사하기도 했다. 특별히 이런 백정을 우리는 '갖바치'라 불렀다. '갖'은 가죽이라는 뜻이어서 '갖옷[裘]', '갓신' 등으로 쓰였다. '바치'는 장인이라는 뜻이다. 페라가모나 구찌같은 세계적인 가방이나 구두를 만드는 장인들을 우리는 '쟁이'라 천시하고 '갖바치'라 부른 셈이다.

'저울처럼 공평한 세상을 만들자'

2023년 4월 25일은 형평운동백주년이 되는 뜻깊은 해이다. 형평운동(衡平運動)은 일제강점기인 1923년 진주에서 최초로 형평사(衡平社)가 조직되어 1935년 대동사(大同社)로 이름을 바꾸기까지 12년간 전개된 백정(白丁)들의 인권운동이자 신분차별 철폐운동이다. '저울(衡)과 같이 공평(平)한 세상을 만들어보겠다.'는 것이 그들이 내건 슬로건이었다. 정의의 여신 '디케(Dike)'가 들고 있는 것 역시 공평함을 의미하는 저울이다.

내가 백정들의 형평운동에 관심을 갖는 것은 내 박사학위논문의 주제이기도

하지만, 경남 진주에서 시작되어 전국으로 운동이 확산되면서 우리사회가 근대로 진입하는 사회변화를 가져왔다는 점에서 주목할 만한 사회운동이기 때문이다. 그런가 하면 사회운동이란 통상 중앙인 서울에서 시작되어 지방으로 파급되는 것이 일반적이지만 형평운동은 이와 반대의 입장에서 시작되었기 때문이다. 동학농민혁명의 경우도 마찬가지이다. 우리는 형평운동과 동학농민혁명을 통해서 중앙이 아닌 지역이 역사의 중심이 될 수 있다는 사실을 확인하게 된다.

주지하다시피 백정은 조선시대 가장 천대받는 계층이었다. 이들의 신분이 법적으로 해방된 것은 1894년 갑오개혁이었지만 사회관행적인 차별은 달라진 것이 없었다. 이러한 차별관습이 일제강점기인 1920년대에도 지속되자 천대받던 백정 출신들이 중심이 되어 형평사를 조직하고 신분차별 철폐운동을 전개하기 시작한 것이다.

형평운동기념사업회와 김장하의 사회활동

형평운동이 일어난 지 70년이 다 되어가던 지난 1992년에 발상지인 진주에 '형평운동기념사업회'가 결성되었다. 이때 주도적인 역할을 한 이가 창립회의가 있었던 남성당한약방 주인인 김장하(金章河, 1944~) 어른이다. 당시 지역에서 인권운동의 취지를 잘 모르는 이들이 출신배경이 의심스럽다고 비난을 하는 이들도 있었다 한다. 되돌아보면 90년대 우리사회의 인권의식이 이 정도밖에 되지 않았는지 놀랄 따름이다. 그는 형평운동기념사업회 이사장(1992~2003) 외에도 진주문화연구소 창립, 진주가을문예 신설, 진주환경운동연합 고문, 진주오광대보존회 이사장, 한국가정법률상담소 진주지부장, 남명학 연구 후원회장, 진주문화사랑모임 부회장, 지리산생명연대 공동대표 겸 상임의장, 독립 언론인 진주신문과 일간지 한겨레신문 창간주주, (주)서경방송 창립 2대 주주, 장학사업을 목적으로 세운 (재)남성문화재단 이사장을 역임하였고, 지난해 5월까지 진주에서 한약방을 경영하였다. 일일이 다 열거하기 어려울 정도로 그는 학문과 예술은 물론 여성운동과 노동운동, 환경운동에 이르기까지 진주시민사회운동 단체에 전방위에 걸쳐 후원하였다. 한 가지 일에 온 힘을 기울여도 힘든 마당에 한 가지라도 허투루 그 자리에 눌러앉지 않았다는 것을 진주시민이 입증하고 이제 온 국민이 인정한 셈이다.

뿐만이 아니다. 그는 1984년 자신이 한약방을 통해 벌어들인 돈을 들여 진주에 명신고등학교(明新高等學校)를 설립하고, 1991년에 국가에 무상으로 헌납(寄附採納)하였다. 그것도 체육관과 도서관 등 모든 학교시설을 다 지어놓고 더 이상 확충할 것이 없을 때 기증하였다. 설립 초부터 학교에는 이사장실이 없었다. 학교 건물은 부지 포함 시가(市價) 100억 원이 넘는 돈이었다. 현 시가 280억 원에 해당하는 돈이다. 그가 50년이 넘는 기간 벌인 장학사업으로 혜택을 본 이들만 해도 줄잡아 1,000명이 넘는다. 그런데도 별도의 장학금 전달식은 한 번도 하지 않았다. 생각할수록 우러르지 않을 수 없다. 전교조 문제가 불거졌을 때는 문제교사를 해직하라는 정부의 압력에도 불구하고 한 사람도 자르지 않았다. '의인(義人)'이란 바로 이럴 때 쓰는 용어이다.

뚜렷이 하는 일이 없으면서도 자리에 연연하고 있는 사람들이 있는가 하면, 하찮은 직위 하나를 놓고도 권위의식에 사로잡혀 쉽게 내려놓지 못하는 세태를 보면서 어떻게 자신의 한약방 건물 하나만 남겨놓고 자신의 전 재산을 헌납할 수 있었을까. 어떻게 이렇게 자신을 모두 내려놓고 비울 수 있었을까. 그는 가진 재산을 사회에 환원할 결심을 이십 대에 하고, 나이 마흔두 살 때 학교를 헌납했다니 이 또한 놀라운 일이다. 후원을 받은 진주지역 시민단체들이 몰래 준비한 생일잔치에서 그는 "그간 부끄럽지 않게 살려고 노력했으나 아직도 부족한 부분이 많다."고 했다. 그러면서 "앞으로 더 열심히 살겠다."고 했다. 1995년에는 민선 진주시장 범민주 단일후보로 추대되었으나 그는 일언지하에 거절하였다. 좋은 일을 그렇게 많이 하고도 아직도 부끄럽다니, 이 감동적인 이야기에 요즘 젊은이들까지 열광하고 있다. 이 한 사람으로 진주가 관광지가 되고 있다. 좋은 현상이다. 김장하 어른의 선한 영향력이 온 국민에게 미치기를 염원한다.

의인 김장하의 나눔철학

"나는 아프고 괴로운 사람들을 상대로 돈을 벌었다. 그 소중한 돈을 내 자신을 위해 함부로 쓸 수 없어 차곡차곡 모아 사회에 환원하기 위해 이 일을 시작하였다."고 했다. "돈이란 똥과 같은 것이어서 쌓아두면 악취가 진동하지만 이것을 밭에 뿌려주면 좋은 거름이 되어 꽃이 피고 열매를 맺게 한다. 돈도 이와 같아서 주변에 나누어야 사회에 꽃이 핀다."고도 했다. 경상대학교에서 명예박사학위를 주려 하자 수차례 사양하다 대학 측과 지역인사들의 설득에 못 이겨 마지못해 받은 명예박사학위 수여식장에서 그가 한 말이다. 이 내용이 『뉴스 사천』에 "돈은 똥, 쌓아두면 구린내, 흩으면 꽃"이라는 제목으로 보도되었다. 돈이란 어쩌면 모으는 것보다 잘 쓰는 것이 더 어려울 수도 있다. 김장하와 같이 돈의 가치를 진정 아는 이만이 잘 쓸 수 있기 때문이다.

그가 이렇게 언론에 뒤늦게 조명되는 것은 자신이 한 일을 알리지 않기 위해서 언론과 접촉을 피하고 인터뷰에 일절 응하지 않았기 때문이다. 심지어 자신이 가장 큰 후원자로 있는 『진주신문』 인터뷰에도 응하지 않았다. 하지만 형평운동 관련 일이라면 방송과 인터뷰를 마다하지 않았다. 노무현 대통령이 당선 직후 부·울·경 토론회에 첫 번째 손님으로 선생을 초청했으나 자신을 기다리는 환자들 때문에 갈 수 없다는 이유로 참석하지 않았다. 보통 사람들이라면 영향력 있는 정치인들에게 줄을 대지 못해 안달하는데 참 신선하다. 창원지검 진주지청장과 청소년 선도위원들의 저녁식사 자리에서는 지청장의 폭탄주를 거절하여 술자리가 깨지는 일도 있었다 한다. 주변을 의식하지 않고 옳다고 믿는 일에 소신 있게 행동하는 것, 이 또한 쉬운 일이 아니다.

자신이 알려질 만한 인물인지 한 번쯤 뒤돌아볼 일이다

자신의 선행이 언론에 알려지는 것을 극도로 꺼려한 김장하 선생과는 대조적으로 10만 원어치도 안 되는 알량한 봉사활동을 하고서, 100만 원어치 낯간지러운 자기 피알(PR)을 하는 사람들을 우리는 종종 보게 된다. 자신은 돈 한 푼 내놓지 않으면서 남들을 비난하는 이웃들도 보았다. 한편에서는 그런 공익활동이 언론에 보도되지 않으면 상대방의 선행을 의심하기도 한다. 했다면 왜 언론에 보도되지 않느냐고 따지듯 반문한다. 더 한심스러운 것은 수상을 목적으로 열심히 봉사와 공익활동을 하다가도 정작 상을 받고 나면 아무것도 하지 않는다는 사실이다. 그러니 그간 해왔던 공익활동의 진정성이 의심받을 수밖에 없는 노릇이다. 심지어 상을 만들어 타는 사람들이 한둘이 아니다. 가당치 않은 사람들이 돈을 주고 상을 건네받는 일이 사회전반에 걸쳐 벌어지고 있다. 공공연한 비밀이다. 수요가 있으니 공급이 있을 것이다. 심사료 명목으로 돈을 받고 등단시켜주는 문예지가 또 하나둘이 아니다. 그런 문예지를 통해서 등단해 놓고 버젓이 시인으로 행세하는 이들 역시 하나둘이 아니다. 이로 인해 시가 결국 시시해져버렸다. 더 가관인 것은 이런 수상이나 등단을 알리기 위해 언론은 물론 자신의 주변과 지인들, 밴드, 카톡, 메일, 메시지, 현수막 등 모든 수단을 동원하고 있다. 남을 칭찬하는 데는 인색하면서 자신을 알리는 일에는 급급하다. 표리부동도 이만저만이 아니다. 여기에 더해 돈을 건네면 자리가 주어지는 경우도 부지기수다. 그까짓 허울 좋은 감투가 얼마나 중요한 것인지 알 수 없는 노릇이다. 이쯤 되면 명예를 얻으려고 한 짓이 오히려 명예를 잃는 결과를 낳게 된다.

철학의 목적은 죽는 법을 배우는 데 있다고 했다. 사람이 어떻게 살다 죽어야 하는 지를 깨우쳐 주는 말이다. 사실 '웰 빙'과 '웰 다이'는 같은 말이다. 남이 나를 알아주는 것은 기쁜 일임에 틀림없다. 그런데 '내가 누군데' 하며 나를 알아주지 않는다고 화를 낸다는 것이 생각해보면 얼마나 웃기는 일인가. "남이 나를 알아주지 않아도 노여워하지 아니하면 또한 군자가 아니겠는가."라고 했던 공자의 말을 결코 옛날이야기로 치부해서는 안 된다. 이는 서원이나 향교에서만 배우는 '고지식(古知識)'이 아니다. 고지식에 밝은 사람이 왜 융통성 없는 사람이란 뜻으로 전락이 되었는지 알다가 모를 일이다. 때로는 적당히 거짓말도 좀 하고 살아야 하는데 원리원칙만 따지는 사람을 일컫게 된 것이다. 아무튼 자신이 과연 알려질 만한 인물인지 한 번쯤 뒤돌아볼 일이다. 그 어른이 한 행적과 말씀을 곱씹어 보면서 '어떻게 사는 것이 정말 잘 사는 것일까' 생각이 참 많아진다.

참고문헌

권기중, 「신분사회의 피해자, 백정」, 『조선시대 사람들은 어떻게 살았을까』 1권, 청년사, 2005.
김재영, 「일제강점기 형평운동의 지역적 전개」, 전남대학교 박사학위논문, 2007.
김재영, 「형평운동과 이 시대의 진정한 어른 김장하」, 『서남저널』, 2023년 3월 29일자.
김재영, 「형평운동을 이끈 의인, 진주의 김장하」, 『정읍신문』, 2023년 4월 21일자.
김재영, 「일제강점기 형평운동의 권역별 특징」, 형평운동100주년기념학술대회 기조강연, 진주시·형평운동기념사업회, 2023.4.29.

김주완, 『별난 사람 별난 인생 그래서 아름다운 사람들』, 피플파워, 2016.
김주완, 『줬으면 그만이지』, 피플파워, 2023.
형평운동기념사업회, 『형평운동 100년의 기억과 실천』, 2024.

호남인재 양성의 산실, 영주정사와 영학숙

구한말 민족교육의 구심점 역할을 했던 곳이 바로 정읍시 흑암동에 있는 영주정사(瀛州精舍, 2005년 등록문화재 제212호)였다. 이곳에서 호남지역 부호의 자제들이 서로 교유하고 인맥을 형성했으며, 이들은 해방 이후 한국현대사에 큰 족적을 남겼다. 영주정사를 설립한 박만환(朴晚煥, 1849~1926)은 간재로부터 영

영주정사와 영양사 (사진: 정읍역사문화연구소)

주정사에서 구학문을 익힌 뒤 구학을 계속할 이들은 남게 하고, 신학문을 배우고자 하는 사람들은 창평의 영학숙(英學塾)으로 가도록 배려하였다. 구학문을 하면서도 신학문에 대한 필요성을 느낀 것이다. 박만환은 충남 아산의 전재(全齋) 임헌회(任憲晦)의 문하에서 전우와 동문수학한 사이였다.

간재 전우와 그의 문인들의 항일의식

간재 문하에서는 간재 생전부터 자결을 통해 항일의 뜻을 펼쳤던 문인들이 하나둘씩 나타나기 시작했다. 그렇지만 화서학파(華西學派)와 같은 실천적인 유학으로까지 연결되진 않았다. 즉 적극적인 무장투쟁으로까지는 연결되지 않은 것이다. 이것은 간재의 처세를 계승한 면모라고 비판하는 시각도 있지만 문인들은 간재 사후에도 일관된 처세를 보여주었고, 굳건한 항일의식을 드러내었다. 대부분의 문인들은 일제로부터 내려진 은사금을 일체 거절하거나 독립지사들의 행적을 담은 문집을 발간하고 항일정신을 고취하는 글을 발표하는 등 저항정신을 실천에 옮겨 고초를 겪기도 하였다. 그러면서도 후학양성이라는 간재의 행적에 따라 적지 않은 제자들을 배출하여 한국유학의 맥을 이어나갔다.

간재는 영주정사에서 6년 동안 후학을 양성하면서 계(契)를 만들어 인근 지역 유생들의 정신적 구심점이 되었다. 여기에 참여하였던 인사는 영주정사의 설립자인 찰방 박만환을 비롯, 권순명, 김경중과 김기중, 의병대열에 합류하였던 김직술, 김택술, 최영대, 고석진, 고순진, 고예진, 정관원 등이 있다. 간재는 영주정사를 통해서 정읍, 고부, 고창, 김제, 부안 등지의 유생들에게 정신적 스승으로 추앙을 받았고, 『존화계첩(尊華契帖)』이라는 명부를 통해서 사실상 지역사회를 지배했다고 볼 수 있다.

박만환과 그의 아들 박승규의 민족운동

간재와 동문수학했던 박만환은 고부군수 조병갑의 파직을 요구하는 상소를 올렸을 뿐만 아니라 동학농민혁명 직전에는 조병갑 축출 자금을 출연하기도 했다. 한편으로는 일본 천왕이 내린 은사금 수령을 거부하고 의친왕 이강(李堈)의 중국 망명자금을 내놓기도 했다. 그의 아들 박승규도 아버지의 영향을 받아 근대학교인 '승동학교'를 설립하고 모든 운영 경비를 부담했을 뿐만 아니라 원거리 통학생을 위한 기숙사까지 마련하여 근대교육을 실시하였다. 한편으로는 면암 최익현에게 자금을 지원하고 아나키스트 백정기 의사의 항일무장투쟁을 직간접으로 돕다 의문의 죽음을 맞았다. 영주정사를 인연으로 만난 사람들 중에는 구파 백정기 의사를 비롯, 인촌 김성수, 근촌 백관수, 어진화가 정산 채용신 등이 있다.

창평의 영학숙과 고정주

구학문을 마친 백정기 의사와 김성수가 신학문을 익히기 위해 간 곳이 담양 창평의 영학숙이었다. 창평에서 고정주(高鼎柱, 1863~1933)가 근대학문을 교육하기 위해 월봉산 상월정(上月亭, 전남문화재 자료)에 영학숙을 마련하고 이를 확대해서 창흥의숙(뒤에 창흥학교)으로 개편한 뒤 한문, 국사, 영어, 일어, 산술 등 당시로서는 신학문을 가르쳤다. 이곳 역시 설립자인 고정주가 학교운영 경비 일체를 부담하였다. 설립자인 고정주의 사위였던 인촌은 이곳에서 서울서 초빙된 유능한 영어교사 이표(李瀌)를 만났기 때문에 훗날 일본 유학을 무사히 마칠 수 있었을 것이다. 또 중앙학교를 운영하면서 영어를 가르칠 수 있었던 것도 이때의 영어공부가 큰 발판이 되었을 것으로 보인다. 창흥의숙(영학숙)을 인연으로 만난 사람들은 고하 송진우를 비롯, 초대 대법원장 김병로, 고창고보 교장을 역임하고 무등양말을 창업했던 매하 양태승, 호남은행 설립자 현준호, 전남 영암에 학파농장을 세운 김시중 등이 있다.

영주정사와 영학숙의 의의

창암 박만환이 세운 고부의 영주정사와 그의 아들 박승규가 세운 승동학교 그리고 고정주가 창평에 세운 영학숙은 모두 민족의식이 투철한 설립자가 교육을 통한 실력양성에 목적을 두고 학교를 운영했다고 하는 공통점이 있다. 굳이 구별한다면 영주정사 관련 인사는 구학문을 바탕으로 위정척사사상을 가진 의병계열의 민족운동을 했다면, 영학숙 관련 인사는 신학문을 통한 애국계몽운동에 중점을 두었다는 차이가 있다.

박만환의 민족의식과 독립정신은 동학농민혁명과 을사늑약 이후의 태인의병(병오창의), 근대교육, 1920년대 백정기, 백관수 그리고 그의 아들 박승규의 민족운동으로 이어졌다. 한편 영학숙에서 만난 김성수·백관수·김병로·송진우는 동경유학 시절과 일제강점기 그리고 해방 이후까지 관계를 유지하면서 한국민주당(한민당)의 중추적인 요인으로 성장하였다. 결국 한국민주당의 뿌리는 영학숙(창흥의숙)에 있는 셈이다. 김시중은 전남 건국준비위원회 부위원장으로 활동함으로써 영주정사와 영학숙을 인연으로 만난 인사들의 활동은 해방 이후까지 이어지게 된 것이다.

결론적으로 박만환이 세운 영주정사와 고정주가 설립한 영학숙은 호남지역의 구학문과 신학문을 대표하는 교육기관으로서 호남인재 양성의 산실이었다고 할 수 있다.

참고문헌

김재영, 「호남인재 양성의 산실, 영주정사와 영학숙」, 『(사)정읍역사문화연구소 제7차 학
　　술대회 논문집』, 2021.
『정읍신문』, 2021년 8월 11일자.

부산 태극도와 서울 대순진리회의 뿌리

무극대도는 1918년 정읍 태인면 태흥리(泰興里)에 설립된 '무극도(無極道)'를 기원으로 한다. 도주인 조철제(趙哲濟, 1895~1958)는 3년간에 걸쳐 도솔궁(兜率宮), 영대(靈臺), 포정부(布政府), 정침(正寢) 등 120여 칸의 건물을 완공하고, 1925년 '무극대도'로 교명을 바꿨다.

무극대도에서 태극도, 대순진리회로

1936년 일제의 유사종교 해산령으로 공인종교를 제외한 한국자생종교는 모두 해산되었다. 해체 이후 무극대도의 도솔궁은 부안의 내소사 보종각으로, 영대는 부안군 동진면 당상리 경주 이씨 재실로 이축되었다. 1948년 본부를 부산 보수동(寶水洞)으로 옮기고 태극도(太極道)로 교명을 바꾸었다. 1955년에는 벽화마을로 유명한 감천동(甘川洞)으로 본부를 이전하여 3천 세대 1만여 명에 달하는 대규모 신앙촌을 형성하였다. 교조인 조정산(본명 조철제)이 사망한 뒤에는 박우당(본명 한경, 1917~1996)이 도전(都典)으로 취임하여 교단을 이끌었으나 구파와 신파로 분열되어 태극도와 불편한 관계가 지속되었다. 박우당은 이후 서울에서 대순진리회(大巡眞理會)라는 별도의 교단을 형성했다. 대순진리회는 증산계 종단 가운데 가장 방대한 조직을 갖고 있으며, 오늘날 자선·사회복지·교육사업 등 다양한 사회사업과 구제활동을 전개하고 있다.

태인은 도가 잉태된 곳, 내장산은 미륵삼존불 중 하나가 감춰진 곳

태인(泰仁)은 무극대도의 역사로 보면 '새로운 도가 잉태된 곳'이다. 본격적인 포교의 씨앗을 내린 곳이다. '인(仁)'이 어질다는 뜻 외에도 씨앗이라는 의미가 있기 때문이다. 실제로 부산 보수동과 감천동 시절의 도의 규모와 성전이 모두 태인 무극대도의 시절에 미치지 못했다. 도주가 치마바위가 있는 곳을 미리 예견하고 반드시 그곳에 도장 건립을 지시한 것은 태인이 도가 잉태하는 지역임을 상징적으로 표현한 것이다.

대순진리회의 창교주인 박우당이 1982년 내장산(內藏山)과 백양사(白羊寺)를 차례로 둘러본 것은 증산과 정산의 양산만 모셔지는 종단에 미륵삼존불과 같은 모습이 모셔지기 위해서는 아직 감춰져 있는 드러나지 않은 또 하나의 산이 모셔져야 한다는 이유에서였다. 이 같은 상징적인 행위를 내장산에서 한 것이다.

흥미로운 것은 정읍 태인에서 도가 잉태되었으나 무극대도 초창기 증산의 여동생인 선돌부인을 제외한 모두가 정읍이 아닌 '외지인'들이었다는 점이다. 이들이 경상도와 충청도까지 도를 전파하고 나중에 부산에 태극도로 정착했다는 것은 눈여겨 볼만한 대목이다.

지명이 가지는 상징성을 종교적으로 차용하다

정산은 태인 도창현이 앞으로 도가 창성(昌盛)할 곳이라고 믿고 최수운과 강증산이 그랬듯이 처음 도명을 '무극대도'로 선포하였다. 보천교가 입암면 대흥리(大興里)에 본부를 두고, 1919년 경남 함양 대황산(大篁山)에서 치성을 드린 후 60방주를 조직하고, 또 갱정유도가 남원 도통동(道通洞)에 본부를 두고 있듯이 태인 태흥리 도창현에서 교리와 인의를 크게 펼쳐보고자 한 것이다.

태인 도창현에서 다시 부산 보수동, 감천동으로 도장을 옮긴 것은 물이 가지는 상징성에 주목한 것으로 보인다. 물은 만물을 생육할 수 있는 생명력과 모든 생명체의 근원이기에 시작을 의미한다. 흘러가면서 자연치유가 되기에 '재생력' 또는 '새생명'을 상징하기도 한다. 물은 다투지 않으며 낮은 데로 임하는 미덕이 있고, 맑은 데서 떠오르는 순결한 이미지도 가지고 있기 때문이다. 한편으로는 '감'을 고에[금]인 신(神)으로 보고 감천을 상제인 신이 머무는 곳이라는 종교적인 해석을 추가하였다. 여기에다 감천(甘泉)은 '감내'로도 표기하는데 착안하여 "지성이면 감천이고, 고진(苦盡)이면 감내(甘來)라." 무극대도의 새 서울이 감천임을 강조하였다. 이와 같이 지명이 가지고 있는 함의와 이미지를 종교적으로 차용한 것이다.

무극대도의 도장, 궁궐 건축을 모방하다

무극대도에서는 1925년에 건축을 시작하여 1929년에 완공한 보천교 본소 건축물과 비슷한 시기에 도장을 건축하였다. 이에 세간에서는 보천교의 차천자와 견주어 도주를 '조천자'로 불렀다. 도주인 '조천자'를 상징하기 위해 보천교 간부

인 60방주 회의기관인 정화당(井華堂)을 청와로 이었듯이 영대를 비롯한 무극대
도의 건물을 청와로 이었다. 왕이 신하들과 국가의 일상 업무를 논했던 창덕궁
의 선정전 건물이 푸른색 유약을 입힌 청기와를 올렸듯 이와 같은 궁궐 건축을
모방한 것으로 보인다. 도주의 수련실을 중궁(中宮)이라 이름하고 1953년 부산
보수동 시절에는 정산이 머무를 본전을 대강전(大降殿)이라 칭한 데서도 알 수
있는 일이다.

유가에서 공자를 모신 건물을 대성전(大成殿)으로, 불가에서 석가모니를 모시
고 있는 건물을 대웅전(大雄殿)으로 칭하는 것과 같은 의미의 위상을 가지고 있
다. '전'자가 들어가는 건물은 가장 위격이 높은 건축물이다. 또 경복궁의 사방위
에 4대문을 세웠듯이 부산 감천동 도장에서도 동서남북에 4대문인 합덕문·상생
문·조화문·진경문을 건축하였다. 뿐만 아니라 보천교의 십일전(十一殿)에서 일
월성신을 모시고, 수운교(水雲敎)의 본전인 '도솔천궁'(일명 천단)에 천단과 일월
성신을 모시고 있듯이 무극대도의 중심 건물 또한 명칭이 '도솔궁'이다.

무극대도 도장의 훼철과 이축

무극대도의 도장은 건축의 정교함이나 웅장함이 보천교 건축물과 비견할 만하
다고 당대에 평가하였다. 1936년 일제의 유사종교 해산령으로 도장 대부분의 건
물이 해체되었으나 무극대도의 중심 건물인 영대는 부안 내소사의 보종각(寶鐘
閣)으로 이축되었고, 도솔궁은 부안 당상리 경주 이씨 재실로 이축되어 보존되
고 있다. 이 건축물들이 이축 목적에 맞게 다소 축소된 것으로 보이지만 도장
건물의 형태를 유지하고 있다는 점에서 또 종교사적 의미를 생각해 볼 때 문화
재 지정이 검토되어야 할 것이다.

무극대도는 일제강점기 보천교와 운명을 같이 한 종교이나 보천교는 이후 쇠락의 길을 걸은 반면, 무극대도는 이후 태극도(太極道)와 대순진리회로 분화되는 곡절을 겪으면서도 이후 신종교로서 확고한 기반을 확립했다는 점에서 종교사적 의의가 크다. 무극대도 훼철 이후 미륵불교가 그 터를 태인기술학교로 이용한 것은 교육을 종단의 주요 사업으로 시행하고 있는 대순진리회의 사업과 다를 바 없다. 이는 증산 사상에 포함된 인간존중 사상을 확산시킨다는 측면에서 우연의 일치로 보기는 어렵다.

무극대도의 터에 성역화 작업이 이루어지길

이제 태극도와 대순진리회(大巡眞理會)가 기성종교로 자리매김한 만큼 도가 잉태되고 종단의 뿌리라고 할 수 있는 정읍 태인에 성역화 작업을 서둘러야 할 것이다. 과거 그 옛날의 영광을 재현한다는 것은 지역의 역사 문화자원으로써도 큰 역할을 할 것이기 때문이다. 정비되면 일반에 공개되어야 한다. 무극대도의 입장에서 볼 때는 성지(聖地)이나 지역의 입장에서 볼 때는 지역의 역사문화 콘텐츠일 뿐만 아니라 종교문화 유적지에 해당하기 때문이다.

참고문헌

김재영, 「무극대도 도장의 형성과 그 의의」, 사단법인 정읍역사문화연구소 제4차 학술대회, 러시아 아그로상생연구소, 2018.
조해성, 러시아 아그로상생연구소장 태인 현장답사 및 인터뷰, 2023.5.25.
『정읍신문』, 2018년 7월 6일자.

대통령 관저 청와대, 길지인가 흉지인가

풍수(風水)를 일러 '인문·자연지리의 종합'이라고 한다. 나는 틀린 말이 아니라고 인정하면서도 그렇다고 풍수를 과학으로 보지 않는다. 다만, 풍수가 우리 문화에 끼친 영향이 크기 때문에 연구하지 않으면 안 될 중요한 분야라고 생각하고 있다. 풍수가 아니면 우리의 국토환경을 제대로 설명할 수 없기 때문이다. 왜 거기에 궁궐이 있고, 왜 그곳에 절이 있는가를 설명할 수 없게 된다. 16세기 조선 후기 소송사건의 제일이 풍수와 관련된 '산송(山訟)'이라는 묘지쟁탈전이었다는 사실에서 풍수가 우리 생활에 얼마나 심대한 영향을 미쳤는지 알 수 있다. 그만큼 풍수가 우리네 삶에 가까이 있기 때문이다.

청와대 길지론(吉地論)

길지론의 입장에서 볼 때 우리나라 대통령 관저인 청와대(靑瓦臺)는 북악산 아래의 진혈(眞血)로 '천하제일의 복지명당(天下第一福地)'이다. 국도풍수의 제1번지라 할 수 있는 청와대 신관 자리는 원래 비어 있었다. 옛날 청와대는 지금 자리보다 동편에 있었는데 조선 총독의 관저로 쓰이던 청기와 지붕의 대리석 건물을 지칭하는 것이었다. 조선총독 관저를 일본식 양옥으로 올려 지은 것이 청와대였다. 원래 이름은 경무대(慶武臺)였다. 혹자는 경무대라는 명칭이 이승만 전 대통령 때부터 사용한 것이라 하나 그것은 잘못된 것이다. 이승만은 단지 옛 이름을 부활시켰을 뿐이다. 그 터는 여성 음기가 극도로 강해서 집안의 남자보다는 여자의 주장이 훨씬 강한 터였다.

4·19혁명 직후 이승만이 하야하고 같은 해 8월 윤보선(尹潽善)이 입주하면서 3·15 부정선거와 독재의 산실인 이곳 경무대의 이미지를 쇄신하기 위하여 이름을 고치게 되었다. 그런데 고친다는 것이 '청기와가 있는 집'이라는 뜻의 단순한 것이었다. 이는 건물 전체를 하얀 색으로 칠한 미국 대통령 집무실인 '화이트 하우스'에서 착안한 것이었다. 그간 일부에서 문화사대주의, 문화종속주의라는 비난을 했던 이유가 바로 여기에 있다. 같은 맥락으로 응급전화 '119'도 미국의 '911'에서 따온 것이라는 이야기가 있으나 여기서 그 사실 여부를 따지는 것은 논외로 한다.

청와대는 그 이름은 물론 터까지 좋지 못해서 조선총독과 우리나라 역대 대통령 모두 종말이 좋지 못했다고 보고 있다. 이에 6공화국 때 청와대 신관이 신축되어 현재의 자리로 옮기게 된 것이다. 청와대가 있는 터는 북악 아래의 진혈이 맺힌 곳이다. 공사를 시작하자 '천하제일복지'라는 암각 글자가 발견되었다. 이 암각 글자는 현재 청와대 신관 뒤편에 놓여 있다. 이 건물은 정확히 일직선상은 아니나 북악산정-청와대 신관-경복궁-광화문-관악을 잇는 정남향 축의 선상에 있다. 청와대 신관은 삼각산 용맥을 제대로 이어받은 정혈이자 진혈에 비로소 들게 된 것이다. 대통령 집무실이 이곳 정혈에 터를 잡게 되면 나라의 융성을 보게 되고, 남북통일을 이룰 수 있을 만큼 국운이 상승할 것으로 믿었다.

청와대 흉지론(凶地論)

2016년 최순실 게이트를 계기로 청와대 터가 흉지라는 논란이 다시 일었다. 1394년 이성계가 이곳으로 천도했으나 1398년 1차 '왕자의 난'으로 두 아들을 잃고 임금 자리마저 아들에게 빼앗긴 곳이다. 임진왜란이 끝난 뒤에 광해군은 불타버린 경복궁을 버렸고, 1867년 흥선대원군이 경복궁을 중창했지만 그로 인해 실각의 원인이 되었다. 1895년에는 이곳에서 명성황후가 일본 낭인에게 시해당하기도 하였다.

조선 태종 이방원은 "바위산이 험하고 명당수가 없어 도읍지가 못된다."고 보고 당시 지관을 불러 꾸짖었다고 한다. 바위가 많다는 것은 양기가 많은 곳으로 신명(神明)을 내는 땅이다. 무속인들이 바위 밑에 촛불을 켜고 기도하는 것도 같은 맥락이다. 단국대학교 조수범 교수도 북악산의 바위가 크고 많아 살기(殺氣)가 강하다. 현 청와대의 위치는 북악산의 살기를 정면으로 받는 위치이며, 관저의 구조도 폐쇄적이어서 민주적으로 선출된 대통령이 들어가기만 하면 제왕적인 대통령으로 바뀌게 된다고 주장하였다.

지나치게 풍수에 의존하는 것은 문제

대통령 집무실을 새로 이전한 용산(龍山)은 풍수지리적으로 배산임수의 길지이자 명당으로 알려져 있으나, 역사를 거슬러 올라가면 고려 말에는 몽고군의 병참기지였고, 임진왜란과 병자호란 때는 왜군과 청나라의 군대가 진을 쳤던 곳이다. 임오군란 때는 청의 군대가, 청일전쟁 때는 일본군이 진을 쳤던 곳이다. 일제강점기에는 일제의 병참기지였고, 현재는 담장 하나를 사이에 두고 미군기지와 인접해 있다. 역사적으로 보면 용산은 도성을 공략하기 위해 진을 쳤던 전략적으로 아주 중요한 곳이었다. 결국 길지냐 흉지냐는 보는 관점에 따라 달라지는 것일 뿐 길흉의 문제가 터에 있지 않다는 것을 알 수 있다. 역대 대통령들이 불행해진 것은 그 원인이 터에 있지 않았다. 대부분 대통령의 개인적인 이유에서 비롯되었다. 따라서 지나치게 풍수에 의존하는 것은 문제가 있을 수밖에 없다. 풍수가들도 풍수를 전적으로 믿는 사람이 60% 정도이고, 자신을 풍수전문가라고 하면서도 다 믿지 않는다는 사람도 40%나 된다는 사실을 어떻게 받아들여야 할 것인가. 우리 사는 곳이 어디 좋은 땅만 있겠는가. 풍수에서 완벽한 땅이란 없다고 한다. 그래서 이를 보완해서 썼던 것이 우리 조상들의 비보풍수(裨補風水)다. 모든 것은 사람에 달려있는 것이 아니겠는가.

참고문헌

김광언, 『풍수지리(집과 마을)』, 대원사, 1993.
김두규, 「또 다시 고개 든 청와대의 흉지론」, 『전북향토문화연구회보』 제166호, 2017.
김성식, 「응급호출 전화번호, 119와 911」, 『한국일보』, 2022년 1월 11일자.
김재영, 『김재영의 역사인문학 99강』, 대성인쇄기획(정읍), 2018.
김재영, 「대통령 관저 청와대, 길지인가 흉지인가」, 『전북금강일보』, 2023년 8월 17일자.
손석우, 『육관도사의 풍수·명당 이야기』 하, 답게, 1993.
윤성민, 「풍수지리와 관상」, 『전라도 사람』, 다원, 1992.
조선일보사, 『월간 조선』, 2018년 8월호.

충북 속리산 법주사의 미륵대불과 김수곤

서울 봉은사(奉恩寺)에 가면 높이 23미터의 미륵대불이 도심 한복판에 자리하고 있다. 강원도 양양의 낙산사(洛山寺)에는 31미터 높이의 해수관음상이 있다. 속리산 법주사(法住寺)에는 이보다 더 큰 33미터 높이의 콘크리트 불상이 예전에 있었다. 학창시절 수학여행으로 간 곳임에도 불구하고, 그 미륵불이 태인 출신의 갑부 가산(嘉山) 김수곤(金水坤, 1873~1950)이 내놓은 불사금으로 만들어졌다는 사실을 나도 몰랐고 지금껏 고향인 태인에서조차 아는 이가 드물다. 아쉽게도 지금은 세월의 무게를 견디지 못해 청동으로 만든 미륵대불이 그 자리를 대체하고 있다. 2015년에는 개금불사(改金佛事)로 황금옷으로 갈아입었다.

가산거사 김수곤의 시주와 교육사업, 그리고 자선사업

법주사 미륵불은 1939년 당대 조각의 제일인자로 알려진 김복진(金復鎭, 1901~1940)에 의해 공사가 시작되었으나 그의 갑작스런 사망으로 중단되었다. 이후 1963년 3월에 다시 시작하여 1964년에 완공하였다. 김복진은 서양조각을 한국 화단에 도입한 인물로 김제 금산사의 미륵대불도 그가 만든 역작이다. 가산이 법주사에 출연한 돈은 당시 돈으로 3만 원이었다. 당시 1원이 2000년 기준 60,000원이었다고 하니 계산하면 약 18억 정도의 돈을 희사한 셈이다. 그는 재력만큼이나 통도 크고 불심이 깊었던 사람이다.

그는 법주사 외에도 금강산 유점사, 금산사 미륵불, 관촉사에도 시주를 했고, 정읍 칠보에 있는 석탄사(石灘寺)를 중건하고 시내 상동에 미륵당을 세웠다. 교육사업에도 참여하여 고향에 태인중·고등학교를 설립하였다. 조계종 초대종정을 지낸 박한영(朴漢永) 스님이 찬한 가산거사 공적비에는 태인의 항가산(恒迦山)을 좋아하여 스스로 호를 '가산거사'라 하였으며, 공손과 검약으로 몸을 닦아 고을에서도 그 이름이 두드러져 따르는 선비들이 많았다고 했다. 1918년 남녘에 큰 기근이 들자 창고를 열어 수만 명의 백성을 살렸고, 1920년에는 동대천 뒤 도랑에 무지개다리를 놓아 교통을 이롭게 하였으며, 칠보산 험한 길을 반듯하게 닦았다고 했다.

그는 유생이었으나 불문에 귀의하여 백양사 청류암에서 좌선을 하다가 1937년 입속에서 옥치(玉齒)와 같은 치사리가 나와 1939년 10월 내장사에 사리탑을 안치하고, 영호선사의 기문과 손재형(孫在馨)의 오체혼합체의 탑비를 세웠다. 국내에서는 유일하게 서예오체로 쓴 비로 현재 내장사 부도전에 있다. 그의 딸이 조선 최초의 여류서예가인 김진민(金鎭珉)이다.

조선미술전람회 출신 여류서예가 김진민

김진민(1912~1991)은 일곱 살에 서당을 다니기 시작하여 아홉 살에 『맹자』를 익혔다. 그의 집안에는 이당(以堂) 김은호(金殷鎬)와 성당(惺堂) 김돈희(金敦熙) 등 당대 유명한 서화가들이 드나들었다 한다. 타고난 재능과 이들의 가르침을 받은 그는 불과 열한 살의 나이에 백양사 우화루(雨花樓)의 편액을 쓰고, 열두 살에는 1924년에 열린 조선미술전람회 서예부에 출품하여 서예부가 폐지되던 1931년까지 연속 8회의 입선과 특선을 수상하였다. 십 대의 나이에 썼다고는 믿기지 않을 만큼 서체에 힘이 있고, 웅대하다는 평가를 받았다. 전서, 예서, 해서, 행서, 초서 등 '오체'에 능하여 금산사 미륵전의 대자보전(大慈寶殿), 위봉사의 나한전(羅漢殿) 등의 편액과 내장사 학명선사사리탑명 등의 금석문을 남겼고, 내장사 고내장 뒤 석난정(石蘭亭)의 편액을 썼다고 전해지고 있으나, 지금은 소실되고 그 아래 바위에 새겨진 석란계원 명단만이 전하고 있다.

그는 몽연(夢蓮), 불하(不瑕), 불하자(不瑕子) 등의 호를 사용하였다. 불하당은 '옥에 티(瑕)가 없는 사람'이 되라는 뜻이다. 말년에는 태인 출신의 만공스님을 자주 만나 부처님의 설법을 듣는 일로 소일하다가 1991년 10월 15일에 운명하였다. 유해는 평소 자주 들리던 속리산 법주사에서 다비식(茶毘式)을 거행하여 한 줌의 흙으로 돌아갔다.(이용엽)

참고문헌

김재일(金在一) 기적비문(태인 항가산 내).
이용엽, 『전북미술약사』, 전북역사문화학회, 2007.
최현식, 『신편 정읍인물지』, 신아출판사, 2007.
태인지편찬위원회, 『태인지』, 신아출판사(전주), 2015.
'천재 서예가 김진민' 학술세미나, 정읍시, 2021.11.23.
『경향신문』, 1964년 6월 15일자.
『전북중앙신문』, 2006년 5월 29일자.
『충북일보』, 2014년 5월 13일자.

60갑자와 음양오행설을 활용한 역사학습 방법

학창시절, 한국사 시험에서 가장 두려운 것이 사건의 연대를 묻는 문제와 지도문제였다. 지금 생각해보면 연대 문제는 간지만 알아도 그리 걱정할 일이 아닌데도 그간 우리는 잘못 가르치고 잘못 배운 것이다.

간지(干支)는 역사적 사건 외에도 태어난 연도에 맞게 이름을 짓는 데도 이용되었다. 예를 들면 갑진(甲辰), 갑득(甲得), 갑쇠(甲釗) 갑성(甲成) 등이다. 간지는 출생 순서에도 서열에 맞게 이용되었다. 큰아들이 갑수(甲洙)면 둘째는 을수(乙洙)가 되고, 셋째는 병수(丙洙)가 된다. 이렇게 출생순서에 따라 간지를 적용하다 보니 왠지 어울리지 않을 것 같은 딸 이름에도 을수라는 이름이 붙게 된다.

간지(干支)는 우리의 훌륭한 과학적 전통이다

간지는 통일신라 전후로 사용되었다. 간지는 중국이나 아시아의 한자문화권에서 연·월·일·시나 방위, 또는 사물의 순서를 나타내는 데도 이용되었다. 또 음양오행설과 결합되어 여러 가지 점술에도 응용되었다. 10간은 갑(甲)·을(乙)·병(丙)·정(丁)·무(戊)·기(己)·경(庚)·신(辛)·임(壬)·계(癸), 12지는 중국 하왕조(B.C 21~

16)부터 시작된 것으로 전해지는데 자(子)·축(丑)·인(寅)·묘(卯)·진(辰)·사(巳)·오(午)·미(未)·신(申)·유(酉)·술(戌)·해(亥)를 말한다. 이때 간은 나무의 '줄기'를 지는 '나뭇가지'를 뜻한다. 또한 간은 '하늘', 지는 '땅'을 의미하기도 한다.

10간은 식물이 계절의 추이에 따라서 변화해 가는 모양을 나타냈다는 설이 있다. 12지는 동물의 발가락 수나 그 시간에 활동하는 동물의 상태에 따라 정했다는 견해가 있다. 12지의 경우, 동물의 발가락 수를 따진다면 세상의 많은 동물 가운데 한 몸에 다른 발가락 수를 갖고 있는 동물은 쥐밖에 없다고 한다. '쥐'는 앞발가락이 4개로 음의 수이고, 뒷발가락은 5개로 양의 수이기 때문에 음과 양이 변하는 순간, 즉 하루의 시간이 교차되는 시간에 가장 합당한 동물로 여겨졌기 때문이다. 소는 4개, 호랑이는 5개, 토끼는 4개, 용은 5개, 뱀은 없으며, 말은 7개, 양은 4개, 원숭이는 5개, 닭은 4개, 개는 5개, 돼지는 4개이다.

간지로 날짜와 달, 햇수의 흘러가는 순서를 표시하게 된 것은 중국과 우리나라 등 동양에서 10진법과 12진법을 함께 사용하면서 생겨난 것이다. 12지는 앞 글자인 10간과 결합해야만 그 해의 간지 표현이 된다. 즉 앞 글자는 10년에 한 번씩, 뒤 글자는 12년에 한 번씩 찾아오기 때문에 똑같은 간지가 찾아오려면 60년이 걸리게 된다. 2천 년 남짓 전부터 동양 사람들은 긴 시간을 셈하기 위해서는 이런 60년 주기를 쓰는 것이 편리하다는 사실을 터득하여 이용하기 시작했다. 또 옛날 사람들의 수명도 대략 이 정도이고 보면 이래저래 편리한 길이의 시간인 것이 분명했다.

간지는 60회가 되면 다시 갑자년으로 되돌아오기 때문에, 이것을 일갑(一甲)·회갑(回甲) 또는 주갑(周甲)이라고도 한다. '환갑'이란 말도 여기서 생긴 것이다. 학계에서는 '화갑(華甲)'이라는 말을 즐겨 쓴다. 글자 구조상 열 십(十)자 여섯 개와 한 일(一)로 이루어져 있기 때문이다.

12지는 시간을 따지는 데 이용되었다. 활동하는 동물들의 시간대를 따진다면,

자시(23~01시)는 쥐가 활동하는 시간이기 때문이다. 축시(01~03)는 밤새 풀을 먹은 소가 한창 되새김을 하며 아침 밭갈이를 준비하는 시간이고, 인시(03~05)는 하루 중 호랑이가 제일 흉악한 때이다. 진시(07~09)는 용들이 날면서 강우 준비를 하는 때이며, 사시(09~11)는 뱀이 자고 있어 사람을 해치는 일이 없는 시간이다. 신시(15~17)는 원숭이가 울음소리를 제일 많이 내는 때이며, 유시(17~19)는 하루 종일 모이를 쫓던 닭들이 둥지를 찾아 들어가는 때이다. 술시(19~21)는 날이 어두워져 개들이 집을 지키기 시작하는 때이며, 해시(21~23)는 돼지가 단잠을 자는 시간이라는 것이다.

12지는 방위에도 이용되었다. 순서대로 배열하면 북쪽에 '자(子)', 남쪽에 '오(午)'가 있게 된다. 따라서 남북을 연결하는 선이 바로 '자오선(子午線)'이다. 오전(午前)은 오시 이전을 가리키는 말이고, 오후(午後)는 오시 이후를 가리키는 말이다. 동서남북에서 불어오는 바람 중에 남쪽에서 부는 바람이 '마파람(맞바람)'이다. 남쪽인 정면에서 부는 맞바람이 마파람으로 전음되었다는 주장이 있으나 '말바람'이 '마파람'으로 전음된 것이다. 남쪽이 '말(오)'이기 때문이다.

10간을 색깔로 구분하기도 한다. 천간 중 갑(甲)과 을(乙)은 파랑, 병(丙)과 정(丁)은 빨강, 무(戊)와 기(己)는 노랑, 경(庚)과 신(申)은 하양, 임(壬)과 계(癸)는 검정색을 나타낸다. 이를 조합하면 병신년(丙申年)인 2016년은 '붉은 원숭이의 해', 정유년(丁酉年)인 2017년은 '붉은 닭'의 해, 갑진년(甲辰年)인 2024년은 '청룡의 해'가 된다.

역사공부에 간지를 활용하는 방법

우리는 지금까지 역사적인 사건 앞에 반드시 간지(干支)를 붙였다. 예컨대 갑자사화나 갑신정변, 갑오개혁이라고 할 때 앞의 글자인 갑자, 갑신, 갑오 등이 바로 그것이다. 여기서 갑자사화는 1504년이고, 갑신정변은 1884년, 갑오개혁은 1894년이니 '갑'으로 시작되는 사건은 반드시 4년으로 끝난다는 사실을 알 수 있다. 을미사변은 1895년이고, 을사늑약은 1905년이니 '을'자로 시작하는 해는 반드시 5년으로 끝난다는 사실도 알 수 있다.

이것을 알게 되면 자신의 출생년도의 간지도 바로 알 수 있다. 예컨대 1970년생으로 자신이 개띠라는 것을 안다면 개띠는 간지의 둘째 글자로 '술'자 임을 알 수 있다. 첫째 글자 '0'은 10간의 '경'에 해당하기 때문에 출생년도는 '경술년'임을 알 수 있다.

음양오행설(陰陽五行說)의 활용

풍수에서는 만물의 근원을 '기'로 보고 있다. 기가 모이면 살고, 흩어지면 죽는다. 기가 생기면 이것이 음양의 두 가지로 갈라지게 된다. '한국인의 음양관은 모든 사물을 대립으로 보지 않고 포용적 조화관계로 인식하는 이원적일원론(二元的一元論)이 특징이다. 음양이 합하여 이루어진 하나의 태극(太極)은 한국인이 예로부터 건물, 가구, 일상용품에 애용하던 문양이다. 그것은 전통시대에서 한국을 상징하는 깃발에 들어갔고, 오늘날에는 한국의 국기로도 이어져 오고 있다.

오행은 상생(相生)과 상극(相克)의 두 원리 속에서 우주만물이 생성, 변화, 발전한다는 이론이지만, 한국인은 상극보다 평화적인 상생의 측면을 선호하였다. 이 점이 상극을 선호하는 중국인과 다르다.

한국인은 역대 왕조교체도 상생의 논리로 이해하였다. 동쪽을 상징하는 목은 목생화(木生火), 남쪽을 상징하는 화는 화생토(火生土), 중앙을 의미하는 토는 토생금(土生金), 서쪽을 상징하는 금은 금생수(金生水), 북쪽을 상징하는 수는 수생목(水生木)이라는 오행상생의 원리에 따라 신라는 금(金), 고려는 수(水), 조선은 목(木) 왕조를 자임하고, 각 왕조는 이를 상징하는 9, 6, 8의 숫자를 선호하였다.

신라는 내물왕 때부터 김씨에 의한 왕위세습이 이루어짐으로써 김씨 왕조를 자처하였다. 김씨는 '그네'(1947년)의 작곡가 금수현, 그의 아들 세계적인 지휘자 금난새가 있듯이 금씨로도 불렸다. 금은 서쪽에 해당하기 때문에 생수(生數)는 4, 성수(成數)는 중앙 토 5를 더한 9이기 때문이다. 다시 이야기하면 사방위에서 남북을 연결하는 선이 기준이기 때문에 위에서 아래로 북쪽이 1, 남쪽이 2가 되고, 동서를 기준으로 동쪽이 3, 서쪽이 4가 되기 때문이다. 여기에 오행 중 토가 바탕이 되고, 토가 있음으로 해서 나머지가 존재하기 때문에 5를 더한 것이다. 고려는 왕건이 세운 나라지만 궁예는 나라 이름을 태봉으로, 연호를 '수덕만세(水德萬歲)'로 정하였다. 수는 생수가 1, 성수가 6이다. 조선은 이성계가 세운 나라로 '이(李)'자의 상부 목이 동쪽에 해당하기 때문에 생수는 3, 성수는 5를 더한 8이 되기 때문이다. 따라서 신라는 이 원리에 따라 전국을 9주로, 고려는 전국을 6도(5도 양계)로, 조선은 전국을 8도로 나눈 것이다. 각 왕조에서 행정구역을 이와 같이 나눈 것은 오행사상에 바탕을 두고 있기 때문이다.

옛사람들은 오행을 인·의·예·지·신의 오덕과, 동·서·남·북·중의 다섯 방위, 청·백·적·흑·황의 오방색, 청룡·백호·주작·현무·황룡의 다섯 수호신, 간장·심장·비장·폐장·신장의 오장과 관련시키기도 하였다. 조선왕조의 수도인 한양의 4대문(興仁門·敦義門·崇禮門·弘智門)과 중앙의 종각인 보신각(普信閣)의 이름도 인(동)·의(서)·예(남)·지(북)·신(중)의 오덕과 관련지어 지은 것이다.

여기서 중요한 것이 중앙에 해당하는 '신(信)'이다. 기독교에서는 믿음(信), 소망(望), 사랑(愛) 그중에 제일이 '사랑'이라고 한다. 그런데 아니다. '무신불립(無信不立)'이라고 했다. 사람이 믿음이 없으면 아무것도 할 수 없기 때문이다. 따라서 믿음, 소망, 사랑 그중에 제일은 사랑이 아닌 '믿음'이 되는 것이다. 물론 사랑은 종교적인 해석이고 믿음은 인문학적인 해석이다.

오방색은 동쪽이 청색, 서쪽이 흰색, 남쪽이 적색, 북쪽이 검정색, 중앙이 노란색에 해당된다. 이 다섯 방위를 지키는 수호신이 그래서 색깔에 따라 청룡(靑龍), 백호(白虎), 주작(朱雀), 현무(玄武), 황룡(黃龍)으로 구분된다. 동쪽의 푸른 색은 푸른 나무와 같이 싱싱하게 탄생 성장하는 기운이다. 남쪽의 붉은 색은 태양과 같이 맹렬하게 활동하는 힘을 상징한다. 서쪽의 흰색은 인생의 '황혼기'를 의미한다. 북쪽의 검은색은 '죽음'을 상징한다. 중앙의 노란색은 네 가지 기운을 모두 포용하는 색이다. 땅은 위의 다섯 가지 기운을 모두 갖고 있다.

이밖에 산을 오행 형국으로 풀이하기도 한다. 수체(水體) 형국의 산은 물이 흘러가는 모양이다. 정읍에 있는 한국수자원공사 옹동정수장에서 주변 산세를 둘러보면 바로 알 수 있다. 화체(火體) 형국의 산은 월출산처럼 끝이 뾰족해 불꽃처럼 타오르는 산이다. 금강산처럼 기도발이 잘 받는 산이다. 목체(木體) 형국의 산은 끝이 삼각형처럼 된 문필봉을 말한다. 그래서 그런 곳에서는 구학문이 끊이지 않는다. 풍수에서는 '산관인물(山管人物)'이라 하여 산이 인물을 관장한다고 보고 있다. 시조시인이자 국문학자인 가람 이병기(李秉岐, 1891~1968) 선생이 살던 고택 앞산이 문필봉이다. 청록파 시인 조지훈(趙芝薫, 1920~1968)의 주실마을 생가 역시 문필봉이 앞산이다. 금체(金體) 형국의 산은 철모를 엎어놓은 것처럼 생긴 산이다. 토체(土體) 형국의 산은 책상처럼 평평한 산으로 제왕이 나온다는 산이다. 방장산을 고창에서 정읍 쪽으로 바라보면 그 형국을 확인할 수 있다. 물론 산의 형국은 보는 위치에 따라 달라지기도 한다.

오행형국의 산은 장날로 이어지기도 했다. 우리 재래시장의 장날은 5일장이었다. 주산의 모양이 수체형국이면 1일과 6일이 장날이 되는 경우가 많았다. 화체형국이면 2일과 7일이, 목체형국이면 3일과 8일이, 주산의 모양이 금체형국이면 4일과 9일이 장날이 된다.

참고문헌

김병인·조상현, 『숨어있는 문화유산 속으로』, 경인문화사, 2003.
김재영, 『역사인문학 99강』, 대성인쇄기획(정읍), 2016.
이기백, 『우리 역사의 여러 모습』, 일조각, 1996.
善生永助, 『朝鮮の姓氏と同族部落』, 東京: 刀江書院, 1943.

　간지는 음양오행설과 결합되어 사람의 성질과 신수와 재수 등을 알아보는 근거로 이용하기도 했다. 대표적인 사례가 바로 '말띠 여자는 사납다.'는 고정관념일 것이다. 말띠는 12지 중 '오(午)'에 해당하고, 오행으로 치면 '불 화(火)'에 해당하기 때문이다. 그래서 불처럼 성질이 급하다고 본 것이다. 특히 출생년도가 병오년(丙午年)인 경우에는 이 '불 화(火)'가 겹치기 때문에 팔자가 더 사납다고 보았다. 이는 10간 중 갑을(甲乙)이 동쪽에, 남쪽이 병정(丙丁)에, 중앙이 무기(戊己)에, 서쪽이 경신(庚申)에 해당하기 때문이다. 하지만 이는 미신일 따름이다. 한날한시에 태어난 쌍둥이의 운명도 다르기 때문이다.

한국 전통 건축물에서 유래된 명칭, 당당하다와 정정하다

외국인이 한국관광 시 가장 가보고 싶은 곳이 바로 조선왕조를 상징하는 경복궁(景福宮)이다. 1395년 태조 이성계가 창건하였고, 1592년 임진왜란으로 불타 없어졌다가, 고종 때인 1867년에 중건되었다. 흥선대원군이 주도하여 중건된 경복궁은 원래 500여 동의 건물들이 미로같이 빼곡히 들어선 웅장한 모습이었다.

경복궁 내 근정전과 경회루

경복궁 내에서 가장 유명한 건물이 임금이 집무를 보았던 근정전(勤政殿)과 연회를 베풀기도 했던 경회루(慶會樓)이다. 근정전은 국가의식을 거행하고, 외국 사신을 접견하던 정전이었다. 현재 국보로 지정되어 있는 현존하는 한국 최대의 목조 건축물이다. 정종, 세종, 단종, 세조, 성종, 중종, 명종 등 조선 전기 여러 임금이 이곳에서 즉위하였다.(신영훈) 경회루는 근정전, 종묘와 함께 조선시대 3대 목조 건축물로 경복궁 내에서 가장 유명한 건물이자 근정전에 이어 두 번째 큰 건물이다.(홍순민)

경복궁 경회루 (사진: 사단법인 정읍역사문화연구소)

여기서 우리가 주목해야 할 부분이 왜 어떤 건물에는 '전'자가 붙고, 어떤 건물은 '루'가 붙는지이다. 결론부터 말하면 건물에도 엄격한 서열이 정해져 있기 때문이다. 굳이 세종 때의 가사 규제를 예로 들지 않더라도 그것이 '전·당·합·각·재·헌·루·정(殿·堂·閤·閣·齋·軒·樓·亭)'이라는 여덟 단계로 명확히 나누어져 있기 때문이다.

전하, 합하, 각하, 당상관과 당하관, 전각이 즐비하다, 당당하다, 정정하다의 유래

궁궐 연구로 박사학위를 받은 홍순민의 연구를 보면 왜 이런 이름들이 붙었는지 바로 알 수 있다. 사람 이름에 항렬자를 쓰듯 조선시대 궁궐 건물 이름에 붙는 끝 글자에도 서열이 있었던 것이다. '전(殿)'은 왕과 왕비가 쓰는 건물이었다. 궁전이라는 뜻이다. 전하(殿下)라는 명칭이 여기에서 유래되었다. 그 건물의 아래쪽에 있다고 자신을 낮춘 것이다. '당(堂)'은 전보다 한 단계 낮은 건물로 공적인 활동보다는 일상적인 활동공간으로 쓰였다. 『설문해자(說文解字)』에 '당'을 '전'으로 풀이하고, 그 이전에는 '당'이라 하던 것을 중국 한나라 때에 와서 '전'이라 일컬었고, 다시 나중에 '당'이라고 고쳤다는 기록이 있다.(유종국) 당은 글자 구성의 원리에서 보듯 흙 위에 네모 모양의 반듯한 집을 의미하는 것으로 '당당하다'의 뜻을 가지고 있다. 우리가 그간 흔히 써 왔던 '당당하다'의 '당'자가 이 '집당(堂)'자라는 사실을 아는 이가 많지 않을 것이다. 이 '당'자의 호를 취한 역사적인 인물들이 있다. 매월당(梅月堂), 신사임당(申師任堂), 여유당(與猶堂) 등이 그들이다. 내 호 역시 완당(緩堂)이다. 『논어』 공부할 때 선생님이 지어주신 호다. 그 의미가 아주 크다. 학문이란 게 서둘러서 되는 게 아니라는 교훈을 주셨다. '서두르지 말고, 쉬지도 말라'는 가르침이 담겨 있다. 그래서 '늦을 완'자를 주신 것이다. 당상관(堂上官)과 당하관(堂下官) 명칭 또한 여기에서 유래되었다. 건물로는 담양 소쇄원의 제월당(霽月堂)과 도산서원의 전교당(典教堂) 등이 있다.

'합(閤)'이나 '각(閣)'은 대부분 '전'이나 '당' 부근에서 그것을 보위하는 기능의 건물이다. 합하나 각하라는 명칭이 여기에서 유래되었다. 귀하(貴下)라는 말도 높고 귀한 사람의 아래쪽에 있다는 말로 자신을 낮춘 말이다. '각'은 규모가 큰 대갓집의 대문 쪽에 위치한 2층 내지 3층으로 높이 지은 집을 말한다.

'재(齋)'와 '헌(軒)'은 '재'는 숙식 등 일상적인 주거용이거나 혹은 조용하게 독서나 사색하는 용도로 쓰는 서재와 같은 건물이다. '당'이 아주 훤칠하고 웅장하고 시원한 느낌을 주는 반면, '재'는 조용하고 은밀하고 폐쇄적인 느낌을 이야기할 때 쓴다. '헌'은 대청마루가 있는 집을 가리킨다. '헌'은 원래 높은 관리가 타던 수레였다. 따라서 수레 '거(車)'자가 들어간 '헌'이라는 집이 뒤에 '관공서'를 의미하게 된 것이다. 정읍 태인에 있는 동헌 객사의 이름이 '청녕헌(淸寧軒)'이다. 대표적인 건물이 강릉의 오죽헌(烏竹軒)이다.

'루(樓, 다락 루)'는 바닥이 지면에서 사람 한 길 높이 정도의 마루로 되어 있는 집이다. 쉽게 이야기하면 이층구조의 다락방이다. 이층으로 된 건물의 경우, 일층은 규장각(奎章閣)과 같이 '각'이 붙고, 이층에는 경회루(慶會樓)와 같이 '루'가 붙는다. 남원의 광한루(廣寒樓)도 마찬가지다. 이 같은 건물로는 전주 한벽루, 장성 필암서원 확연루, 구례 운조루, 진주 촉석루, 평양 부벽루가 있다. '정(亭)'은 '높을 고(高)'자에 '정(丁)'이 합쳐진 글자로 높은 곳에 세워진 양반문화의 상징인 정자건축을 의미한다. 흔히 정자라고 하는 것으로 경관이 좋은 곳에 만든 작은 집이다. '정'은 방이 있어 잠을 잘 수 있으나 실제로는 잠을 자지 않는 곳이다. 어르신들이 나이에 비해 '정정(亭亭)하다'고 할 때 이 글자를 쓴다. 산이나 조금 높은 곳에 올라가서 우뚝 솟아나온 꼿꼿한 모습에서 따온 것이다. 요즘 그런 곳에 대부분 콘도가 들어서 있다. 건물로는 태인 피향정(披香亭), 서울 압구정(鴨鷗亭), 파주 반구정(伴鷗亭), 담양 식영정(息影亭) 등이 있다.

사찰과 향교, 신종교 등에서도 동일한 원칙이 적용된다

이러한 질서는 비단 궁궐 건축에만 적용되는 것이 아니라 사찰 같은 종교건축, 관아건물, 성균관과 향교, 서원 같은 학교건물, 규모가 큰 저택이나 양반가옥, 또는 일반 민가 건물에도 적용되었다. 사찰에서 부처님을 모신 건물은 '전'자가 붙는 데 비해 사람을 모신 건물에는 조사당(祖師堂)처럼 대체로 '당'자를 붙였다. 성균관이나 향교에서도 공자의 위패를 모신 건물은 '대성전(大成殿)'이라 하고,

유생들이 모여 강학하는 건물은 '명륜당(明倫堂)'이라 하였다. 사가에서는 절대로 건물 이름에 '전'자를 붙일 수 없었다. 아무리 높아도 '당'이라고 할 수밖에 없었다.

이와 같이 유가에서 공자를 모시는 건물을 대성전(大成殿)으로, 불가에서 석가모니를 모시고 있는 건물을 대웅전(大雄殿)으로 칭하였다. 이는 신종교에서도 마찬가지로 적용된다. 증산이 정유년(1897)에 공주에 사는 김일부(金一夫)의 영가무도(詠歌舞蹈)의 교법을 관찰하였는데 일부의 꿈에 하늘에서 증산과 함께 올라오라는 상제의 명을 받고 증산이 상제를 뵌 곳이 주루금궐(珠樓金闕) 내 '요운전(曜雲殿)'이라 편액한 곳이었다. 일제강점기 정읍 입암에 있었던 보천교의 중심 건물은 십일전(十一殿)이었다. 후천개벽을 상징하는 건물이라 하여 '개벽전(開闢殿)'으로도 불렀다. 태인에 본부를 두고 있었던 무극대도가 해산되고, 1953년 부산 보수동으로 옮겼을 때, 창시자인 조정산이 머무를 본전이 '대강전(大降殿)'이었다. 이와 같이 '전'자가 들어가는 건물은 가장 위격이 높은 건축물이다.(김재영)

참고문헌

김용재, K-MOOC강좌 『우리문화 속의 한자어』, 2020.
김재영, 『김재영의 역사인문학 99강』, 대성인쇄기획(정읍), 2018.
신영훈, 『서울의 궁궐』, 조선일보사, 1997.
유종국, 「전통 건축물 명칭에 대하여」, 『전라문화소식』 제8호, 2000.12.1.
이상호, 『증산천사공사기(甑山天師公事記)』, 상생사, 1926.
홍순민, 『우리 궁궐 이야기』, 청년사, 1999.

우리가 한자를 공부해야 하는 이유

한국어가 이제 세계 6~7위권의 언어가 되었다. 이런 세계적인 글자인 한글을 쓰지 말자는 이야기가 아니다. 지혜로운 자는 아침을 마치기 전에, 어리석은 자도 열흘이면 배울 수 있다고 하는 것이 한글이다. 그 우수성을 인정받았으니 여기서 새삼 논할 바가 아니다. 우리는 '한자문화권'에 속해 있다. 그런데도 2015년 서울지역의 한 이름 있는 대학교 설문조사 결과 부모 이름을 한자로 못 쓰는 학생이 83%나 되고, 심지어 자기 이름조차 쓰지 못하는 학생이 25%로 나타났다. 지금 시점에서 다시 조사한다면 그 수치가 더 늘 것이 분명하다. 최근에는 한자로 쓴 숫자를 제대로 읽지 못하는 청년들이 늘고 있다. 한자를 배우지 않은 세대라 치부하고 넘어가기엔 심각한 수준이다.

우리글은 한자말이 70%를 차지하고 있어 한자를 익히지 않고서는 그 뜻을 정확히 알 수 없는 경우가 많다. 따라서 한자를 배우게 되면 우리말이 쉽게 이해되고, 어휘력이 늘게 된다. 예컨대 가죽을 뜻하는 글자에 '피(皮)'와 '혁(革)'이 있고, '위(韋)'가 있다. '피'는 털을 벗기지 아니 한 것이고, '혁'은 털과 기름을 제거하고 부드럽게 만든 가죽을 말한다. '위'는 무두질한 가죽을 말한다. 용례를 든다면 '호피'와 '혁대', '위편삼절(韋編三絶)'이라는 말에 쓰인다. '혁'이 바꾼다는 의미로 쓰일 때는 혁명이나 혁신으로 쓰인다. 뿐만 아니라 한자를 알면 역사학습은 물론 중국어와 일본어를 배우는데도 크게 도움이 된다. 한자는 비교적 어원이 분명하고 공통부분으로 된 글자들이 많아 이 점을 잘 활용하면 복잡한 글자라도 쉽고 재미있게 글자를 익힐 수 있는 이점이 있다.

한자어를 몰라 잘못 쓰는 경우

일상생활에서 한자어를 몰라 잘못 쓰는 사례가 너무나 많다. 언론인들조차 아주 선량한 사람들에게 '당사자(當事者)'가 아닌 장본인(張本人)이란 용어를 아무런 문제의식 없이 쓰고 있다. '풍비박산(風飛雹散)'을 풍지박산으로 쓰고, 심지어 '궤변(詭辯)'을 괴변으로 쓰는 이들이 있다. '금일(今日)'을 금요일(金曜日)로 이해하고, '사흘'을 4일(四日)로 이해했다니 믿기지 않는 이야기다. 하루, 이틀, 삼일, 사흘 이런 식이다. 이런 정도의 어휘력이라면 과연 고등교육 과정을 마칠 수 있을지 의심스럽다. 배웠다고 하는 이들도 '야반도주(夜半逃走)'를 야밤도주로 쓰거나, '염치불고(廉恥不顧)'를 염치불구로, '토사곽란(吐瀉癨亂)'을 토사광란으로 잘못 쓰기도 한다. 이렇게 글을 잘못 쓰면 일도 잘 못하는 것으로 보이기 마련이다.

일제강점기 진주에서 시작된 백정 출신들의 차별철폐운동이 형평운동이다. 이들이 백정들의 차별철폐를 위해 조직한 것이 바로 형평사(衡平社)라는 단체이고, 그들의 취지를 담은 것이 형평사 주지(主旨)이다. 한자를 모르니 형평사의 주지 스님인 줄 알았다는 이야기를 그냥 웃고 넘길 일이 아니다. 한글로 된 현존 최고의 백제가요 정읍사도 마찬가지다. 정읍사라고 해서 절인 줄 알았다니. 이런 식이라면 안중근은 의대를 나오지 않았는데 왜 의사라고 하느냐라는 질문이 나올 수밖에 없다. 요즘 젊은 세대에서 흔히 잘못 쓰는 말 중에 '희안하다'가 있다. '희안하다'가 아니라 '희한하다'라고 써야 맞다. '희안하다'로 발음되지만 희(希)와 한(罕)은 모두 드물다는 뜻을 지닌 한자이기에 그렇다.

우리가 쓰는 국어에는 순수 한글로 된 단어와 한자어가 복합되어 있다. 순수 한글 단어에는 추상명사나 전문용어가 적어 순수 한글로만은 학술논문이나 깊이 있는 글을 쓰기가 매우 어렵게 되어 있다. 대학원생이 그것도 역사를 전공하는 학생이 일제강점기 국한문 혼용신문을 읽지 못한다면 이를 어떻게 봐야 할 것인가. 결론은 한자어를 반드시 알아야 한다는 것이다. 한자어도 분명 우리나라 말이다. 한자어를 정확히 쓰지 못한다는 것은 결국 국어를 제대로 사용하지 못한다는 뜻이다.

한자의 어원을 통한 한자 익히기

한자도 어원을 익혀두면 쉽게 익힐 수 있다. 예를 들면, 조(鳥), 오(烏), 명(鳴), 오(嗚)에서 새 조에서 눈(-)을 뺀 것이 '까마귀 오'자다. 까막눈이 연상될 것이다. 입을 벌려 새가 우는 것이니 '울 명'이다. 입을 벌려 까마귀가 우니 '탄식할 오'로 구분하면 된다.(박원길)

'접(椄)'은 나무에 '첩(妾)'을 만드는 것이다. 첩은 반듯하게 서있는(立) 본부인 아래 있는 여자(女)가 첩이다. '비(婢)'는 여자가 신분이 낮은(卑) 것을 의미하는 말이고, '질(嫉)'은 여자에게 병(疒)처럼 따라다니는 것이 질투와 시기이기 때문이다. 병(疒)들어 아는 능력이 없어지는 것이 '어리석을 치(痴)'이다. 물(氵)이 없는 곳이 사막이니 '사막 막(漠)'이다.

머리가 좋아지려면 콩을 먹어야 한다. 그래서 '머리 두(頭)'자에 콩 두가 들어

간다. 실제로 콩은 머리가 좋아지는 '레시틴'이라는 성분이 많이 들어있다. '풍년 풍(豊)'자는 상부의 산(山)이라는 글자에 콩깍지 안에 콩(丰)이 익어 터질 듯한 모습을 형상화한 글자로, 산처럼 수확한다는 모습을 나타낸 글자이다. 따라서 풍년은 원래 쌀농사가 아닌 콩농사가 잘된 것을 의미하는 말이었다. '오를 등(登)'자에 콩이 들어가는 이유는 오랜 옛날 제사상에 올렸기 때문이었을 것이다. 지금도 제사상에 콩나물이 빠지지 않고 올라가는 것이 그것이다. 콩의 원산지는 '두만강(豆滿江)' 하류지역과 만주 연해주 일대이다. 두만강은 콩을 실은 배가 가득했다는 뜻이다. 고구려 유민들이 세운 발해에서 식품으로 유명한 것이 바로 콩으로 만든 메주(豉)였다. 중국장이 육장(肉醬)이라면 우리는 대두로 만든 두장(豆醬)이라 할 수 있다. '쑥 호(蒿)'는 풀(++) 중에 최고(高)가 쑥이기 때문이고, '오리 압(鴨)'은 으뜸(甲)가는 새(鳥)가 오리이기 때문이다.

옛날에는 죽서(竹書)를 말아서 대통 속에 보관했기 때문에 책을 '권(卷)'이라고 했다. 담배도 둥글게 말려 있다 해서 '궐연(卷煙)'이라 한 것이다. 나눌 '분(分)'은 물건을 나눌 때 칼을 쓰기 때문이다. 여덟 개로 나누었다는 뜻이라기보다는 왼쪽과 오른쪽으로 나눴다는 뜻에 가깝다. 바위 '암(岩)'은 골짜기로 굴러 떨어진 바위를 뜻하고, 큰 바위 암(巖)은 흙이 흘러내리지 못하게 막고 있는 형상을 나타낸 글자다. 성(姓)은 어머니가 낳았다는 뜻이고, 모(母)는 어머니의 젖을 나타낸 글자다. 양손에 도끼를 들고 집안을 지키는 모습이 '아비 부(父)'자이다. 똑같은 글자를 쓰고도 해석을 달리하는 경우도 있다. 차(車)로 읽을 때는 자동차와 같이 기계의 힘으로 움직이는 것을 말하고, 거(車)로 읽을 때는 인력거와 같이 사람의 힘으로 움직이는 것을 말한다.

참고문헌

김재영, 『역사인문학 99강』, 대성인쇄기획(정읍), 2016.

박문기, 『숟가락』, 정신세계사, 1999.

박원길, 『한자박사 만들기』 1·2·3권, 동양문고, 2003.

박유희 외 3인, 『우리말 오류사전』, 경당, 2003.

배우리, 『우리 땅이름의 뿌리를 찾아서』 1·2권, 토담, 1994.

유필조, 「장돌뱅이의 애환」, 『조선시대사람들은 어떻게 살았을까』 1권, 청년사, 2005.

이성우, 『한국식품문화사』, 교문사, 1984.

우리 역사에 부여라는 나라가 있었다. 중앙집권국가인 삼국시대 이전에 성립된 옥저 동예와 함께 초기국가로 칭하고 있다. 국가라고 하지만 연맹왕국의 형태를 띤 국가를 말한다.

부여의 사출도와 순장의 풍속, 동예의 특산물 과하마

부여는 이미 1세기 초에 왕호를 사용했고, 왕 아래에 가축 이름을 딴 사출도로 마가(馬加), 우가(牛加), 저가(猪加), 구가(狗加) 등의 관리가 있었다. 말과 소와 돼지와 개의 가축 이름을 관직명으로 사용한 것이다. 가축이 그들의 생활에서 얼마나 소중한 것인가를 알 수 있는 내용이다. 여기서 '돼지 저'의 경우, '저'는 산저(山猪), 야저(野豬)와 같이 멧돼지(산돼지)를 가리킨다. '저돌적(猪突的)'이라는 말이 여기서 나왔다. 우리가 자주 쓰는 '돈(豚)'은 작은 돼지, 새끼 돼지를 의미하는 말로 양돈(養豚)이라는 말과 같이 길러서 먹는 집돼지를 말한다. '돼지 시(豕)'는 멧돼지, 집돼지를 통틀어 하는 말이다. '시(豕)'는 돼지가 누워있는 모습에서 따온 글자다. 일상에서 잘 쓰지 않지만 '돼지 체(彘)'는 제사용 돼지를 말한다. 상부의 글자가 돼지머리 '계(彑)'이기 때문이다. '구(狗)'는 큰 개를 말하고, '견(犬)'은 작은 개를 말한다. 그래서 애완견이다. 개 견(犬)이 글자의 왼쪽으로 올 때는 '견(犭)'으로 쓰고 뱀보다 큰 동물을 가리킬 때 쓴다. 벌레나 곤충 등 뱀보다 작은 동물을 가리킬 때는 '충(虫)'자를 쓴다. '견(犭)'은 누워있는 모습에서 따온 글자이고, '견(犬)'은 앞에서 봤을 때의 모습에서 따온 글자이다.

부여의 풍속 중에 '순장(殉葬)'이 있었다. 왕이나 귀족이 죽은 열흘 안에 따라 죽는 풍습이니 이를 '따라 죽을 순(殉)'자를 써 순장이라 칭한 것이다. 동예에는 '과하마(果下馬)'라는 특산물이 있었다. 말 그대로 과실나무 밑에서도 탈 수 있는 말이다. 지금의 조랑말 정도의 가축이었다.

삼국시대의 반가사유상과 무용총 벽화, 그리고 기근

삼국시대에 불교가 성행함에 따라 고구려, 백제, 신라 할 것 없이 불상이 많이 만들어졌다. 국보로 지정된 금동미륵보살반가사유상이 백제 것인지, 신라 것인지 분명하지 않지만 여기서 '반가사유(半跏思惟)'가 무엇을 뜻하는 말인지 알아야 그 불상을 제대로 이해할 수 있다. 반가에서 '가'는 '책상다리할 가(跏)'이다. 앞에 발 족(足)이 붙어 있다. 그러니 양반다리 모양의 '가부좌(跏趺坐)'가 아닌 '반가부좌(半跏)'한 모습을 일컫는 말이다. 사유는 골똘히 생각하는 모습이다. '무용(舞踊)'에서 '무'는 손으로, '용'은 발로 추는 춤을 이르는 말이다. 고구려 무용총 벽화와 신라 처용무를 비교하면 알 수 있다. '기근(饑饉)'에서 '기'는 곡식 농사가, '근'은 채소농사가 흉년일 때 쓰는 말이다.

통일신라 시대의 안압지와 청해진

통일신라시대 일본 정원 조경술에 영향을 미쳤다는 '안압지(雁鴨池)'는 '기러기 안'자에 '오리 압'자이다. 신라 태자가 살던 곳으로 안압지는 삼국통일의 기념물로 조성된 것이다. 사실 안압지는 신라 때의 명칭이 아니다. 조선시대에 이곳이 폐허가 되자 갈대가 무성한 이곳에 기러기(雁)와 오리(鴨)들이 날아들자 안압지라는 이름을 붙인 것이다. 2011년 '동궁과 월지'라는 원래 이름을 되찾았다. 흥미로운 것은 이곳에서 놀이기구인 주사위와 나무로 깎아 만든 돌기가 있는 남근이 발견되어 화제가 되었다. 주사위야 그렇지만 나무로 만든 남근이 어디에 쓰였던 물건인지 그 용도가 궁금했기 때문이다. '노비(奴婢)'의 '노'는 남자 노예를 '비'는 여자 노예를 말한다. 노비의 줄임말이 '놉'이다. 신라 말 장보고가 해적을 소탕하고 황해의 해상 무역권을 장악하기 위해 설치한 완도의 '청해진(淸海津)'은 '바다를 쓸어버리겠다'는 장군의 포부가 담겨 있다. 이 한마디에 감히 거스를 수 없을 것 같은 장군의 넘치는 기상을 엿볼 수 있다.

고려시대의 전시과와 노비안검법, 식목도감

고려시대 토지제도인 '전시과(田柴科)'는 관리들에게 '밭'과 '땔감'을 주었다는 뜻이다. 여진족을 물리치기 위해 조직한 별무반 중의 하나인 '신기군(神騎軍)'은 '말 탈 기'자이니 말 탄 군사인 기병을 의미한다. 몽고족이 세운 원나라의 신분제도에 '색목인(色目人)'은 눈에 색깔이 있는 사람들이니 서방계 사람들을 지칭한다. 몽골인 다음 가는 계급이었다.

고려 광종(956년) 때 호족세력을 약화시킬 목적으로 원래 양인이었으나 억울하게 노비가 된 자를 양인으로 풀어주는 '노비안검법(奴婢按檢法)'이라는 게 있었다. 억울한 노비가 자꾸 생겼다는 것은 호족들이 불법으로 노비를 만들어 자신들의 군사력의 기반으로 삼고자 했기 때문이다. 그럼 '안검'이란 무슨 뜻인가. 요즘 일부 백과사전에서도 한자를 쓰지 않는 것이 대세인 모양이다. 그러니 그 자세한 뜻을 알기 어렵게 되어 있다. '안검'이란 어떤 사실을 자세히 조사하여 살핀다는 뜻으로 '안(按)'은 여러 가지 뜻이 있지만 살핀다(察)는 뜻이 있고, '검(檢)'은 단속한다 교정한다는 뜻이다.

역시 고려시대에 '식목도감(式目都監)'이라는 중앙정치 기구가 있었다. 국내 정치에 관한 법을 제정하거나 각종 시행규정을 다루던 회의기구였다. 자세한 한자를 모르니 다들 식목일(植木日)을 연상하는 모양이다. 그래서 나무 심는 기관이 일찍이 고려시대에도 있었을 것이라고들 말한다. 여기서 '식(式)'은 법(法)이자 제도(制)이고, '목(目)'은 눈이 아닌 조목이나 항목을 말한다. 일일이 그 사례를 열거할 수 없으니 조선시대로 넘어간다.

조선시대의 조운제도와 보부상, 형벌제도

조선시대 조세는 주로 쌀과 콩으로 냈다. 군현에서 거둔 조세는 강가나 바닷가의 '조창(漕倉)'으로 옮겼다. 여기서 조창은 배로 실어 나른다는 뜻의 '조'이다. 그래서 전라도의 경우, 법성포창에서 바닷길을 통해 서울로 옮긴 것이다. 강과 바닷가에는 나루터를 뜻하는 '진(津)'이 있었고, 조수가 드나드는 '포(浦)'와 '항(港)'이 있었다. '진'은 물이 붓으로 그리듯 가늘게 흐르는 곳을, '포'는 물이 넓게 많은 곳을, '항'은 배가 다닐 수 있는 큰 뱃길을 말한다.

'보부상(褓負商)'은 상설점포가 발달하지 않았던 시기에 돌아다니면서 상행위를 했던 보상과 부상을 합쳐 부르는 말이다. '포대기 보'에 '질 부'자이니 봇짐장수와 등짐장수를 의미한다. 따라서 봇짐장수는 주로 가벼운 생필품을, 등짐장수는 부피가 크거나 무거운 물건 등을 취급하였다. 주의할 것은 '보부상'과 '장돌뱅이'가 같은 말이 아니라는 점이다. 보부상은 장돌뱅이 가운데서 자신들의 조직을 군현이나 비변사(備邊司) 등에서 공인받고 독점권을 행사했던 사람들이었다. 장터에 나오는 대부분의 사람들은 정부나 보부상과 같은 특권상인의 수탈을 받기도 하고 저항하면서 자기네 삶을 지켜나가던 상인과 농민들이었다.(유필조) 보부상은 조선시대가 아닌 삼국시대에 이미 있었다. 정읍사에 행상 나간 남편이 늦게까지 돌아오지 않자 남편의 무사귀환을 비는 내용이 있기 때문이다.

조선시대 형벌 중에 '곤장(棍杖)'과 '낙형(烙刑)'이 있었다. 곤장은 몽둥이와 지광이를 의미하고, 낙형은 '지질 낙(烙)'자이니 뜨겁게 달구어진 쇠꼬챙이로 몸을 지지는 형벌이다. 법률에 부녀자가 외간남자와 공모해서 남편을 살해했을 경우, 여자는 '능지처사(凌遲處死)'를 하고, 남자는 참형(斬刑)에 처하였다. 공모자는 교형(絞刑)에 처하였다. 주인을 살해한 노비나 부모 등 가까운 혈족을 죽인 흉악범, 대역범죄인들에게 이 능지형이 적용되었다. '능지'는 말 그대로 고통을 최대한 느끼게 하면서 서서히 죽음에 이르게 하는 형벌로 산채로 몸을 토막 내고 저며 죽이는 것을 말한다. 죄질에 따라 칼질 횟수가 달랐다. 1894년 갑오개혁 때 폐지된 형벌이다.

순국열사와 애국지사, 의사와 열사, 어떻게 다른가

　순국열사(殉國烈士)란 말 그대로 나라를 위해 싸우다 돌아가신 분이다. 애국지사(愛國志士)는 일제에 항거하다가 해방을 맞이한 독립운동가를 뜻하는 말이다. 애국지사는 일제강점기 국권침탈 전후부터 1945년 8월 14일까지 국내외에서 일제의 국권침탈을 반대하거나 독립운동을 위하여 일제에 항거한 공로로 건국훈장·건국포장 또는 대통령 표창을 받은 분들을 지칭한다. 호칭은 투쟁방법에 따라 달라진다. 맨몸으로 저항하다 돌아가신 분들은 열사를, 권총이나 폭탄 등 무력으로 투쟁하다 돌아가신 분들께는 의사라는 칭호가 붙는다. 순국선열이라고 할 때는 모든 독립운동가를 지칭하는 말이다. 우리가 각종 행사에서 순국선열에 대한 묵념을 하는 것은 나라를 되찾기 위해 투쟁하다 돌아가신 모든 분을 대상으로 한다.

　그러면 교과서상에는 의사와 열사가 어떻게 다른가. 지금은 교육과정에서 없어진 『한국근현대사』 과목이 한때 있었다. 구국민족운동의 전개라는 단원에서 항일 의열투쟁을 다음과 같은 개념으로 서술하였다.

　"의병전쟁과 함께 의사, 열사들의 항일투쟁도 잇달았다. 미국 유학 중이던 전명운(서울)과 장인환(평양)은 샌프란시스코에서 일제의 앞잡이로 일본의 대한제국 침탈 행위를 선전하는데 앞장섰던 미국인 스티븐스를 살해하였다. 이 사건은 이후 항일민족운동의 전개과정에서 '의열투쟁'이라는 새로운 장을 열었다."

개념 설명으로 조금 미흡한 부분이 있다고 생각하나 맨몸으로 저항했던 열사와 전명운(田明雲) 장인환(張仁煥)과 같은 의사들의 투쟁을 한데 묶어서 '의열투쟁'이라는 개념으로 정립한 것이다. 하지만 실제로는 이봉창·윤봉길·백정기를 3의사로 지칭하면서도 이준·안중근·이봉창·윤봉길·백정기를 묶어 '순국 5열사'로 지칭하듯이 구분하지 않고 쓰기도 한다. 주의해야 할 것은 항일투쟁을 벌였던 의병을 일제는 절도나 강도, 살인 등의 일반범죄로 취급하여 처벌하였다. 이와 같이 당시 형을 받은 사람들의 상당수가 사실은 항일운동과 관련된 인물이었다. 따라서 일제의 기록 그대로 의병을 절도자나 살인범의 중범죄를 저지른 사람으로 받아들여서는 안 된다.

의사라고 하면 한국인 다수가 안중근 의사를 떠 올릴 것이다. 열사하면 근로기준법을 준수하라며 평화시장에서 분신자살했던 전태일(全泰壹) 열사와 전기고문과 물고문으로 억울하게 죽은 박종철(朴鍾哲) 열사의 고문치사 사건을 떠 올리지 않을 수 없다. 모두 민주화 과정에서 희생된 안타까운 죽음이다. 이들의 희생이 있었기에 오늘이 있다 해도 과언이 아니다. 의사는 국가가 위급할 때 의인답게 행동한 사람으로 의협심이 있고 신념을 굽히지 않는 절의를 지키는 사람을 말한다. 열사는 같은 상황에서 극적인 죽음에 초점을 둘 때 쓰는 단어이다. 그래서 1980년대부터는 민주화운동과 노동운동에서 목숨을 불사른 사람들도 이와 같이 열사 호칭을 붙여 쓰고 있다.

의사든, 열사든 이들을 일러 '위인(偉人)'으로 부를 수도 있을 것이다. 우리 역사에서 어떤 인물들이 위인으로 평가되었는지 출판된 책을 중심으로 살펴보면 알 수 있다. 물론 위인으로 선정된 사람들이 한 치의 과오가 없다는 것을 전제로 한 것이 아니라는 점을 참고하고 볼 일이다. 아래 역사적인 인물 중에서 부적절한 인물은 없는지, 평가를 달리하는 부분은 없는지도 살펴볼 일이다.

안중근은 '한국위인 전집'에 고조선 시대의 단군을 비롯하여 삼국시대 광개토대왕·김유신·원효대사·장보고, 고려시대 강감찬·정몽주, 조선시대 이성계·세종대왕·황희·장영실·한석봉·이황·이이·신사임당·이순신·김정호·김홍도·정약용 등과 함께 위인으로 선정되어 있다. 일제강점기 인물로는 유관순, 윤봉길, 윤동주, 방정환, 안창호 등이 실려 있다.

그밖에 김대건 신부, 녹두장군 전봉준 등을 포함시키는 곳도 있다. 출판사에 따라 솔거, 관창, 문익점, 김삿갓을 포함하기도 한다. 일각에서는 박정희 대통령을 조국근대화에 몸을 바친 위대한 인물로 평가하면서 그를 위인의 반열에 올려놓고 있다. 현재 활동 중인 인물 중에는 줄기세포 연구자 황우석 박사와 공정과 원칙을 주장하는 현 대통령 윤석열을 포함한 책도 있다.

국보와 보물, 과연 그 가치에 따라 순서를 매길 수 있는가

    대한민국 국민이라면 국보 1호와 보물 1호를 모르는 사람이 없을 것이다. 국보 1호는 한양도성의 남쪽에 있는 숭례문(崇禮門)이다. 현판이 세로로 되어 있는 이유는 아랫사람이 윗사람에게, 윗사람이 아랫사람에게 행하는 것도 '예'이기 때문이다. 그래서 현판을 세로로 단 것이다. 예의를 숭상한다는 뜻의 이 문이 남쪽에 있게 된 것은 인·의·예·지·신의 오상(五常) 중 '예'가 남쪽에 해당하기 때문이다. 반면에 보물 1호는 동대문인 흥인지문(興仁之門)이다. 갈 '지(之)'자를 하나 더한 것은 동쪽의 지대가 낮고 약해서 네 글자로 만든 것이다. '인'이라는 어진 행위가 크게 일기를 바란다는 뜻에서 이름 지어졌다. 이 문이 동쪽에 위치하고 있는 것은 같은 논리로 '인'이 오상 중 동쪽에 해당하기 때문이다. 여기서 말하는 국보와 보물이 어떻게 확연하게 차이가 나는가에 대해서는 자신 있게 답할 수 있는 사람이 많지 않을 것이다. 왜 똑같은 대문인데 동대문은 국보가 되고, 남대문은 보물이 되는가.

국보와 보물의 차이

국보(國寶)는 말 그대로 '국가의 보물'이다. 보물 중의 보물이다. 우리나라에서 가장 가치 있는 문화유산이다. 국보와 보물은 무형문화재를 뺀 유형문화재만을 대상으로 삼고 있다. 문화재보호법에 따르면, "유형문화재 중 중요한 것은 보물로 지정하고, 보물에 해당하는 문화재 중 인류문화의 시각에서 볼 때 가치가 매우 높고 유례가 드문 것은 국보로 지정한다."고 되어 있다. 구체적으로 이야기하면 국보는 역사적·예술적 가치가 높은 것, 제작연대가 오래되고 그 시대를 대표하는 것, 제작기법이 우수하고 그 유례를 찾기 어려운 것, 형태 품질 용도가 현저하게 특이한 것, 저명한 인물과 관련이 깊거나 그가 제작한 것 등을 국보 지정의 기준으로 삼고 있다. 제작연대는 최소한 100년이 넘는 것을 원칙으로 하고 있다.

이렇게 국보와 보물을 구분한다 하더라도 대한민국을 상징하는 국보 1호가 하필이면 왜 대문이냐 하는 논란이 오래전부터 불거졌다. 사실 문제가 없는 것은 아니다. 국보와 보물을 총독부에서 거리가 가까운 순으로 번호를 붙였기 때문이다. 예컨대 경성부, 경기도, 충청북도, 충청남도 이런 식이다. 게다가 숭례문과 홍인문은 일본인들이 임진왜란 당시 개선한 문이라는 불순한 의도에서 국보와 보물 1호로 지정했다는 지적이 있었다.

국보 1호, 다시 제정한다면 무엇이 좋을까

상징성으로만 따진다면 누군들 세종대왕의 한글이나 백제의 금동대향로, 신라의 금동미륵보살반가사유상, 석굴암과 같은 뛰어난 문화유산을 1호로 지정하는

데 반대할 사람이 없을 것이다. 왜냐하면 각자 그 가치의 우열을 따질 수 없을 만큼 세계에 자랑할 만한 문화유산이기 때문이다.

한글은 세종의 독자적인 업적이다. 한 개인의 연구에 의해 문자가 창제된 경우는 세계적으로 그 유례를 찾아볼 수 없을 뿐만 아니라 세계 6,000여 언어 가운데 만든 사람과 만든 날짜, 만든 이유가 분명하게 밝혀진 유일한 문자이기 때문이다. 세계에서 가장 합리적인 글이고 세계문자 역사상 가장 진보적인 글자로 인정받고 있다. 그렇기 때문에 일찍이 세계언어학자 학술대회에서 한국어를 '세계 공통어'로 써야 한다는 주장이 나온 것이다. 그 근거는 한글은 세계에서 가장 단순한 글자이면서도 가장 훌륭한 글자라는 이유였다. 배우기 쉽고 다양한 표현이 가능하기 때문이다. 한국자생종교 중에 갱정유도(更定儒道)라는 종교가 있다. 이 종교에서 앞으로 한글이 세계 공용어가 될 것이라는 주장을 해 왔는데 이제 그것이 현실이 될 날도 멀지 않았다는 생각이 든다.

금동대향로는 백제의 금속공예 기술을 대표하는 것으로 한때 한국사 교과서의 표지모델로 이용되었을 뿐만 아니라 국립중앙박물관에서 이 유물 하나만 가지고 기획전을 열만큼 일찍이 그 우수성을 인정받은 바 있다. 어느 대학원에서는 한 학기 수업 주제였다. 금동미륵보살반가사유상은 일본 국보 1호인 광륭사 목조미륵보살반가상과 곧잘 비교된다. 석굴암의 경우, 유홍준(柳洪濬) 전 문화재청장은 "종교와 과학과 예술이 하나로 만나 이루어진 최고의 미술품"이라고 했고, 인간이 만들어 낼 수 있는 가장 완벽한 기술로 축조되었다고 했다. 이어서 "우리의 모든 문화유산이 다 사라진다 해도 석굴암만 남아준다면 한민족이 쌓아온 문화적 긍지는 손상 받지 않는다."고 자신하였다. 덧붙여 "보지 않은 자는 보지 않았기에 말할 수 없고, 본 자는 보았기에 말할 수 없다."고 극찬하였다.

그런데도 남대문이 국보가 된 것은 지정될 당시의 순서를 가리키는 것이지 현존하는 모든 문화재의 가치를 따져가면서 지정한 것이 아니기 때문이다. 그렇다면 지금이라도 유물의 가치에 따라 순서를 다시 정하면 될 일이 아닌가라고 반문할 것이다. 하지만 아무리 뛰어난 가치가 있는 유물이라 하더라도 발견되는 시점이 다르고, 시대가 바뀌면서 비로소 그 가치가 인정되는 경우도 있기 때문에 사실상 어려운 문제일 수밖에 없다. 그렇다면 '1'이라는 숫자가 가지고 있는 상징성으로 볼 때 국보 1호만이라도 바꾸는 것이 좋지 않겠는가 라는 생각을 할 수 있을 것이다. 만약에 그 의견을 받아들여 바뀐 체계에 따라 국보 1호가 다른 것으로 대체된다면 그때 오는 혼란은 또 어떻게 해야 할 것인가에 대한 방법이 강구되어야 할 것이다.

개정된 문화재 명명 원칙

그래서 생각해 낸 것이 국보나 보물에 지정번호를 붙이지 않는다는 원칙이었다. 2021년 2월 문화재청은 기존에 '국보 제1호 숭례문'이라 하던 것을 '국보 숭례문'으로만 소개하고, "국보에 지정번호를 붙이지 않는다."는 원칙을 발표하였다. 이 원칙은 국보를 비롯한 보물, 사적, 천연기념물도 모두 마찬가지로 적용된다.

그럼 같은 이름을 가진 문화재는 어떻게 할 것인가. 동일한 이름으로 등록된 국보가 7점, 보물이 79점이 있기 때문이다. 대표적인 문화재로 국보 78호로 지정된 미륵보살반가사유상과 83호로 지정된 미륵보살반가사유상 두 개가 있다. 이 경우, 불상의 머리에 쓴 장식모양에 따라 일월식과 삼산보관식으로 분류하고 있다.

참고문헌

김병인·조상현, 『숨어있는 문화유산 속으로』, 경인문화사, 2003.

유홍준, 『나의 문화유산 답사기』 2권, 창작과비평사, 1994.

이광표, 『국보 이야기』, 랜덤하우스, 2005.

홍순민, 『우리 궁궐 이야기』, 청년사, 1999.

제2부

지역이 역사의 중심이다

황토현 전적지 내 동학농민군 군상 조형물
2023년 문화체육관광부의 로컬 100(지역문화 매력 100선)에 선정 (사진 제공: 월곡차경석기념사업회)

동학농민군 군상 조형물 제작의 의의

　동학농민군상은 2022년 6월 25일 설치되었다. 제작자는 가천대학교 임영선 교수로 작품명은 '불멸, 바람길'이다. 전체적인 작품 배치를 사람 '인(人)'자의 형상으로 하여 동학의 인본주의 정신을 강조하였다. 특히 갓을 벗은 채 들고 가는 전봉준 장군의 모습이 인상적이다. 신분제의 차별을 없애고자 했던 혁명가의 의지를 표현한 것으로 보인다. 좌측 부조가 1차 봉기를, 우측 부조가 2차 봉기를 상징한다. 동상을 우러러보는 모습이 아닌 우리의 눈높이에 맞췄다는 것도 인상적이다. 한마디로 지금까지 그 어디서도 볼 수 없었던 조형물로 평가된다. 정읍의 랜드마크가 되기에 충분하다.

　군상(群像)을 세우는 일은 세 가지 면에서 의의가 있다. 하나는 친일작가 김경승이 세운 전봉준 동상을 철거함으로써 친일잔재를 청산한다는 의미가 있다. 김경승의 작품으로 남산에 백범 김구 동상, 서울 종묘광장에 월남 이상재 동상, 서울 강북에 4·19혁명기념탑 등이 현재도 남아 있다.

　둘째, '어떤 역사적인 사건을 한 개인이 모두 포괄할 수 없다는 점이다.'

　민중이 아무리 위대한 사상을 갖고 있다 하더라도 그것을 촉발시킬 수 있는 지도자의 출현 없이 혁명은 일어날 수 없는 일이다.(신복룡) 그런 점에서 전봉준이라는 탁월한 농민군 지도자로서 위상은 변함이 있을 수 없다. 하지만 모든 일이 그렇듯이 조력자 없이 성공할 수는 없는 일이다. 따라서 그것을 한 개인의 영웅적인 행위로만 국한시킨다면 이 또한 잘못된 역사인식이자 역사왜곡으로도 볼 수 있다.(김재영)

셋째, 군상을 세우는 일은 자유롭고 평등한 시대정신에도 부합되는 일이다. 농민군의 위패를 모신 구민사(救民祠) 상단 정면 중앙 한 가운데에 무명농민군 위패가 모셔져 있고, 그 제일 왼쪽에 농민군 최고지도자인 전봉준의 위패가, 오른쪽 끝에 정읍접주였던 차치구(車致九)의 위패가 모셔져 있다. 이는 농민혁명의 중심을 전봉준을 비롯한 농민군 지도자로 보면서도 무명농민군의 위상을 강조한 것으로 이는 시대정신에도 부합되는 일이다.(김재영)

참고문헌

김재영(동학농민혁명동상재건립추진위원, 동상건립모금홍보위원) 답사 해설.
신복룡, 『동학사상과 갑오농민혁명』, 평민사, 1985.
월곡차경석기념사업회·(사)후암미래연구소·(사)정읍역사문화연구소·(사)노령역사문화연구원 종교유적 답사 안내 및 해설, 2023년 3월 25일.
형평운동기념사업회 형평인권투어 답사 안내 및 해설, 2023년 10월 6~7일.
진주시의회 의원 답사 안내 및 해설, 2023년 10월 30일.

지역에서 시작해 전국으로 확산된 주목할 만한 사회운동

우리 역사에서 중앙이 아닌 지역에서 일어난 운동이 전국으로 확산되는 사회운동이 몇 가지 있다. 1894년 고부(지금 정읍)에서 시작된 동학농민혁명이 그렇고, 1907년 나라 빚을 갚기 위한 대구의 국채보상운동이 그러하다. 1922년 평양에서 시작된 물산장려운동과 이듬해인 1923년 진주에서 시작된 백정 출신들의 차별철폐운동인 형평운동(衡平運動), 그리고 1929년 광주학생운동 등이 대표적인 사례다.

통상 운동이란 중앙인 서울에서 시작되어 지방으로 파급되는 것이 운동의 효과적인 측면에서도 바람직해 보였으나 앞의 다섯 가지 역사적 사건은 이와 반대의 입장에서 시작된 것이다. 전북 정읍을 비롯한 전남 광주, 경북 대구, 경남 진주, 평남 평양 등지에서 일어난 이들 사건은 해당 지역의 정체성을 결정짓는 중요한 역사·문화적 상징성이 되기에 충분하다.

형평운동 역시 서울보다는 진주라는 지역이 운동의 중심에 있었다는 데 의의가 있다. 의식을 하루아침에 바꿀 수는 없으나, 이런 운동이 지역에서 시작되어 의식의 변화를 가져오는 계기가 되었다는 점에서 큰 의미를 부여하지 않을 수 없다. 또 운동이 전개되면서 백정들에 대한 일반인들의 의식에 상당한 변화를 가져왔을 것으로 추측된다. 일반인들은 '반형평 사건'을 통해서 인권문제를 다시 생각하게 되었을 것이고, 사회운동자들은 이것이 우리 사회가 해결해야 될 시급한 현안문제로 보았을 것이다. 이런 과정을 통해서 서서히 의식의 변화를 가져왔을 것이다.

형평운동은 진주에서 시작되어 전국으로 운동이 확산되면서 근대사회로 진입하는 사회변화를 가져왔다는 점에서도 우리 역사에서 주목할 만한 사회운동이다. 또한 형평운동을 통해서 중앙이 아닌 지역 또는 지방이 역사의 중심이자 주인이 될 수 있다는 사실을 보여 준 모범적인 사례로 평가된다.

참고문헌

김재영, 「일제강점기 형평운동의 권역별 특징」, 형평운동100주년기념학술대회 기조강연 발췌 내용, 국립경상대학교 박물관 대강당, 2023년 4월 29일.

사료로 본 정읍사(井邑詞) 망부석, 북면 월붕산에 있었다

정읍사(井邑詞)는 정읍을 구성하는 중요한 문화요소 중의 하나이다. 철학박사 강상원(1938~2022)은 "인류역사상 여인의 애틋한 마음을 정읍사보다 더 간결하고 간절하게 표현한 노래는 없다."고 단언했다. 교과서에 실릴 만큼 전 국민이 인식하고 있는 훌륭한 역사문화 자원임에도 불구하고, 정읍사 망부석의 위치에 대한 학계의 관심은 그렇게 크지 않았다. 그간 정읍사 망부석의 위치에 대한 명확한 규명 없이 각종 사업이 추진되다보니 이제는 그 혼란을 바로잡기에 어려울 지경이 되었다.

여기에다 지방자치제가 실시된 이후 지역의 역사문화 전반에 이상한 현상이 나타나기 시작했다. 해당 분야에 대한 기본소양조차 갖춰지지 않은 사람들이 너도나도 자기주장을 앞세우기 시작하는가 하면, 심지어 논평할 가치조차 없는 허접한 글들이 학술대회에서 발표되고 책으로 만들어지고 있다. 특정주제에 대해서는 누가 봐도 사전 담합으로 밖에 볼 수 없는 세몰이를 전문연구자들이 하고 있다. 여기에 더해 자신들의 주장에 반하는 내용은 여지없이 '지역주의의 저항'으로 규정하면서 지역주의의 망령은 사라져야 한다며 충고하고 있다. 심지어 연구능력이 없기 때문에 생기는 현상이라고 몰아붙이고 있다.

'정읍사'는 말 그대로 원제목이 '정읍'이다. '정읍'은 백제 때 정촌현(井村縣)이 757년 신라 경덕왕 때 바뀐 지명이다. 혹자는 '정읍사'는 '정읍'이란 지명의 백제 가요라고 주장하면서도 위치규명을 위해서는 이 간단한 명제를 무시한 채 망부석의 위치를 '고부'와 '두승산' 일대에서 찾는 앞뒤가 전혀 맞지 않는 주장을 펴고 있다. 아마추어가 아닌 전문연구자가 그런 주장을 하고 있으니 그 저의가 심히 의심스럽다. 선무당이 따로 없다. 주지하다시피 고부가 정읍 땅에 편입된 것은 일제가 행정구역을 통폐합했던 1914년 이후의 일이었다. 만약에 이때 통합되지 않은 채 고부, 태인, 정읍이 현재까지 이어져 왔다고 한다면 이런 말도 안 되는 주장을 할 수 있겠는가. 한마디로 그런 주장이 관철되려면 정읍사 망부석의 위치를 기록한 『동국여지승람』에 왜 정읍사와 관련된 이야기가 고부군 조가 아닌 정읍현 조에 실려 있는지 그 이유부터 밝혀야 한다. 그런데도 여기에 대한 아무런 언급이 없다. 한마디로 막무가내(莫無可奈)다. 더 거칠게 이야기하면 무지막지(無知莫知)하다. 모르는데도 알려고 하지 않는다는 말이다.

뿐만이 아니다. 1차 사료에 근거하지 않은 대부분의 주장은 거의 픽션에 가까운 것들이다. 가설을 전제로 추론에 추론을 거듭하고 있기 때문이다. 그런데도 이해할 수 없는 주장을 지속적으로 반복하고 있다. 그러다 이제는 논리로 통하지 않으니 급기야 상대를 인신공격하는 개탄(慨嘆)스러운 현상이 나타나고 있다. 이로 말미암아 일반인들의 지역역사에 대한 올바른 이해와 인식에 혼란을 가중시킬 뿐만 아니라 앞으로 개최될 여러 형태의 지역의 역사문화 학술대회에 아주 부정적인 영향을 끼치게 된 것이다. 이런 식이라면 지역의 역사문화 학술대회가 왜 필요한 것인가라는 의문이 항간에 제기되고 있기 때문이다.

정읍사 망부석의 위치에 대해서는 그간 제대로 된 연구논문이 거의 없는 가운데 이와 같이 사료에 근거하지 않은 주장과 논리를 갖추지 못한 단순 구전을 근거로 하는 주장만이 되풀이 되었다. 여기에 더해 그 위치가 덕천면의 '천곡' 마을이라는 주장과 함께 최근에는 문학적인 측면에서 볼 때 장소를 특정할 수 없는 기다림의 노래라는 주장이 새롭게 제기되었다. 하지만 '천곡마을설' 역시 이전 주장과 마찬가지로 1차 사료에 근거하지 않았을 뿐만 아니라 그 주장과 해석이 너무 자의적이어 우려스러울 정도다. 후자는 공식적으로 발표된 견해가 아니다. 이에 본문에서 내 오랜 주장인 북면 '월봉산'(승부리 산 48, 103.5m)이 왜 망부석의 위치인지를 사료와 각종 자료를 들어 다시 입증할 것이다.

정읍사공원 내 정읍사 망부상 (사진: 정읍역사문화연구소)

정읍사 망부석의 위치를 추정할 수 있는 사료와 자료

정읍사 작사 배경 및 망부석의 위치를 비정할 수 있는 사료와 자료로 고려 인종(1145) 때 나온 『삼국사기(三國史記)』, 조선 중종 때에 발행된 『동국여지승람

(新增東國輿地勝覽)』, 정조 13년(1789)에 발행된 최초의 땅이름에 관한 책인 『호구총수(戶口總數)』, 조선 후기에 나온 『정읍현 읍지』와 『정읍현 지도』, 국립 지리원(건설부)에서 발간한 「정읍지형도」, 육당(六堂) 최남선(崔南善)이 1925년 3월 28일부터 50일간 호남지역 일대를 여행하면서 쓴 『심춘순례(尋春巡禮)』, 그리고 장봉선(張奉善)[1]이 1936년에 쓴 『정읍군지(井邑郡誌)』, 마지막으로 1959년에 나온 『고장생활』 정읍편 등이 있다.

『동국여지승람』에 기록된 "재현북십리"에 대한 분석

정읍사 망부석의 위치에 관련된 직접적인 사료를 조선시대 이전에서는 찾아볼 수 없다. 다만, 『동국여지승람』 정읍현 고적(古蹟) 조에 망부석이 "현북십리"에 있다는 기록(在縣北十里)이 유일할 뿐이다. 단순히 언덕을 오르면 있다는 것이 아니라 현청으로부터 '십리' 떨어져 있다고 구체적으로 그 위치를 밝혀 놓은 것이다. 다섯 글자에 불과하지만 여기에 정읍사 망부석이 위치해야 하는 기준을 방향과 거리, 행정구역으로 명확하게 제시한 것이다. 정읍사 망부석의 위치를 주장하는 글은 모두 여기에 논거를 두고 이 기준에 맞춰져야 한다. 논의가 여기 서부터 시작되어야 한다. 이 명제와 아무런 관련 없는 내용을 들어 논점을 흐리게 해서는 안 된다. 따라서 "재현북십리"라는 이 기록을 바탕으로 세 가지 측면에서 살펴보면 될 것이다. 첫째, 현청(관아)이 어디에 있었는가를 밝혀야 할 것이고 둘째, 북쪽 10리 지점이 지금의 어디인가 하는 문제와 셋째, 조선시대의 10리가 과연 지금의 10리인 4㎞와 같은 것인가를 따져 볼 필요가 있다. 시대변화에 따라 도량형 제도가 여러 번 바뀌었기 때문이다.

『동국여지승람』이 편찬될 당시의 정읍현청(官衙)의 위치

『동국여지승람』이 조선시대 각 군현에서 수집해서 중앙정부에 올린 만큼 망부석의 위치를 백제 때의 치소가 있었다고 이야기되는 정해(井海) 마을이 아닌 조선시대 관아가 있었던 현 정읍시 장명동주민센터 일대를 기준으로 북쪽 10리를 살펴봐야 하는 것은 상식에 가까운 일이다. 다시 말하면 정읍현에서 올린 자료인 만큼 당연히 정읍현청을 기준으로 작성했을 것이라는 점이다. 여기에 연구자들의 이견이 있을 수 없다. 만약에 망부석의 위치를 백제 때의 치소가 있었다고 하는 정촌(정해)을 기준으로 썼다면 '정촌북○리'라고 기록했을 것이다.

『동국여지승람』의 거리표시는 현청자리가 어디인지 기록해 놓지 않았으나 각종 거리 표시된 곳에서 역산하면 현 장명동 주민센터 근처(정읍세무서와 정읍여중 자리 포함)라는 결론에 이르게 된다. 실제로 『동국여지승람』은 모든 지명이 현 장명동 주민센터 일대를 중심으로 거리표시가 되어 있다. 예컨대 지금의 성황산은 응산(鷹山)으로 현의 북쪽 1리에, 정읍향교는 현의 북쪽 2리에 있다고 기록되어 있다. 성황산은 정읍의 주산(主山, 鎭山)으로 이곳에 현청과 향교가 있다.

인근 지역인 고창의 방장산과 배풍산(培豊山, 홍산)이 각각 고창과 홍덕의 주산이었다. 고부의 읍치도 마찬가지로 북쪽의 성황산을 등지고 남쪽을 향해 있었다.[2] 태인도 주산인 성황산 아래 태인동헌이 있고, 태인향교가 있다. 김제는 주산인 성산(城山)이 백제시대 이후 계속 군청과 현청의 소재지였고, 이곳 주변에 역시 향교와 서원이 있다. 부안 역시 주산인 상소산(성황산)을 중심으로 부안향교와 읍성이 있다.[3] 이와 같이 조선시대의 현청이나 군청은 모두 고을의 주산인 성황산에 있었다.

사방위(四方位)가 아닌 팔방위(八方位)의 개념으로 본 북쪽

그럼 북쪽을 지금의 어디로 봐야 하는가? 그 해답이 바로 정조 때 발행된『호구총수』(1789)에 있다. 북면은 말 그대로 정읍의 북쪽에 있기 때문에 붙여진 지명이다.[4] 승부리 승부마을은『호구총수』에 북일면으로, 말고개 넘어 용호동은 북이면으로 되어 있고, 남쪽에 있는 정해마을은 남일면으로, 보천교 본소가 있었던 입암면 대흥리(접지촌)는 남이면으로 기록되어 있다. 시내에 있는 남산과 남산동도 관아의 남쪽에 있어 붙여진 지명이다. 북면은『호구총수』가 발간된 조선 후기 이후, 대한제국시대와 일제강점기에도 그 명칭이 변하지 않고 오늘날까지 이어지고 있다는 점도 설득력을 더한다. 정읍의 북서쪽에 있는 고부군 덕천 천곡마을을 북쪽으로 주장하는 이유는 아마 북서쪽과 북동쪽까지도 북쪽으로 간주한 것으로 보이나, 북쪽을 가리키는 고지도와 북면이라는 지명이 남아 있기 때문에 그 범위는 허용되지 않는다.

또『동국여지승람』에 기록된 방위는 사방위를 포함한 남서쪽(서남쪽), 북서쪽(서북쪽), 남동쪽(동남쪽), 북동쪽(동북쪽) 등 팔방위(八方位) 개념을 사용하고 있기 때문이다.『동국여지승람』서문에서는 조선의 영토를 설명하면서 서남, 동남, 동북, 정동, 정서 등의 방향을 언급하기도 하였다. 1790년대 편찬된 것으로 추정되는『정읍현 읍지』(규 17411)의 정읍은 지금 정읍 시내와 북면, 남쪽에 있는 입암면 일대의 남북일직선상에 해당하는 지역이었다.[5] 이를 통해서 입암면이 정읍의 남쪽에, 북면이 북쪽에 있기 때문에 방위로 행정구역을 편제했음을 다시 확인할 수 있다. 그보다 100여 년쯤 뒤에 나온 정읍현 고지도(1872)에도 북쪽에 태인이, 남쪽에 입암이 표기되어 있다.[6]

이와 같이 군현의 치소를 중심으로 관할구역을 동·서·남·북으로 나누는 것은 행정관리상 편리하기 때문에 이미 부여(夫餘)의 사출도(四出道)에서부터 해 오던 방식이었다.[7] 이것이 삼국이 성립되면서 중국식 군현제도를 모방하면서 군과 현이 된 것이다. 『호구총수』에 나오는 전라도 56관(官) 중 현재 전라북도에 해당하는 26개 고을 가운데 동·서·남·북·상·하의 방위를 행정구역에 적용하지 않은 곳은 없다. 그렇다면 망부석이 있어야 할 곳을 북면 쪽에서 살피는 것 역시 상식에 가까운 일이다.

도량형의 변화로 본 조선시대 10리와 근현대 시기의 10리

마지막으로 10리라는 거리가 지금 북면의 어디쯤 해당 되는지 살펴야 할 일이다. 대부분의 연구자들이 시대변화에 따라 도량형이 변화했었다는 사실을 놓치고 있다. 나도 초기연구 단계에서 그랬다. 『조선왕조실록』을 보면 거리 측정에 사용된 척도는 주척(周尺)이었으나,[8] 세종 때 황종척(黃鐘尺, 약 34.6cm)이 새롭게 제정되면서 척도의 기준이 되었다. 하지만 실제로는 주척이 기준척으로 사용되었다.[9] 『태종실록』의 기록에 따르면 조선전기 주척 6척이 1보가 되고, 360보가 1리가 된다고 했다. 『속대전』과 『대전회통』을 보면 태종 때의 이 기준이 조선후기까지 이어졌음을 알 수 있다.[10] 조선시대 1리를 현대적인 미터법으로 환산하면 주척 1척은 약 20.6cm에 해당된다.[11] 이를 계산하면 1리는 6척×360보×0.206=444.96이 되어 약 4.45km가 된다.

그러던 것이 대한제국 시기인 1902년에 도량형 제도가 다시 공포되었다. 이때 거리는 일본의 1척(0.30303m)을 기준으로 1리(1,386척×030303m)가 420m가 되었다.[12] 1909년 법이 다시 개정되어 1리가 1,296척이 됨으로써 1리(1296척×0.30303m)는 393m가 되었다.[13] 따라서 조선시대 10리는 3.93km가 아닌 4.5km가 되어야 한다.

이렇게 따지면 정읍사 망부석은 정읍현청이 있었던 장명동사무소 일대에서 북쪽으로 10리, 즉 4.5km 떨어진 지점이 그 위치로 비정될 수 있을 것이다. 조선후기 지도에도 그 경로가 똑같이 나타나 있다. 그러면 우리가 알고 있는 10리가 4km라는 인식은 언제 형성된 것인가. 우리나라가 '미터법'을 공포한 것은 1902년으로 일본에서 1리가 392m인 것을 그대로 따온 것이었다. 따라서 이러한 인식은 일제강점기에 형성된 것이지 조선시대에 형성된 것이 아니라는 사실을 알아야 한다. 그런데도 덕천 천곡마을에서 정읍장까지 10리(4km)였다는 마을 주민의 구전을 바탕으로 여전히 똑같은 주장을 굽히지 않는 연구자도 있다.

정읍사 망부석의 위치 규명을 위한 두 가지 전제조건

이 세 가지 조건에 위치 규명을 위해 전제되어야 할 것이 두 가지가 있다. 하나는 정읍사는 한글로 된 현존 최고의 백제가요로 평가가 이미 내려진 만큼 가사에 한자를 붙여서 '全 져재'(지금까지 전주장으로 해석했다)로 읽어서는 안 된다는 점이다. 붙일 경우, '全'자 하나만 원문에 한자가 포함되기 때문이다. 이렇게 한자와 한글을 조합해서 쓰는 것이 부자연스러울 뿐만 아니라 실제 그런 사용례가 있다면 그 사례를 적시해야 할 것이다. 따라서 곡조명을 '후강(後腔)'이 아니라 '전(全)'을 붙여서 '후강전(後腔全)'으로 봐야 한다는 견해에 동의한다.[14] 후강에서 전(全)은 '아으 다롱디리'라는 소엽(小葉)이 없이 후강만으로 완전한 형식이 된다는 뜻으로 이해된다. 그렇다면 행상 나간 남편이 날이 저물도록 돌아오지 않았다고 했으니 '져재'는 일단 시장으로 보는 것이 적절한 해석이 될 것이다.[15]

다른 하나는 정촌현의 영역과 고을사람 '현인(縣人)'에 대한 해석문제이다. 『동

국여지승람』에 "망부석은 현의 북쪽 10리에 있다. 현인(고을사람)이 행상을 나
간 후에 오랫동안 돌아오지 않으니 그 아내가 산에 올라 돌 위에서 바라보면서,
그의 남편이 밤길을 걷다가 어떤 해를 입을까 염려하여, 진흙탕 물에 의탁하여
더럽혀지지 않을까 하여 노래를 만드니, 그 곡의 이름을 '정읍'이라 한다."(在縣
北十里 縣人爲行商久不至其妻登山石以望之 恐其夫夜行犯害托泥水之汚以作 名其
曲曰井邑 世傳登岾望夫石足跡猶在)고 했다.

　여기서 '현인'(정촌현에 사는 사람)을 백제 때 치소가 있었다는 정촌(지금 정해
마을)에 사는 부부로 보았기 때문에 망부석의 위치를 규명하는 데 착오가 생기
게 된 것이다. 정촌현(정읍현)은 고을을 다스리는 치소가 있었던 곳이지 그 부부
가 살았던 마을을 지칭하는 것이 아니기 때문이다. 따라서 '현인'은 정촌이라는
치소의 관할구역 내에 있던 어느 마을에서 살았다는 뜻이 된다. 정해마을에 사
는 사람이라고 단정해서는 안 되는 이유가 바로 여기에 있다. 정촌현은 지금의
정읍시내와 북쪽의 북면, 남쪽의 입암면을 포함하는 남북 일직선상의 지역이었
다. 「정읍현지도」에도 그렇게 나타나 있다. 따라서 정읍사 주인공 부부가 살던
마을은 정촌현(정읍현)에 속해 있었던 마을 중의 한 곳이라는 이야기다. 정촌현
은 마을이 아닌 고을이기 때문이다. 그렇다면 백제여인이 산에 올라 남편이 돌
아오기를 기원하면서 바라본 곳은 지금의 전북과학대학교 일대의 정읍사공원이
아니라는 것이 분명해진다. 설령 정해마을이 옛 백제의 치소가 아니라 하더라도
망부석의 위치를 규명하는 데는 아무런 문제가 없다. 조선시대 관아가 있었던
장명동 주민센터를 중심으로 봐야 하기 때문이다.

　똑같은 이치로 천곡이 정촌현의 치소라면 '현인'은 천곡이 다스리던 여러 마을
중에 어느 한 마을에 살았다는 해석이 된다. 그럼에도 천곡마을 뒷산을 주목하
고 '부엉바위'를 망부석으로 특정하는 것은 허구일 수밖에 없다. 특히 어두운 한
밤중에 여인네 혼자서 산 중턱까지 올라가 남편의 무사귀환을 빌었다는 것이 논

지를 떠나 믿기지 않는 내용이다.

정읍사 망부석, 북면(北面) 월붕산(月朋山)에 있었다

이러한 점을 두루 따져 볼 때 앞선 사료를 확인해주는 자료가 바로『정읍군지』와『고장생활』정읍편이다. 장봉선이 1936년에 쓴『정읍군지』에 "망부석은 북면과 정우면의 경계지점 일등도로변에 있다."고 되어 있다.[16]『동국여지승람』에는 망부석에 관한 이야기를 '세전'(世傳登岾望夫石)이라 표현하였다. '세전'은 기록자자신이 직접 답사해서 확인한 것이 아니고 들은 대로 구전된 것을 적었다는 이야기다.

헌데 1959년에 나온『고장생활』정읍편에서는 앞선 기록의 내용이 아닌 실제 충실한 조사가 이뤄졌음을 밝히고 있다. 머리말에 "모두 현지를 답사하고 일일이 저명한 선생님들을 만나 뵙고 쓴 책"이라고 강조하고 있기 때문이다. 여기서 흥미로운 것은 북면과 정우면의 경계지점이 아닌 "북면과 정우면의 일등도로를 찾아가면 망부석이 서 있으니 이곳은 오랜 세월에도 남북으로 통하는 큰 길이었다."[17]라고 표현함으로써 1950년대까지도 망부석의 흔적을 찾아볼 수 있다고 한 것이다. 분명 '남북'으로 통하는 대로였으며 '서' 있다고 표현되어 있다. 여기서 일등도로는 국도 1호선으로 서울로 가는 길을 말하는 것이며, 그 길이 북쪽을 의미한다.

두 자료를 비교하면 전자는 망부석이 '북면과 정우면의 경계지점 일등도로변'에 있다고 했으나, 후자는 여기에 더해 현지를 답사하고 망부석이 서 있는 것을 확인까지 했다고 하는 기록상의 차이가 있다. 그렇다면 망부석이 서 있는 것을 확인하고 썼다는 점에서 경계지점 일등도로변이 아닌 북면에서 정우면으로 이어지는 일등도로에 있다는 후자의 기록에 무게를 더 둘 수밖에 없다.

일부에서는 『고장생활』 정읍편에 기록된 내용의 자료적 가치에 대해 의문을 갖는 이들이 있다. 이 책 머리말에서는 민족애와 애국심은 향토애가 길러짐으로 해서 가능하다는 인식을 바탕으로 한 교육목적하에 편찬된 책이라는 것을 밝히고 있다. 이로 보아 학생들이 역사와 지리를 사회생활 과목에서 배운 뒤 학습하는 부교재라는 것을 알 수 있다. 일종의 지역사를 다룬 교과서인 셈이다. 오늘날 지역교육청에서 제작하는 초등학생용 교과서와 같은 성격의 책이다. 1959년이라는 출판년도로 보아 5·16군사정변으로 지방자치제가 폐지되기 직전까지 사용된 부교재로 보인다.

이와 유사한 책으로 고서점에서 1960년에 발행된 『고장생활』 영광군 편이 검색되고 있다. 두 책의 목차를 비교해 보면 옛날의 우리고장(옛날 우리고장의 모습), 현재의 우리고장(오늘날의 우리고장), 명승과 고적, 전설과 사화(명승고적과 전설 사화), 법속과 풍속(법속과 풍속) 등으로 동일하다. 심지어 세부항목까지도 거의 동일하게 되어 있다.[18]

이로써 이 책이 정부(당시 문교부) 당국의 지침대로 각 지역 실정에 맞게 편찬된 부교재라는 것을 확인할 수 있다. 이 책이 부교재였기 때문에 일선현장에서 어떻게 활용된 것인지는 잘 알 수 없다. 다만, 시내 상동에 거주하는 이영식(2021년 77세)은 입암면 대흥초등학교 6학년 때 이 책을 교과서와 함께 받았으나, 이를 교재로 수업을 한 것은 기억나지 않는다고 했다. 책 표지가 태인 피향정(披香亭)이었다는 것까지 또렷하게 기억하고 있으나 아파트로 이주하면서 책을 버렸다고 이야기함으로써 이 책의 존재를 확인해주었다.[19]

나는 이와 같은 자료를 바탕으로 북면[20] 승부리 금곡마을 뒷산인 '월붕산(月朋山)'을 망부석의 위치로 비정하였다.[21] 이곳이 북면과 정우면으로 가는 도로변에 위치해 있을 뿐만 아니라 정읍현청으로부터 북쪽 10리 지점이 되기 때문이다.

이를 뒷받침하는 사료가 바로 서울대학교 규장각에 소장되어 있는『전라북도각
군읍지』「정읍현 지도」이다. 여기에 승부(承富) 마을[22]이 속해 있는 북일면이
본군으로부터 10리 지점이라는 '북십리(北十里)'라는 표현을 명확히 해놓았기 때
문이다. 이 고지도에서 흥미로운 사실은 '북십리'라는 표기는 있어도 각 방위를
따져서 동십리, 서십리, 남십리라는 기록은 없다는 점이다. 이는 임금이 계시는

「정읍현 지도」(규10770).
경대로(국도1호선), 북일면(북면), 십리 기록이 보인다.

서울로 가는 '북쪽'을 중시하고 있다는 표현으로 해석된다. 나침반이 없던 시대에 오늘날의 기준에 해당하는 절대방위를 기준으로 '재현북십리'를 따져서는 안 되는 이유가 여기에 있다.

국립지리원 「정읍지형도」에 표기된 월붕산(月朋山)의 위치.
한자로 표기되어 있다. 최근 지도에는 한글 '월명산'으로 표기되어 있다. 이는 한자를 오독한 것으로 보인다. 그러한 사례는 정읍의 초산(楚山)과 삼보평(三洑坪)이라는 지명에서도 확인된다. 초산은 삼한시대의 '초산도비리국(楚山塗卑離國)'에서 유래된 지명인데도 주춧돌 초자의 초산(礎山)으로, 삼보평을 삼복평으로 한글 표기하고 있다. 이 잘못된 정보를 포털 사이트에서 그대로 인용하고 있다.

특히 주요 도로를 붉은 색으로 표시했는데 본청으로부터 연지점(지금 잔다리목)을 거쳐 수성동, 북면으로 이어지는 경로가 지금과 같다는 것을 확인할 수 있다. 뿐만 아니라 읍치에서 북일면으로 이어지는 도로를 '경대로(京大路)'로 기록함으로써 이 길이 정읍에서 서울로 가는 북쪽 도로 국도1호선임을 표시하였다.[23]

『동국여지승람』에 아직도 자취가 남아 있다고 한 것은 백제여인이 기다리던 너럭바위와 같은 형태의 자연석을 의미할 수도 있으나, '월봉산'과 같은 지명을 가리키는 기록일지도 모른다. 또 특별한 이름이 없을 듯한 높이 103.5m의 야산에 '월봉'이라는 지명이 붙은 것도 이곳에 어떤 특별한 사연이 깃들어 있었던 것은 아닐까 하는 생각을 갖게 한다.[24] 그렇다면 행상 나간 남편이 물건을 팔러 간곳은 어디였을까. 나는 지금 칠보인 대산장(태산)이었을 것으로 보고 있다.

그렇게 보는 이유는 최남선(崔南善)의 『심춘순례(尋春巡禮)』에도 정읍사 망부석의 전설지를 '칠보산'으로 기술해 놓았기 때문이다. 육당이 신태인역에서 내려 사방을 둘러보고 쓴 기록이다. "… 역전 작은 언덕에 올라보니 망부석 전설지의 하나인 칠보산이 남쪽에 머리를 들고…"라는 구절이 바로 그것이다.[25]

칠보산을 망부석의 전설지 중 하나라고 했으니 당시에도 여러 곳이 거론되었던 것으로 보인다. 『고장생활』(정읍편)에서는 『심춘순례(尋春巡禮)』의 이 기록을 참고했다고 하면서도 정읍사 망부석의 위치를 북면과 정우면의 일등도로변에 있다고 기록하였다. 그렇다면 『고장생활』에서는 칠보산을 행상 나간 남편이 돌아올 고개로 보았을 가능성이 크다. 칠보산이 동쪽에 있어 달을 쉽게 볼 수 있는 위치에 있기 때문이다.

칠보는 백제 때 대시산군의 일부이다. 신라 경덕왕(757) 때 태산군으로 고치고 정읍을 영현으로 삼았다고 했듯이 통일신라에 와서도 태산으로 명칭이 변경될 만큼 여전히 큰 고을이었다. 이곳이 태산선비문화권의 중심이 되는 곳이다. 한마디로 태산은 당시 정촌보다 큰 고을이었다. 신라는 통일 후에도 백제부흥운동의 중심지였던 옛 백제의 중방고부를 죽이고, 의도적으로 인근 지역인 태산을 키웠을 가능성이 충분하기 때문에 이러한 추정이 가능하다. 따라서 태산은 처음부터 고부와는 별도로 조직된 당시의 행정과 군사 중심지였다는 것을 알 수 있다. 또 당나라에 유학 갔던 최치원이 국내로 돌아와 맨 처음 태산태수로 부임하였다는 것은 태산이라는 고을이 그만큼 전국에서 지명도가 컸기 때문이었을 것이다. 조선시대 불우헌(不憂軒) 정극인(丁克仁)이 「상춘곡」이라는 가사를 한글로 쓰게 된 것도 이 지역의 오랜 정서가 이것을 가능케 했을 것이다.

결론(정리 및 제안)

본문에서 주장한 북면 '월붕산(月朋山, 103.5m)'이 왜 망부석의 위치인가를 재확인하기 위해서 그 내용을 다시 축약 정리한다.

그간 전북과학대학교 앞의 '서낭당재'라 불리는 '아양동 고개'를 비롯한 교암초등학교 앞의 '부사치', 농소동 부례 마을의 '여시바위', 시내 남산의 일명 '망치봉'으로도 불리는 '죽지봉', 수성동의 '괴바라기', 북면의 월붕산 등이 정읍사 망부석의 위치로 비정되었다. 최근에는 덕천면의 '천곡마을'과 문학적인 측면에서 장소를 특정할 수 없는 '기다림의 노래'라는 주장도 제기되었다. 하지만 대부분 세간에서 쟁점과 논란이 되는 내용과 왜 그것이 문제가 되는지 분석조차 되지 않은 상태에서 1차 사료에 근거를 두지 않은 구전과 단순 지명풀이에 불과한, 추론에 추론을 거듭한 주장들이었다. 그러면 소설(小說)이 될 수밖에 없다.

정읍사 망부석의 위치에 대해서는 『동국여지승람』 정읍현 고적(古蹟) 조에 "현북십리"에 있다는 기록(在縣北十里)이 유일하다. 기록된 것은 다섯 글자에 불과하지만 여기에 망부석이 위치해야 할 거리와 방향(방위), 행정구역이 명확하게 제시되어 있다. 따라서 망부석의 위치 규명을 위해서는 모든 조건이 여기에 수렴되어야 한다. 이 기록을 바탕으로 세 가지 측면에서 살펴보면 다음과 같다. 첫째, 정읍현청(관아)이 어디에 있었는가. 둘째, 북쪽 10리 지점이 지금의 어느 곳인가. 셋째, 조선시대의 10리가 과연 지금의 10리인 4㎞와 같은 것인가를 따져 볼 필요가 있다. 시대변화에 따라 도량형이 바뀌었기 때문이다. 이 세 가지 조건에 전제되어야 할 것이 있다. 지금까지 행상을 나간 후에 오랫동안 돌아오지 않은 고을 사람 '현인(縣人)'을 백제 때 치소가 있었던 정촌현(지금 정해마을)에 사는 부부로 보았다. 바로 이러한 해석 때문에 망부석의 위치를 규명하는 데 착오가 생기게 된 것이다. '현인'은 정촌현에 사는 사람을 지칭하는 말이다. 정촌은 고을을 다스리는 치소가 있었던 곳이다. 그 부부가 살았던 마을을 지칭하는 것이 아니다. 따라서 '현인'은 정촌현이라는 치소의 관할구역 내에 살던 어느 마을사람으로 보아야 한다는 점이다.

각론으로 들어가 첫째 조건인 정읍현청은 현 장명동 주민센터 일대에 있었다. 『동국여지승람』에 기록된 모든 지명이 당시 현청이 있었던 장명동 주민센터를 중심으로 거리표시가 되어 있기 때문이다. 다음은 북쪽을 가리키는 방위문제이다. 『동국여지승람』에 기록된 방위는 사방위를 포함한 팔방위(八方位) 개념을 사용하고 있다. 『동국여지승람』 서문에서는 조선의 영토를 설명하면서 서남, 동남, 동북, 정동, 정서 등의 방위를 언급하였다. 따라서 북쪽의 북면과 북서쪽의 천곡은 명백하게 가리키는 방향이 다르다는 것을 알 수 있다. 다시 말하면 북쪽을 북동과 북서를 아우르는 포괄적인 의미로 사용하지 않은 것이다. 마지막으로 거리 측정에 관한 문제이다. 조선시대 거리 측정에 사용된 척도는 주척(周尺)이었다. 주척 1척은 약 20.6㎝에 해당된다. 6척이 1보가 되고, 360보가 1리가 된다고 『조선왕조실록』에 규정되어 있다. 이를 현대적인 미터법으로 환산하면 10리는 대략 4.5㎞가 된다.

따라서 정읍사 망부석은 정읍현청이 있었던 장명동 주민센터에서 북쪽으로 10리, 약 4.5km 떨어진 지점이 그 위치로 비정될 수 있을 것이다. 다만, 거리 관념이 오늘날과 같이 명확하지 않았다는 점은 감안해야 할 것이다. 그 경로는 정읍현청이 있었던 현 장명동 일대에서 잔다리목과 수성동을 거쳐 북면으로 가는 길이거나 동초등학교 옆쪽의 말고개를 넘어 북면 월봉산으로 가는 소로길 중의 하나이다. 조선후기 지도에도 이 경로가 똑같이 나타나 있다.

  그러면 우리가 알고 있는 10리가 4km라는 인식은 언제 형성된 것인가. 우리나라가 '미터법'을 공포한 것은 1902년으로 일본에서 1리가 392m인 것을 그대로 따온 것이었다. 따라서 이러한 인식은 일제강점기에 형성된 것이지 조선시대에 형성된 것이 아니다.

  이와 같이 모든 조건을 따진다면 정읍사 망부석은 북면 '월봉산'에 있었을 것이라는 결론에 이르게 된다. 정읍사 망부석이 북면 '월봉산'에 있었을 것이라는 추정을 가능케 하는 사료가 바로 서울대학교 규장각에 보관되어 있는 「정읍현지도」(규10770, 1896)다. 이곳이 서울로 가는 큰 도로라는 뜻의 '경대로(京大路)'라는 점과 본청에서 북쪽으로 10리(北十里)' 떨어져 있다는 것을 명확히 표시해 놓았기 때문이다. 이는 1936년에 장봉선이 쓴『정읍군지』와 1959년에 나온『고장생활』정읍편의 "망부석은 북면과 정우면으로 가는 일등도로(변)에 있으며, 옛날부터 남북으로 통하는 대로였다."는 기록과 일치하고 있다. 여기서 일등도로는 서울로 가는 국도 1호선이며, 그 길이 바로 북쪽을 의미한다. 북쪽은 임금이 계시는 곳이기 때문에 특별히 중요시한 것이다. 현재도 말고개를 넘어 북면 승부 마을로 이어지는 길이 '정읍북로'이며, 정읍의 남과 북을 이어주는 도로가 바로 '관통도로'이다. 특히『고장생활』정읍편에서는 모두 현지를 답사하고 저명한 선생님들을 일일이 찾아뵙고 쓴 책이라는 점을 강조하고 있다는 점에서 정읍사 망부석은 1950년대까지도 그 현장을 확인할 수 있었다는 것을 알 수 있다.

일부에서 『고장생활』 정읍편의 자료로서 가치에 대해 의문을 제기하고 있다는 사실을 잘 알고 있다. 하지만 이는 기우에 불과하다. 이 책은 초등학교 학생들이 역사와 지리를 사회생활 과목에서 배운 뒤 학습하는 지역교과서이기 때문이다. 1959년이라는 출판년도로 보아 5·16군사정변으로 지방자치제가 폐지되기 직전까지 사용된 부교재로 보인다. '정읍편'이라는 부제에서 추정할 수 있듯이 다른 지역에도 이와 같은 사례가 있을 것으로 추정하였다. 검색 결과 비슷한 사례로 현재 『고장생활』 영광군편이 고서점에서 유통되고 있다. 두 책의 목차 또한 동일할 뿐만 아니라 세부항목의 순서조차 거의 동일하다는 점에서 당시 정부 당국의 지침 아래 만들어진 부교재라는 것을 바로 알 수 있다.

그렇다면 행상 나간 남편이 간 곳은 어디였을까. 육당 최남선은 1925년 남선지방을 여행하면서 쓴 『심춘순례』 4월 1일자에 정읍사 망부석 전설지의 하나를 '칠보산'이라 기록하였다. 아마도 육당은 『동국여지승람』에 칠보산이 '북십리'에 있다는 기록을 보았을 것이다. 하지만 「정읍현 읍지」에는 '동십리'로 기록되어 있다. 이 같은 기록상의 차이는 오류라기보다는 칠보산이 북면과 칠보면의 2개 면에 걸쳐 있기 때문에 생긴 착오일 것으로 생각된다. 칠보산은 북쪽이 아닌 동쪽에 가까운 산으로 달이 뜨는 곳을 쉽게 볼 수 있는 곳이다. 그렇기 때문에 나는 행상 나간 남편이 간 곳은 북쪽의 전주장이나 정읍 서쪽의 고부장이 아닌 지금의 칠보인 대산장(태산장)이었을 것으로 보는 것이다. 훗날 세계유산 무성서원(武城書院)이 있는 원촌(院村)마을과 500년 전통의 향약마을 남전(藍田), 시산(詩山, 泰山) 바로 아랫마을인 송산(松山) 마을이 태산선비문화의 중심이 되는 것도 우연의 일치가 아닐 것이다. 나라의 동쪽을 대표하는 선비문화의 중심이 안동(安東)이라면, 나라의 서쪽을 대표하는 선비문화의 중심이 바로 태산이라는 점은 오래 전부터 탄탄하게 다져진 지역의 문화와 역사적인 배경이 기반이 되었을 것으로 보기 때문이다.

아무튼 육당이 정읍사 망부석의 전설지 중 하나가 칠보산이라고 했으니 당시에도 여러 곳이 거론되었던 것으로 보인다. 『고장생활』 정읍편에서는 육당의 『심춘순례(尋春巡禮)』를 참고문헌에 부기하였다. 그러면서도 정읍사 망부석의 위치를 『정읍군지(井邑郡誌)』에 나오는 북면과 정우면의 일등도로변에 있다고 기록한 것은 우리가 주목해서 보아야 할 내용이다. 그렇다면 칠보산은 행상 나간 남편이 돌아올 고개로 보았을 가능성이 크다. 그렇게 보는 것이 합당한 해석이다. 백제시대 당시 대산(태산)은 정읍보다 큰 정치·행정의 중심지였기 때문이다. 여기에다 북면은 지명 자료인 1789년 『호구총수』가 발간된 조선후기 이후, 대한제국시대와 일제강점기에도 그 명칭이 변하지 않고 오늘날까지 이어지고 있다는 점도 설득력을 더한다.

이와 같이 북면 '월붕산(月朋山)'은 지명뿐만 아니라 조선시대 관아가 있었던 현 정읍시 장명동 주민센터 일대로부터 방위와 거리, 행정구역이 모두 완벽하게 일치하는 곳이다. 이제 2000년부터 망부석의 위치가 '월붕산'(103.5m)이라는 내 주장이 사료로 입증이 되고, 역사적인 사실로 논증이 된 만큼 북면 월붕산에 '망부석 공원'을 조성하고, 정읍사 공원에 있는 망부상을 옮기는 문제를 고민해야 한다. 월붕산은 더 친근한 우리말인 '달벗산'으로 고치고, 일대에 '달맞이꽃' 심기를 제안한다. 그렇게 된다면 현 정읍사공원은 그대로 유지하면서 시민을 위한 휴식처로 개방하거나 '역사문화공원'으로 조성하면 될 것이다.

참고문헌

『삼국사기(三國史記)』, 『동국여지승람(新增東國輿地勝覽)』, 『호구총수(戶口總數)』, 『정읍현 읍지』, 『정읍현 지도』
국립지리원, 「정읍지형도」, 최남선, 『심춘순례(尋春巡禮)』

『고장생활』, 정읍편, 향토문화사, 1959.

국립국어연구원, 『표준국어대사전』, 두산동아, 1999.
김재영, 『저항과 변혁의 땅』, 신아출판사, 2002.
김재영, 「사료로 본 정읍사 망부석의 위치」, (사)노령역사문화연구원 창립학술대회 논문, 정읍시청소년수련관, 2022.
김재영, 「정읍사 망부석 북면 월봉산에 있었다」, 『전북금강일보』·『서남저널』, 2023년 10월 4일.
김재영, 「사료로 본 정읍사 망부석 북면 월봉산에 있었다」, 『전북도민일보』, 2023년 10월 17일자.
김종효, 「정읍사 망부석 위치 어딜까」, 『뉴시스』, 2021년 3월 15일자.
박제철, 「고지도서 밝힌 정읍사 망부석 여인상 위치 잘못됐다」, 『뉴스1』, 2021년 3월 8일자.
안후상, 「정읍사 망부석 논쟁」, 『서남저널』, 2021년 4월 8일자.
장봉선(張奉善), 『정읍군지(井邑郡誌)』, 이로재, 1936.
한국문화상징사전편찬위원회, 『한국문화상징사전』, 동아출판사, 1992.

조선왕조실록 유일본을 피란 보존시킨 내장산의 역사문화자원

국립공원은 1967년 지리산을 시작으로 1968년 한려해상·경주·계룡산, 1970년 설악산·한라산·속리산이 지정되었다. 내장산은 1971년 11월 17일 여덟 번째로 백양사 지구와 함께 국립공원으로 지정되었다. 예부터 '춘백양 추내장'이라 하여 "봄은 백양사의 황매화(黃梅花) 꽃구경이요, 가을은 내장 단풍으로 시인 묵객들이 수없이 찾아드는 곳"이었다. 내장산은 또한 '호남의 금강산'이라고 불린다. 그래서인지 CNN에서도 한국에서 가장 아름다운 사찰로 내장사를 꼽았다. 내장은 서른 가지 단풍이 마흔 가지 색깔을 낸다고도 한다. 지금은 내장을 찾는 관광객이 연간 1백만 명이 조금 넘는 정도이고, 그것도 단풍이 한창인 4분기에 집중되어 있다. 내장산은 활용하고 싶어도 자연을 활용가능한 자원에서 보전 대상으로 국가가 직접 관리하는 보호구역인 만큼 우리 의사대로 해제할 수도 없는 일이다. 따라서 외부관광객을 끌어들이기 위해서 이제는 자연자원은 그대로 보호하되 자연자원과 연계한 문화관광의 형태로 관광의 틀을 바꿔야 한다.

내장사는 일제강점기 백양사(白羊寺)의 말사였지만 지금은 대한불교조계종 제24교구 선운사(禪雲寺)의 말사로 변경되었다. 내장사는 『중종실록』에 승려들이 물의를 일으켜 영은사(靈隱寺)와 함께 두 사찰을 불태웠다는 내용이 기록되어 있는 것으로 봐서 영은사와 내장사는 분명 별도의 사찰이었다. 오늘날 벽련암으로 부르는 백련사는 당시 영은사의 한 암자였을 것이다. 이는 기존의 인식을 뒤집는 것으로 앞으로 좀 더 심도 있는 연구가 있어야 만이 내장사 사찰 창건 연기를 밝힐 수 있을 것으로 보인다.

국립공원 내장산의 실제 영역은 우리가 인식하고 있는 것보다 훨씬 넓다. 백양사가 있는 백암산 지구는 말할 것도 없고 입암산과 삼성산을 포함하고 있으며, 순창의 구암사까지를 포함하는 지역이라는 것을 상기할 필요가 있다. 행정구역으로 치면 정읍·순창·장성 3군을 포함하고 있다.

내장산과 내장산 주변의 역사문화 자원

내장산의 자연자원을 이용한 시설로 내장산골프장과 리조트, 내장산 문화광장과 워터파크, 내장호수 둘레길, 내장산 수목원, 내장생태공원(솔티숲), 월영습지와 정읍사오솔길 등이 들어섰지만 이로써 사계절 체류형 관광지가 만들어졌는지는 의문이다. 따라서 이제는 자연경관을 위주로 하는 관광이 아닌 인문관광 시대를 열기 위한 관광자원화 방안이 제시되어야 한다.

내장산과 그 주변 지역의 역사 키워드는 내장사 역대 고승과 부도전, 고난과 핍박의 상징인 삼소 삼바실 공소, 정읍 최초의 공소인 대숲골 공소, 손꼽히는 천주교 교우촌 등내공소, 성직자를 배출한 과교동 신성공소, 증산신앙 교단 대덕전, 200년 선불장 순창 구암사, 호남유림대회, 석란정과 서보단(誓報壇), 조선왕조실록 유일본의 피란 터, 실록피란의 일등공신 안의와 손홍록, 정유재란과 왜군의 정읍회의, 승병장 내장사 주지 희묵대사(希默大師), 내장사 전각을 보호하기 위한 차일혁의 빨치산 토벌작전, 이승만의 불교정화선언 등이다.

내장산조선왕조실록이안사적비 (사진: 정읍역사문화연구소)

조선왕조실록 피란을 테마로 하는 관광자원화 방안

첫째, 조선왕조실록 유일본을 안전하게 피란시켜 후손들에게 고스란히 물려준 안의와 손홍록의 이름을 딴 새 도로명을 제정하고, 실록피란을 주제로 한 도시 전체의 '브랜드화' 작업이 시행되어어야 한다. 정읍의 초입인 말고개 입구와 내장 IC에 '조선왕조실록 피란 성지' 또는 '기록문화 보존의 성지' 입간판을 세우는 일이다. 둘째, 조선왕조실록 피란을 테마로 한 연계 관광권을 수립하는 일이다. 무주 적상산에서 전주 경기전, 조선왕조실록이안사적비, 내장산 용굴암과 은적암 터, 안의와 손홍록의 묘소, 남천사를 정비하고 연계하는 일이다. 셋째, 조선왕조실록 이안길을 재현하는 일이다. 급박한 전란 상황 속에서 내장산으로 옮겨

온 전주사고의 실록이 어떻게 오게 되었는지 그 경로를 밝히고 이안길 걷기 행사를 함으로써 기록문화의 소중함을 일깨우는 행사가 필요하다. 넷째, 조선왕조실록 유적지를 정비한 다음 기록문화박물관을 건립하여 정읍의 특성화박물관으로 육성하는 일이다. 마지막으로 박물관과 연계해서 지역대학에 기록문화학과 또는 문화재관리학과(문화재보존학과)를 설치할 일이다. 2012년 6월 22일 정읍시립박물관이 개관되고, 2018년 '문화재지킴이의 날'이 6월 22일로 결정된 것도 모두 조선왕조실록을 내장산으로 피란시킨 날짜를 기념하기 위한 것이었다. 전국대회를 내장산에서 개최했다는 것도 그 의미를 더하고 있다.

기록문화박물관 설립의 역사적인 당위성

정읍은 동학농민혁명의 발상지이다. 이를 통해서 '약무정읍시무민주(若無井邑是無民主)'라는 등식이 성립된다. 아울러 조선왕조실록 피란을 통해서 '정읍이 없었더라면 왕조실록이 없었을 것'이라는 약무정읍시무실록(若無井邑是無實錄)이라는 말이 정읍시민들에게 무한한 자긍심으로 작용하고 있다. 이러한 정읍의 역사·문화적 상징성을 확장하기 위해서 정읍시에서는 전국의 동학농민혁명 기록물을 세계유산으로 지정하는 방안을 수립하고 이를 추진하여 마침내 2023년 등재가 이뤄졌다. 동학농민혁명과 조선왕조실록은 분명 정읍을 상징하는 두 개의 중심축이다. 정읍에 기록문화박물관을 설립해야 할 역사적 당위성이 바로 여기에 있다. 이것이 '정읍정신'이라면 기록문화박물관을 세우는 일이야말로 바로 '정읍다운 도시'를 만드는 일이 될 것이다.

대표적인 기록문화유산은 『훈민정음(訓民正音)』, 『조선왕조실록(朝鮮王朝實錄)』, 『직지심경(直指心經)』, 『승정원일기(承政院日記)』, 『의궤(儀軌)』, 『해인사 대장

경판』, 『동의보감(東醫寶鑑)』 등이다. 그런데 다들 박물관이 돈이 되지 않는다고 아우성이다. 왜 돈이 안 되는 것을 자꾸 공론화시키려고 하느냐는 불만이 터져 나온다. 그런데 아니다. 특성화박물관이 아니기 때문에 그렇다. 박물관은 직접적인 수익을 창출하는 곳이 아니지만 간접적인 부가가치를 얼마든지 창출할 수 있는 곳이다. 신성장 동력이 과학기술에만 있는 것이 아니다. 박물관의 도시로 잘 알려진 강원도 영월과 가깝게는 전라북도 군산지역의 근현대역사박물관, 고창지역의 판소리박물관, 부안의 청자박물관 등 각 시군 지역의 특성화박물관을 참고할 필요가 있다. 선진국의 경우, 인구 4~5만 명당 하나씩 박물관이 있다는 것도 염두에 두어야 한다. 최근에는 인천에 '문자박물관'이 들어선다는 이야기가 들린다. 개관이 되면 '직지'가 전시될 예정이다. 컨셉은 선점하기 나름이다. 언제까지 다른 지역의 뒷북만 칠 것인가.

아무리 뛰어난 자연경관을 갖고 있어도 여기에 문화를 입히지 않으면 이제 돈이 되지 않는다는 사실을 알아야 한다. 정읍은 문화경쟁력이 그 어느 지역보다 뛰어난 곳이다. 그런 만큼 인문학이 돈이 될 수 있다는 인식전환이 시급하다. 오죽하면 『인문학은 밥이다』라는 책이 나왔겠는가. 눈에 보이는 것만이 관광자원이 아니다. 이제 유형의 자산은 물론 무형의 자산에도 깊은 관심을 기울일 때가 되었다. 왜 무성서원이 세계유산이 되었는지 생각해 볼 일이다. 전국 서원 중에서 규모가 가장 작으면서도 그 안에 내재되어 있는 역사·문화적인 가치가 크기 때문이다. 그 가치가 세계 어느 민족이나 인종이든 통할 수 있는 보편적인 가치이며 그것이 인류문화 발전에 기여할 수 있다고 판단했기 때문이다.

최근 관광 트렌드가 바뀌고 있다. 단순히 보고 먹고 마시며 즐기는 관광이 아닌 체험과 인문관광의 틀로 바뀌고 있다는 점을 감안한다면 이제 자연경관을 위주로 하는 관광만을 고집해서는 안 된다.

참고문헌

김재영, 「국립공원 내장산의 역사문화자원과 그 활용방안」, 국립공원 내장산과 고찰 내장
사 학술대회, 정읍시, 2020.

꺼지지 않는 민족의 횃불 동학농민혁명

　동학농민혁명은 중국의 태평천국운동, 인도의 세포이 항쟁과 더불어 19세기 아시아 3대 농민전쟁의 하나로 꼽힌다. 동학농민혁명은 반봉건, 반침략의 근대 민족운동으로 이후 한말 의병운동, 4·19혁명, 5·18광주민주화운동, 6월 민주항쟁, 최근의 촛불혁명으로까지 그 정신이 이어졌다. 이를 통해 우리는 민중이 역사발전을 이룩해 온 강력한 힘이었다는 사실을 확인하게 된다. 따라서 이러한 민중사관의 관점에서 본다면 역사는 무수히 많은 이름 없는 보통 사람들, 즉 '대중의 역사'라고 볼 수 있다. 이러한 이름 없는 사람들의 힘에 의해 역사는 만들어지는 것이다.

　고부에서 시작된 동학농민혁명은 민중이 '역사 발전의 주체'라는 것을 행동으로 보여준 사건이다. 농민군이 집강소(執綱所)를 통해 농민자치를 실현한 것은 바로 이러한 역사발전의 주체로서 역할을 확실히 보여준 것이다. 이로써 한국근대사의 방향이 결정되고 한국 민족민주통일운동의 시발점이 된 것이다.

　혁명의 발상지인 이곳 정읍에서 동학의 이념을 계승한 것이 바로 증산종교운동이었으며, 증산사상을 이은 것이 차월곡(본명 경석)의 보천교(普天教) 운동이었다. 차월곡은 증산의 종교적인 가르침에 그치지 않고 이를 정치적으로 확대

해석함으로써 일제강점기 억압과 착취로 짓눌려 있던 민중에게 희망의 메시지를 전해주었다.

보천교에서는 암암리에 상하이 임시정부에 독립운동 자금을 조달하는가 하면 '태을교(太乙敎)'란 이름으로 전국 각지에서 민족운동을 전개하였다. 또한 왜산 물건을 쓰지 않기 위해 입암면 대흥리에 직물공장을 비롯한 농기구 공장, 유리 공장, 갓공장 등 각종 공장을 세웠다. 이는 동학의 유무상자(有無相資, 가진 것을 서로 나누는 공동체 정신) 정신을 본 딴 것이었다. 이로써 본다면 일제강점기 보천교의 독립운동은 그 뿌리가 동학에 있는 셈이다. 또 그럴 수밖에 없는 것이 차월곡의 부친인 차치구(車致九)는 정읍 접주로 전봉준과 함께 동학농민혁명의 전 과정에 참여했던 지도자였다. 그는 혁명 기간 내내 아들인 경석을 데리고 다녔다. 따라서 차월곡은 동학의 후예나 다름없는 셈이다. 황토현 전적지의 구민사(救民祠) 중앙 맨 상단 오른쪽 끝에 차치구의 위패가 모셔져 있다.

2019년 황토현전승일(5월 11일)을 기준으로 하는 동학농민혁명 국가기념일이 제정되었다. 국가기념일 제정 2주년을 맞이하여 황토현기념탑 주변을 돌아보며 백성이 주인 되는 세상을 꿈꾸었던 동학선열들의 자취를 다시 되새겨 본다.

『정읍신문』, 2021년 5월 12일자.

동학농민군 지도자 손화중이 꺼낸 비결과 피체지 검토

태조 이성계가 즉위한 것은 1392년 7월 12일이었다. 손화중이 미륵불의 배꼽속에 감춰진 비결을 꺼낸 것은 1892년 8월의 일이었다. '500년 주기로 왕조가 흥하고 망한다.'는 맹자의 순환사관을 적용한다면 1892년은 조선 건국 5백 년 뒤라는 조건을 온전히 충족시킨 해이다. 그런데 동학농민혁명은 왜 2년 뒤인 1894년에 일어났을까. 우리는 이 사실에 주목해야 한다. 비결을 꺼냈다는 이야기는 어디까지가 진실인지는 알 수 없으나 한 가지 분명한 것은 이 소문이 삽시간에 전라도 일대에 퍼져나갔고, 이로 인해 손화중포에 농민들이 몰려들었다는 사실이다.

손화중(1861~1895), 그는 누구인가

손화중은 동학농민혁명 당시 34세의 나이로 농민군 지도자 중 최연소였으나 가장 많은 교도를 거느린 인물로 알려져 있다. 손화중은 정읍향반 출신으로 본관이 밀양, 호가 초산(楚山)이다. 그가 살던 '껏다리'(과교동)라는 마을의 앞산이 바로 초산이다. 『엄마를 부탁해』(2008)의 작가, 신경숙이 태어난 마을이기도 하다.

손화중은 조선왕조실록 유일본을 내장산 용굴암으로 피란 보존시킨 손홍록(孫弘祿)의 후예로 경치가 좋기로 소문난 경상도 청학동을 찾아 갔다가 동학에 입교하였다. "왕대밭에 왕대 나고, 쑥대밭에 쑥대 난다."는 옛말 하나도 그르지 않다. 9척 장신에 인상이 부드럽고 설득력이 뛰어나 그를 따르는 자가 많았다. 전하는 이야기로 그는 허리에 16개나 되는 염랑을 차고 다녔다 한다.(안후상) 염랑은 평소에 흠모하는 처녀들이 선물한 것을 말하는데 손화중은 이로 보아 사람을 끄는 상당한 매력과 인품을 갖춘 인물로 추측된다.

그는 1892년 8월경 선운사 도솔암에 있는 마애불 속에서 비결을 꺼냈다는 소문이 돌면서 더욱 신비스러운 인물로 여겨졌다. 일설에는 이 마애불이 선운사(禪雲寺)를 창건한 검단선사(黔丹禪師)의 진짜 모습을 바위에 새긴 것이라고 한다. 하지만 이것을 마애미륵불로 간주하는 것이 보편적이다. 현지에 퍼져있는 전설에 따르면, 조선 건국 후 5백 년이 지나면 석문(石門), 즉 미륵불의 배꼽을 여는 사람이 나타날 것이며, 그 비결이 나오는 날 새 왕조가 건설된다는 소문이 자자하였다.

비결을 꺼낸 뒤 손화중은 전봉준과 함께 3월봉기의 주역으로 활동했고, 황토현 전투에서도 주도적인 역할을 담당하였다. 전주해산 후에는 나주(羅州), 장성(長城) 등지에 머무른 것으로 간주된다. 9월 봉기에서는 일본군이 나주에 상륙한다는 소문이 전해지자 최경선과 함께 나주에 머물렀던 것으로 보인다.

태인전투 뒤에는 고창군 부안면 안현리 이모 씨 재실에 숨어 있었는데 다음과 같은 일화가 전해지고 있다. 그는 전봉준과 김개남이 체포되었다는 이야기를 듣고 대세가 기울었음을 판단하고, 재실지기인 이봉우(李鳳宇)를 불러 "어차피 나는 잡혀갈 몸이다. 네가 나를 고발하여 후한 상을 받아라. 그동안 네게 진 신세를 갚겠다."라고 하여 이봉우의 고발로 체포되었다 한다.(최현식) 그를 고발한 이봉우는 훗날 그의 말대로 황해도의 증산군수가 되었다. 하지만 이 일화는 말 그대로 일화일 뿐 사실이 아니라는 것이 최근 한 역사학자에 의해 밝혀졌다. 손화중은 1895년 3월 30일 전봉준과 함께 처형되었다. 그의 나이 35세였다. 손화중포의 일원으로 사발통문에 서명했던 손여옥(孫如玉)은 정읍 삼산동 출생으로 손화중의 조카이자 전봉준 집안의 사위다. 손화중을 따라 나주 전투에 참여했다가 처형되었다.

배꼽 속의 비결, 과연 무엇일까

동학농민혁명을 소재로 한 역사소설, 송기숙의 『녹두장군』의 첫머리가 바로 손화중이 선운사 도솔암 마애불의 비결을 꺼내는 것에서부터 시작된다. 이 사건에 대해서는 황현(黃鉉)의 『오하기문(梧下記聞)』과 김재홍(金在洪)의 『영상일기(嶺上日記)』, 박봉양(朴鳳陽)의 『경력서』 등에서도 언급하고 있다. 이 사건을 가장 상세하게 기록한 것은 오지영(吳知泳, 1950년 사망)의 『동학사』(초고본)였다. 오지영은 그 예언서를 '비록(秘錄)'이라 표현했다.

하지만 실제로는 비결이 아닌 '불경'이나 시주자의 이름을 적은 '복장 유물'이었을 것으로 보인다. 일설에는 정약용의 『목민심서(牧民心書)』였을 것이라는 이야기가 있다. 유홍준은 『답사기』에서 단군 이래 가장 존경받을 만한 인물을 꼽는 조사를 한다면 아마도 단연코 1등이 다산일 것이라고 주장하였다. 그래서인지 동학농민혁명 당시 농민군 지도자 손화중이 선운사 마애불 배꼽에서 꺼냈던 비기가 정약용의 『목민심서』였을 것이라는 이야기가 있다. 『목민심서』는 월맹의 호치민(胡志明)이 부정과 비리의 척결을 위해서 반드시 읽어야 할 책이라고 했고, 전두환(全斗煥) 대통령도 해외순방 때는 비행기 안에서 반드시 읽었다는 그 책이다. 하지만 둘 다 확인되지 않는 믿기지 않는 이야기다.

손화중 피체지 '고잔리설'에 대한 검토

역사학자이자 종교학자인 안후상 박사의 연구에 따르면, 손화중은 이봉우의 고발로 체포된 것이 아니고 관군과 접전 끝에 붙잡혔을 것이라는 새로운 주장을 하였다. 그 주장에 상응하는 근거와 사료를 제시하였다.

「고창군 문화관광 홈페이지」에는 고창군 부안면 송현리 고잔마을의 '이씨재실' 즉 고잔리 재실을 손화중 피체지로 특정하였다. 이 내용은 최현식의 『갑오동학혁명사』에 기반하고 있다. 최현식은 손화중의 아들이라 자처한 손응수(孫應洙)의 구술을 중심으로 정리한 것이다. 그런데 손화중 피체 당시의 기록에 의하면 손화중 측의 상당한 저항이 있었고, 그 과정에서 손화중의 부하 2명이 총에 맞아 죽었다고 되어 있다. 손화중이 스스로 잡힌 것이 아니라는 대목이다. 손화중 피체와 관련된 가장 신뢰할 만한 기록은 『양호우선봉일기(兩湖右先鋒日記)』이다. 이 책에는 손화중의 피체지를 고부군 부안고면(富安古面) 수강산 산당이라고 되어 있다.

더욱이 의심스러운 것은 재실지기라 했던 이봉우는 1895년 기록에 관직에 있었다고 되어 있으며, 군공을 세웠다는 기록이 있다. 이로 보아 이봉우는 손화중을 붙잡은 공로로 증산군수가 된 것으로 본 것이다. 고려대학교 유바다 교수도 재실지기는 기본적으로 노비가 맡는다는 점에서도 기존 인식을 달리 할 필요가 있다고 주장한다. 이러한 여러 가지 정황을 감안할 때 손화중 피체지는 고잔리 재실이 아닌 고창군 부안(古)면 검산리에 있는 창내골 보는 것이 마땅하다는 게 그의 주장이다. 고면(古面)은 옛날 행정의 치소나 면의 중심지에 붙여지는 지명이다.

* 고잔은 대부분 '곶의 안쪽'에 있다 하여 '곶안'이라 하였다. '고잔'으로 발음하고 이를 한 자화하면서 고잔(古棧)이 되었다.

참고문헌

김은정 외, 『동학농민혁명 100년』(나남신서 389), 나남, 1995.

김재영, 「동학농민군 지도자 손화중이 꺼낸 비결과 1894년」, 『전북금강일보』, 2023년 11월 22일자.

(사)동학농민혁명계승사업회, 『최현식과 동학농민혁명사 연구』, 갈채, 2006.

안후상, 「갑오동학농민혁명 지도자 손화중의 피체지 재고」, 『정읍학』 제9호, 정읍학연구회, 2022.

안후상, 「손화중 피체지 및 이봉우에 관한 연구」, 『고창동학농민혁명 유적지의 새로운 이해』, 고창동학농민혁명학술대회, 고창군, 2023년 11월 15일.

안후상, 「손화중 피체지」, 『서남저널』, 2023년 10월 11일자.

유홍준, 『나의 문화유산답사기』, 창작과비평사, 1993.

최현식, 『갑오동학농민혁명사』, 신아출판사, 1980.

새롭게 밝혀진 태인 3·1독립만세운동과 일제의 탄압

3·1독립만세운동은 대부분의 지역에서 천도교와 개신교의 조직을 통해 일어났다. 전주는 기전여학교와 신흥학교 등 기독교 계통의 학교와 천도교의 연합으로 만세운동이 시작되었다. 군산 역시 기독교 계통인 영명학교 교사를 중심으로 만세운동이 전개되었다. 남원은 천도교가 주축이 되고 시민이 중심이 되어 일어났으나 김제 만경과 부안 줄포, 무주에서는 보통학교 학생들이 만세 시위를 전개하였다. 이에 반해 태인은 국상에 참여하기 위해 서울로 상경했던 김현곤, 송수연, 박지선 등이 호남출신 주요 인사들을 만나보고 만세운동이 촉발되었다는 특징이 있다. 태인은 만세운동에 앞서 일종의 행동대라 할 수 있는 '15인회'를 조직하고, 마을 주민 50여 명이 매일 밤 김달곤(金達坤)의 집에서 거사계획을 의논했다는 점에서 상당히 조직적이었음을 알 수 있다.

태인 3·1독립만세운동의 전개과정

1919년 3월 16일 태인 장날, 수천 명의 군중이 양손에 태극기를 들고 대한독립만세를 부르짖으며 시가행진을 했다. 일제경찰은 이 돌발적인 사태에 적절한 대처를 하지 못하고 주재소 문 밖으로 나오지 못한 채 공포탄만 쏘아댔다. 시위 군중들은 주재소를 때려 부수고 싶었지만 헌병들이 총을 난사하는 바람에 정면 충돌은 피할 수밖에 없었다. 날이 어두워지자 태인을 둘러싸고 있는 사방의 산에 올라가 봉화를 올리고 밤새 목이 쉬도록 대한독립만세를 불렀고 '왜놈들은 물러가라'고 외치면서 석유를 묻힌 솜방망이에 불을 붙여 주재소 안으로 던지기도 했다.

태인 3·1독립만세운동의 참가자와 재판 결과

태인에서는 전통적으로 김해 김씨와 태인 시씨, 일재 이항(李恒)의 후손들인 성주 이씨가 토호로 군림했다. 소재지에서는 여산 송씨와 김해 김씨가 주도권을 다투었다. 이들이 바로 지역 내 정치와 행정을 좌우하는 유지들로 지역사회를 이끌어가는 세력이자 3·1독립만세운동의 주도 세력이었다. 이는 동족마을의 일족들을 만세운동에 일시적으로 끌어들일 수 있다는 점에서는 긍정적일 수 있으나 반대로 동족이라는 폐쇄성으로 인해 오히려 인접 지역과 연대 내지 통합운동을 추진하지 못했다는 한계가 지적될 수 있다. 인접 지역인 지금의 칠보면 일대에서 태인 제일의 명문가로 성장했던 도강 김씨들과 연대를 이루지 못했기 때문이다.

태인지역 3·1독립만세운동으로 정읍검사국에 피체된 인원은 총 25명이다. 주모자인 송수연(宋洙淵)은 징역 2년을, 김현곤(金玹坤)은 1년 6개월을 선고받았다. 이들이 지역 내 여산 송씨와 김해 김씨를 대표한 것으로 보인다. 참가자 중 송수연을 비롯한 송한용, 송진상, 송영근(가수 송대관의 조부), 송문상, 송근상(송문상의 친형), 송순용(이상 7명) 등이 여산 송씨이고, 김현곤, 김부곤, 김달곤,

김진근, 김진호, 김승권(이상 6명) 등은 김해 김씨 집안이다.

태흥리에 주소를 둔 김진근은 5마지기를 경작하는 소농으로 넉넉하진 않았지만 그렇다고 아주 가난한 살림살이는 아니었다. 아들인 김완수가 한때 천도교당을 관리했다는 것으로 보아 태인 지역도 만세운동이 전개되는 과정에서 천도교와 긴밀한 관계가 있었던 것으로 추정된다. 실제로 3·1독립만세운동 당시 김제 지역 천도교구장이었던 공문학(孔文學)이 큰며느리(長子婦)의 친정아버지인 천도교 정읍교구장 이성하(李成夏)와 밀약하여 교인들을 중심으로 독립사상을 고취시키고자 했다는 것이 밝혀졌기 때문이다.(공순악 묘갈명)

최고령자는 태인 궁사리에 주소를 둔 윤상홍(尹尙弘)으로 만세운동 당시 70세의 고령이었다. 현대의학으로 치면 90세가 넘는 고령이다. 증손자인 윤대식(尹大植)의 이야기에 따르면 증조부의 사진과 천도교당의 직첩이 새겨진 임명장이 있었으나, 수년 전 수해로 망실되었다. 윤상홍은 천도교 신자로 동학농민혁명에 참여했을 뿐만 아니라 3·1독립만세운동에 주도적으로 참여한 사실이 확인되었다.(이진우) 그럼에도 구류 20일이라는 미미한 처분 때문인지 독립유공자로 지정받지 못했다. 후손들은 윤상홍이 당시로서는 상당한 고령이었기 때문에 처벌이 가벼워진 것으로 보고 있다. 이에 반해 최연소자는 옹동면 매정리에 주소를 둔 김승권(金勝權)으로 당시 나이 18세였다. 요즘 성년에 준하는 나이였던 만큼 행동대 역할을 했을 것이다.

만세운동 참가자들의 재판 결과를 종합해보면 형을 받았거나 집행유예, 태형을 받은 자, 2심에서 무죄를 받은 사람들도 대통령 표창을 받거나 애족장 등의 훈격이 주어졌으나 구류를 산 사람들은 지금까지 독립운동의 공적을 인정받지 못하고 있다. 하지만 일제가 만세운동의 혐의자를 구속하고 조사하는 과정에서 갖은 협박과 고문을 했다는 사실은 다 알려진 사실이다. 억지 자백을 하지 않으면 무자비한 폭행을 당했을 뿐만 아니라 검찰과 헌병의 무차별 검속으로 구속된 사람들에게까지도 감내하기 힘든 가혹한 고문을 자행했다. 이 같은 전후 사정을 고려해 볼 때 형을 받지 못했다 해서 유공자로 지정받지 못하는 국가보훈처의 기준은 재고되어야 할 것이다.

특히 태인독립만세운동의 주모자일 뿐만 아니라 선봉에 섰던 송수연은 재판 결과 2년형을 받았음에도 불구하고 현재 독립유공자로 지정받지 못하고 있다. 민족대표 33인 중의 한 분이었던 박준승(朴準承) 선생이 2년 형을 받은 뒤 건국 공로훈장이 추서된 것과 대비된다. 물론 민족대표에 서명하는 것만으로도 다시 살아 돌아올 수 없을 것이라는 각오를 해야 만이 가능했던 만큼 지역의 만세시위 주동자와 그 위격을 비교할 수 없는 것이지만 형을 받은 것 자체만 놓고 본다면 대비되지 않을 수 없는 일이다.

태인 3·1독립만세운동의 의의

태인독립만세운동은 단순히 만세시위로 끝난 것이 아니라 식민통치의 말단기관인 경찰주재소와 면사무소 앞에서 공격적인 시위를 했다는 점에서 태인 면민들의 투쟁성을 엿볼 수 있다. 일제의 무단통치하에서 죽을 각오가 없었다면 행동으로 옮기기 어려웠을 것이라는 점에서 그렇게 해석할 수밖에 없다. 뿐만 아니라 시가지 시위운동에서 산상시위로 운동의 형태를 바꿔가면서 밤낮을 가리지 않았다는 점에도 특징이 있다. 또 만세운동에 참여했던 송한용과 박지선은 항쟁 이후에도 상해임시정부 연락책인 국창현(菊昌鉉)과 긴밀히 연결되어 군자금을 모집함으로써 독립운동을 지속적으로 전개했다는 데에 의의가 있다. 김진호(金鎭浩) 역시 독립만세운동으로 태(笞) 90도(度)형을 받은 뒤에도 임정 파견원들과 연락하면서 군자금 모집에 종사하였다. 뿐만 아니라 태인은 3월 23일에 전개된 정읍독립만세운동에도 일정한 영향을 끼쳤다. 이렇게 보는 이유는 태인의 두 청년이 정읍독립만세운동을 주도했던 이익겸(李益兼)과 박환규(朴桓奎)를 통해 얻은 군자금을 상해임시정부에 전달했다는 점에서 정읍지역의 애국지사들과 이미 긴밀히 연결되어 있었다고 보기 때문이다. 또 태인에서 시위를 주도했던 인물들이 잡혀 정읍헌병대로 이송되는 과정을 정읍시민들이 목격하고 자극을 받았을 것이기 때문이다.

태인 3·1독립만세운동, 어떻게 기념할 것인가

태인 3·1독립만세운동은 100주년이 지난 시점에도 현창사업은 고사하고 모의 장소였던 한정자에만 안내문이 있을 뿐 거점이었던 읍원정에는 표식조차 없는 실정이다. 만세시위 현장인 구 태인면사무소 부근과 태인을 둘러싸고 있는 성황산, 항가산, 무극대도 터(無極大道, 태극도와 대순진리회의 전신), 미륵불교 본부, 태인향교 등지를 연결하는 독립운동 답사코스를 개발하는 일이 시급하다. 특히 송명섭 막걸리양조장 옆이 저자거리로 이곳에서 만세운동이 시작되었다. 또 피향정 함벽루에서 현 태인교회 앞까지가 옛날 저자거리로 1980년대까지 반짝시장이 열렸던 곳이다. 새벽교회의 종소리가 울리면서 장이 열리고 해가 뜨면서 장이 마무리되었다. 이때까지도 각자 필요한 물건을 서로 바꿔 쓰는 물물교환의 풍속이 여전히 이루어졌다. 태인우회도로가 끝나는 지점에는 한국선불교의 중시조격인 송만공(宋滿空) 스님의 생가 터가 자리하고 있고, 읍원정 주변 대나무밭에는 태인3·1독립만세운동의 주모자인 송수연이 세운 관왕묘가 있었다. '도챙이고개'는 동학농민혁명 당시 마지막 전투였던 항가산 전투가 있었던 곳이다.

최근 3·1독립만세운동에 대한 역사적인 재평가 작업이 이뤄지고 있다. 대한민국의 정통성이 바로 여기에 있다는 주장과 함께 민중이 민족해방운동의 주체가 되었다는 의의에 더해 독립운동이라는 성격 외에도 민란(?)의 성격을 함께 지니고 있다는 평가도 나왔다. 또 유관순 열사가 1962년에 받은 건국훈장 독립장(3등급)이 2019년 3·1절을 맞이하여 건국훈장 대한민국장(1등급)으로 격상 서훈되었다. 또한 3·1운동은 '혁명'으로 불러야 한다는 주장이 제기되고 있고, 여성독립운동가 발굴에 정부와 관계기관이 앞장서고 있다. 이러한 추세에 맞춰 앞으로 독립운동 사적지를 태인의 명소로 가꿀 수 있는 방안을 모색하고, 참여자 가운데 관련 기록이 입증되지 못해 유공자로서 합당한 예우를 받지 못하는 사람들을 위한 대책도 함께 수립해야 할 것이다.

정부에서는 독립유공자 후손들에게 자긍심을 심어주고 시민들에게 100년 전 그분들의 숭고한 뜻과 독립정신을 선양하는 방법의 하나로 유공자 집에 표식을 달아주는 작업을 권장하고 있다. 2019년 현재 태인에 거주하는 3·1독립만세운동 유족으로는 김달곤의 손부인 전정자와 김진근의 자부 문막동, 윤상홍의 증손 윤대식, 김부곤의 딸 김금숙 등이 있다.

참고문헌

국가기록원 독립운동 판결문.
김재영, 「일제강점기 정읍지역의 민족운동과 사회운동」, 『정읍학』 창간호, 2014.
김재영, 「일제강점기 태인 3·1독립만세운동의 전개과정과 그 의의」, 3·1독립만세운동백주년기념학술대회, 정읍시, 2019.8.17.
김재영, 「일제강점기 전라북도 김제지역의 민족운동」, 김제 출신 구국운동 인물 재조명 심포지움, 김제시, 2023.
이준화 기자, 「태인3·1만세운동 유공자·유족 명예회복 노력을」, 『정읍신문』, 2019년 3월

　　　26일자.

이진우, 「태인 출신 독립운동가, 윤상홍 선생의 활동 조명」, 『전라북도와 정읍, 근대의 시
　　　작을 엿보다』, 정읍역사문화연구소 제3차 학술대회 논문집, 2017.

전북지역독립운동추념탑건립위원회, 『전북지역독립운동사』, 1994,

최현식, 『정읍항일운동사』, 정읍문화원, 1994.

『증보 정읍시사』 상권, 신아출판사, 2010.

「송진우 선생과 15인회, 정읍 박지선(71세)」, 『신동아』, 1965년 3월호.

성기에 못 박히고 양 손바닥에 대못 박히는 고문 당해

송진우 선생과 15인회, 정읍 박지선(71세)

우리 집은 대대로 태인泰仁에서 농사짓고 살아왔다. 내 나이 스물일곱 나던 해 2월에 고종황제高宗皇帝가 돌아가셨다. 3·1운동 직전 북간도北間島를 거점으로 활약하던, 조선독립군朝鮮獨立軍의 연락원인 박동길朴東吉씨를 따라 친구 김현곤金炫坤·송수연宋洙連과 함께 나는 국상國喪에 참여하러 서울로 올라갔었다. 서울에서 김성수金性洙·송진우宋鎭禹 선생을 만나 뵐 기회가 있었는데 그때 송진우宋鎭禹선생께서 이런 말씀을 하셨다.

『이러고 있을 때가 아닙니다. 빨리 고향으로 내려가 나랏일을 하시오』

이것은 3·1운동運動의 거사擧事를 넌지시 시사示唆하시는 말씀이었다. 우리 고장에서도 궐기할 것과 그 사전운동事前運動을 우리가 맡아 해달라는 부탁이었다. 뒤이어 우리는 여러 사람을 만났고 서울에서 인쇄한 태극기太極旗와 독립선언서獨立宣言書 수천 장을 박아 귤 궤짝에 꾸려서 서울역驛에서 기차 편으로 부친 다음 몸만 먼저 내려와 정읍역井邑驛에서 이 수하물手荷物을 찾아가지고 고향인 태인泰仁으로 들어왔다.

김현곤金炫坤·송수연宋洙連, 그리고 나와 또 한 사람의 동지同志인 송한용宋漢鏞등 넷은 의논 끝에 항일독립만세운동抗日獨立萬歲運動을 목적으로 한 「십오인회十五人會

」를 조직했는데, 그 명단은 김현곤金炫坤(회장), 송한용宋漢鏞, 송진상宋鎭相, 오석홍吳錫興, 송영근宋榮根, 김진호金鎭皓, 유치도柳致道, 김순곤金淳坤, 송덕봉宋德奉, 김진근金鎭根, 백복산百福山, 김용안金龍安, 최민식崔民植, 김부곤金富坤, 그리고 나까지 열다섯 사람이었다. 지금은 이 중 열세사람이 다 작고作故했고 송한용宋漢鏞씨도 3·1운동運動 전까지는 물려받은 토지土地도 있고 해서 농사農事도 많이 짓고 있었다. 당시 3·1운동運動 직전에 만주滿洲 북간도北間島를 거점據點으로 활약하던 조선독립군朝鮮獨立軍의 연락원連絡員이었던 박동길朴東喆이란 이가 있어서 우리를 도와주었다.

우리가 「십오인회十五人會」를 조직하면서부터 거사擧事에 들어가기 전까지는 한오십五十여명되는 동네 사람들이 늘 김달곤金達坤씨의 집에 모여 놀았는데 거사모의擧事謀議도 그 집에서 했다. 그리고 우리 「십오인회원十五人會員」들은 밤마다 각 촌락을 돌아다니면서 농민農民들에게까지 연락을 취하여 음력 2월 보름날 일제히 봉기할 수 있게 하였다. 거사擧事 며칠 전부터 당시 군청郡廳 서기書記로 있던 회장會長 김현곤金炫坤 씨가 군청郡廳에서 인쇄기印刷機를 훔쳐 내어 송한용宋漢鏞씨 집에서 태극기太極旗와 독립선언서獨立宣言書를 수천 장 찍어 냈지만 그래도 모자랐다. 나는 그때 총무總務 책임을 맡아 각 지방 동지들에게 인쇄물印刷物을 전달하는 한편 일본헌병日本憲兵들의 동태動態를 파악하기에 힘썼다.

음력 2월 15일은 태인泰仁 장날이었다. 미리 연락 조직된 각 부락 농민들과 장꾼들 수천 명이 태인泰仁 장터에 모여들었다. 우리 열다섯 사람은 3조組로 나누어 교대로 장터 군중 속으로 뛰어 들어가 큰 소리로 독립선언서獨立宣言書를 낭독하고 태극기太極旗를 나누어 주었다. 수천 명 군중은 양손에 태극기太極旗를 높이 들고 대한독립만세大韓獨立萬歲를 부르짖으며 거리로 몰려나와 요새 말로 시위행진示

威行進을 했다. 일본헌병日本憲兵들은 이 돌발적인 사태事態에 너무나 놀랐던지 주재소駐在所 문밖에도 나오지 못하고 안에서 공포空砲만 쏘아 댔다. 그래서 우리 만세군중萬歲群衆은 이리 몰리고 저리 몰려가며 함성喊聲을 지르면서 주재소駐在所 앞에까지 당도했다. 헌병憲兵들이 들어 있는 주재소駐在所를 때려 부수고 싶었지만, 워낙 총질이 심한 통에 정면충돌은 피할 수밖에 없었다.

날이 어두워지자 우리는 태인읍泰仁邑을 둘러싸고 있는 사방의 산山에 올라가 봉화烽火를 올리고 밤새껏 목이 쉬도록 대한독립만세大韓獨立萬歲를 불렀고 『왜놈들아 물러가라』고 외치면서 석유石油를 뿌린 솜방망이에 불을 붙여서는 주재소駐在所 안으로 던지기도 했다.

다음날 새벽 수 백 명이나 밀어닥친 일본증원병日本增援兵들에게 우리는 전원全員 꼼짝없이 체포되었다. 우리 열다섯 사람은 물론이고 많은 농민도 개처럼 끌려갔고 뒤이어 정읍군井邑郡 전역全域에는 체포 선풍이 일어났다.

체포된 후 나는 다른 동지들보다 유독 더 심한 고문을 당했다. 내가 총무總務 직책을 맡았다는 이유로 일본헌병日本憲兵들은 내게 각처의 조직 및 연락 맡은 사람들의 이름을 대라는 것이었다. 나는 죽기를 각오하고 그들의 이름은 입 밖에 내지 않았다. 놈들은 내 두 손바닥에 일주일 동안이나 못을 박아 두었는데, 그 흉터가 지금도 그대로 남아 있다. 다음에는 손가락 끝에 대竹심지질을 하고, 심지어는 성기性器에 못을 박아 넣기까지 했다. 후로 나는 자손子孫을 볼 수 있는 능력能力이 없어졌다. 모진 목숨은 그래도 죽지 않아 군산群山 형무소에서 1년간 징역懲役을 살고 나왔다.

그때 같이 잡혔다가 지금까지 살아 있는 송한용宋漢鏞씨도 일본헌병日本憲兵놈들에게 말로 표현할 수 없는 고문拷問을 당해 몇 번이나 까무러쳤는지 모르며, 손바닥에 못을 박거나 손가락을 불로 지지는 고문을 당한 것도 나와 같았으며, 그래서 그는 지금도 비가 오려고 날이 흐려지면 전신이 쑤신다고 한다. 그는 6개월간이나 정읍헌병대井邑憲兵隊 유치장에 있다가 징역懲役 1년 선고宣告를 받고 역시 군산형무소群山刑務所에서 형기刑期를 마쳤다.

다른 동지들도 최저 6개월 내지 최고 1년 6월까지의 선고宣告를 받아 각각 징역을 살고 나왔다. 징역을 살고 나와서도 우리는 조금도 후회하지 않았으며 기회만 있으면 또 할 생각이었다.

형무소刑務所에서 나와 보니 내 아내는 뺨을 얼마나 맞았는지 이가 다 빠져 버렸다. 나도 손이 병신이 된데다 성불능자性不具者가 되어 형무소에서 나온 후로는 아내는 애기를 못 낳는 것을 퍽 애석해했다. 기미년己未年전에 난 아들 맹猛은 6·25 당시 일선一線에서 전사戰死했다. 송한용宋漢鏞씨 부인도 일본헌병日本憲兵놈들한테 참혹하게 얻어맞아 골병이 들어 늘 병석病席에 계시다가 해방解放이 되자 이내 별세別世했다.

우리는 집에 돌아와서도 요시찰인명부要視察人名簿에 올라 단 십리十里도 마음대로 출입出入할 수가 없게 되었다. 만일 신고申告를 안 하고 출입出入을 하는 경우에는 당장에 곤장을 맞았다. 이때 상해上海 임시정부臨時政府에서 국창현鞠昌鉉이란 분이 극비밀리에 군자금軍資金을 모아 보내는 일을 우리 평생平生의 업業으로 삼기로 작정하였다. 나는 국창현鞠昌鉉씨를 뒷산에 숨겨 두고 끼니때는 밥을 몰래 날라다 주었다. 송한용宋漢鏞씨랑 같이 밤마다 돌아다니면서 칠천七千원 돈을 거두어주고 그가 떠날 때는 회장會長 김현곤金炫坤씨와 함께 의주義州까지 호송해주었다. 당시에는 가끔 한밤중에 마치 걸인乞人같은 모습으로 우리를 찾아오는 상해 임시정부上海臨時政府 連絡員연락원이 있었는데 우리는 태인泰仁 금구金溝, 정읍井邑, 영원永元 고부古阜, 줄포茁浦, 무장茂長 등으로 재산 있는 동지들을 찾아 군자금軍資金을 모아 보냈었다. 이 중 영원면永元面의 나홍균羅鴻均씨는 한 번에 일천원一千圓이라는 큰돈을 희사한 적도 있었다.

나홍균羅鴻均씨는 당시 팔천석八千石을 추수秋收하는 부호富豪로서 그의 동생 나용균羅容均(現現 국회부의장國會副議長)씨가 임시정부臨時政府의 전북대위원全北代議員으로 있어 그렇기도 했겠지만 송진우宋鎭禹선생의 소개로 여러 차례에 걸쳐 전주全州와 인천仁川에 있던 미국美國 천주교인天主敎人편에 십만원十萬圓이상이나 군자금을 보냈었다 한다. 그는 군자금을 계속 보내기 위해서「선만물산주식회사鮮滿物産株式會社」라는 회사조직會社組織을 발기發起하다 일본헌병日本憲兵에게 체포되어 10여 일간 유치留置되어 있었다. 하지만 왜놈들은 그에게 동생과 연락連絡 유무有無만을 조사調査했을 뿐 그가 아무리 조선인朝鮮人이라 할지라도 부자富者이기 때문에 별 체형體刑은 가하지 못했다. 그들은 그만큼「부富」를 숭배했던 것이다.

우리는 이 밖에도 정읍井邑의 이익겸李益謙·박환규朴渙奎씨에게서도 많은 군자금을 얻어 내었다. 국창현鞠昌鉉씨를 의주義州까지 호송하고 난 후, 나는 함북아오지咸北阿吾地에 머물러 김수환金洙桓이라는 동지同志를 만나 역시 군자금을 모금해서 주었는데, 이 군자금軍資金이 이청천李靑天장군에게 전달되었다는 소식이 왔을 때는 한없이 기뻤다.

『신동아』, 1965년 3월호.

한국유림단독립운동 '파리장서'와 정읍·고창

　2019년은 일본 동경에서 있었던 2·8독립선언과 국내 3·1독립만세운동, 한국유림단독립운동 파리장서 사건(기미유림단 사건), 상해 임시정부 수립, 의열단(義烈團) 창립 100주년이 되는 뜻 깊은 해이다. 앞의 네 가지 역사적 사건이 서로 연관되어 있고, 모두 정읍·고창과 밀접한 관련이 있다. 2·8독립선언에서 개회선언을 한 고창 성내 출신의 백남규(白南奎)는 유학생 회장으로 사전 조직에 큰 역할을 하였고, 대회 총수 격인 역시 고창 출신인 백관수(白寬洙)는 '조선청년독립단장'으로 독립선언문을 낭독하였다. 이때 배후에서 거사자금을 조달하는 데 큰 역할을 한 사람은 정읍 출신 나용균(羅容均)과 김제 출신의 정노식(鄭魯湜)이었다.

　3·1독립만세운동에서는 박준승(朴準承, 정읍 산외) 선생이 민족대표 33인의 한 사람으로 서명하였다. 파리장서에서는 고창의 고석진(신림)·고순진(신림)·고예진(흥덕)·고제만(성내) 선생 등이 서명했고, 정읍에서는 면암 최익현 계열인 김양수(金陽洙, 소성) 선생이 서명하였다. 보천교(普天敎)에서는 5만 원의 독립운동자금을 상해임시정부에 전달하였고, 고창에서는 백관수(白寬洙)와 이휴열(李休烈) 등이 중심이 된 '흥동장학회(興東奬學會)'에서 독립운동 자금을 조달하

였다. 그런데도 이 네 가지 사건 가운데 파리장서 사건은 우리 지역에 거의 알려지지 않았다.

파리장서(巴里長書)운동

파리장서는 3·1독립만세운동에 민족대표로 참여하지 못한 것을 안타깝게 여긴 유림들이 파리강화회의에 독립탄원서를 보내려다 발각된 사건이다. 파리장서운동은 한일합방이 강제로 체결되고, 고종황제가 일제에 의해 시해된 데다 국제적으로는 민족자결주의와 자유민주주의 사상이 확산되어 가던 시점에서 유림들이 한국의 독립을 국제사회에 청원한 것이다. 주요 내용은 일제의 침략을 규탄하고, 문명국가로서 반드시 독립할 것이라는 의지를 나타내면서 한국의 독립을 세계만방에 호소하는 것으로 되어 있다.

'한국유림독립운동' 또는 '유림단 1차 사건'이라고 불리는 파리장서에 영남 110명, 호서 17명, 호남에서는 10명이 서명하였다. 이와 같이 호남에서 파리장서에 서명한 유림이 십여 명에 불과한 것은 동학농민혁명으로 인해 많은 사상자가 나온데다 3·1독립만세운동 직후 일제의 감시가 삼엄하여 서명을 서둘러야 했기 때문이다.

파리장서운동의 전개

파리장서운동은 일제가 유림의 이름을 몰래 사용하여 일본정부에 독립을 원치 않는다는 이른바 '독립불원서(獨立不願書)'를 제출한 것이 결정적인 원인이었다.

즉 일제는 이완용(李完用)을 정당 대표로, 김윤식(金允植)을 유림대표로 하는 '독립불원서'를 거짓으로 꾸며 일본 정부에 제출케 한 것이다.

파리장서운동을 추진한 세력은 곽종석(郭鍾錫)을 필두로 하는 경상도의 김창숙(金昌淑, 성균관대학교 설립자 겸 초대학장) 계열과 충청도의 김복한(金福漢) 계열이었다. 곽종석과 김창숙 계열은 지방의 이름 있는 유림의 문하에서 성리학과 위정척사론을 공부한 인물들이었다. 호남은 주로 최익현(崔益鉉) 계열의 제자들이었다. 이들 영호남의 유림들은 국권상실 이전에는 의병운동과 계몽운동에 참여하였고, 일부는 만주와 연해주 일대에 독립운동 근거지를 개척하려고 시도했던 사람들이었다.

파리장서에 서명한 고창 출신 유생들

파리장서에 서명한 최익현의 제자들은 총 일곱 명으로 서명자는 고석진·고순진·고예진·고제만, 김양수, 백관형, 유준근 등이었다. 이중 충남이 두 명(백관형·유준근)이고 전북 고창이 네 명(고석진·고순진·고예진·고제만), 정읍이 한 명(김양수)이다. 이들은 1906년 최익현의 병오창의(태인의병)에 참여하고 1914년 독립운동 단체인 독립의군부에도 가담했다는 공통점이 있다. 파리장서에 서명한 고창과 정읍출신 유생들은 다음과 같다.

고석진(高石鎭, 1856~1924)은 자는 정여(貞汝), 호는 수남(秀南), 본관이 장흥(長興)이다. 1856년 고창군 신림면 가평리에서 태어났다. 일찍이 면암 최익현의 문하(門下)에서 공부하였다. 을사늑약이 체결되자 국권을 회복시키기 위해 형 용진, 먼 친척인 예진, 항렬이 조카뻘 되는 제만 등과 의논하여 면암을 모시고 의병을 일으켰다. 의병창의가 실패로 돌아간 뒤 스승과 함께 대마도에 갇혀 4개월 동안 견딜 수 없는 고생을 치렀다. 대마도에서 풀려난 뒤 1912년 임병찬(林秉瓚)과 함께 독립의군부를 조직하고, 참모총장의 무거운 책임을 맡아 동지규합에 온 힘을 기울이면서 전라남북도의 조직을 끝냈다. 1977년 건국훈장 애국장이 추서되었다.(이기화, 『고창충의사』)

고순진(高舜鎭, 1863~1938)은 호가 만취(晚翠), 이명으로 의경(義卿), 낙진(洛鎭)이 있다. 1863년 고창군 신림면 종송리에서 태어났다. 일찍이 면암 최익현의 밑에서 공부하고 외부주사(外部主事)가 되었다. 을사늑약이 체결되자 동생 예진과 함께 격문 200매를 만들어 전국에 배포하였다. 면암의진에 조총과 군자금을 제공하고, 1919년 파리장서에 서명하였다.(이기화, 『고창의 맥』)

고예진(高禮鎭, 1875~1952)은 자가 계문(季文), 호는 송천(松川), 본관은 장흥이다. 1875년 고창군 신림면 송암리에서 태어났다. 을사늑약이 체결되자 임병찬·고석진·고용진·최제학·고제만 등과 함께 면암 최익현을 모시고 무성서원에 '호남의병창의소'를 설치하였다. 이때 연락·동원책으로 활동하였다. 1913년에는 임병찬·고석진 등이 중심이 된 독립의군부의 총무국 서기관으로 활약하였다. 1919년 독립만세운동이 터지자 '독립고유문(獨立告由文)'을 지어 전국 유림에게 배포하였고, 이후 파리장서에 서명하였다. 이 일로 서대문형무소에 갇혀 8개월 동안 옥고를 치렀다. 이후 상해 임시정부에 군자금을 보내기도 하고, 방호정사(方壺精舍)에서 후학을 양성하는데 심혈을 기울였다. 1928년 고순진의 지원을 받아 신림면 가평리에 도동사(道東祠)를 세우고, 면암의 영정을 모셨다. 뒤늦게 1977년이 되어서야 정부로부터 건국훈장 애국장이 주어졌다.(『송천집』)

고제만(高禮鎭, 1860~1942)은 자가 치범(致範), 호는 죽계(竹溪)로 1860년 8월 20일 고창군 성내면 월산리에서 태어났다. 1906년 최익현의 병오창의에 가담하고 실패한 뒤에는 임병찬이 조직한 대한독립의군부의 총무국 종사관으로 활동하였다. 1919년에는 고석진·고예진·고순진과 함께 파리장서에 서명하였다. 1921년 체포되어 군산형무소에서 복역하던 중 혹독한 고문과 옥중생활의 여독으로 중병을 앓다가 1942년에 순절하였다. 1990년 정부로부터 건국훈장 애국장을 추서받았다.(『송천집』)

정읍 출신 김양수 선생의 서명과 활동

김양수(1849~1930, 金陽洙)는 이름이 후일(後一), 또는 성문(性文)이다. 호는 유재(柳齋), 본관이 김해(金海)다. 1849년 정읍시 소성면 애당리 두암마을에서 태어났다. 주역(周易)에 통달하여 천문·지리·황극(皇極)·산술·병서 등에 조예가 깊어 '술사(術士)'로도 널리 알려졌다. 1905년 을사늑약이 체결되자 동지규합에 어려움을 느끼고 있는 최익현을 찾아 거사를 모의하였다. 이들은 격문을 작성하여 8도에 배포하고 12월 충남 노성에서 각지로부터 모집된 7백여 명과 함께 의병을 일으켰다. 김양수는 송천 고예진으로부터 의병 참여를 권유받고 의병에 가담하였다. 2001년 5월에 건국포장이 주어졌다.

파리장서운동의 역사적 의의

3·1독립만세운동이 일제와 국내에 한정된 것이라면 파리장서는 일제의 침략상을 세계만방에 알리고, 한국의 독립을 국제적으로 호소했다는 데에 의의가 있다. 여기에 정읍과 고창지역 유림들이 참여했다고 하는 것은 지역민들의 자긍심을 충족시키기에 충분하다. 고창에서는 고석진·고순진·고예진·고제만 등이 서명했고, 정읍에서는 유일하게 면암 최익현 계열인 소성 출신 김양수(金陽洙)가 서

명하였다. 이들은 1906년 최익현의 태인의병(병오창의)에 가담했다가 실패하자 1914년 임병찬(林秉瓚)이 조직한 대한독립의군부에 모두 참여하였다. 이 같은 정읍과 고창지역 유림들의 활동으로 우리는 의병이 독립군으로 전환하게 되었음을 다시 확인하게 된다.

참고문헌

김봉곤, 「호남지역의 파리장서운동」, 『한국독립운동사연구』 제50집, 독립기념관한국독립운동사연구소, 2015.

김재영, 「한국유림단 독립운동, 파리장서와 김양수」, 『한국민족운동사와 정읍』, 도서출판 기역, 2019.

김재영, 「한말 호남인재 양성의 산실, 영주정사와 영학숙」, 『서남저널』, 2020년 2월 26일자.

김재영, 「한국유림단 독립운동 파리장서와 정읍·고창」, 『서남저널』, 2020년 3월 25일자.

서동일, 「파리장서운동의 역사적 의의」, 『파리장서 독립운동 약사』, 2014.

이기화 편저, 『고창의 맥』, 미래문화사, 1991.

이기화 편저, 『고창충의사』, 신아출판사, 2001.

한국유림독립운동파리장서비건립추진위원회, 『송천집』, 2016.

통합되어야 할 고창과 정읍지역 근현대사의 공통점

1919년 3·1독립만세운동의 기폭제 역할을 했던 일본 동경유학생들의 2·8독립선언에서 전북 출신, 특히 고창과 정읍 출신 유학생들의 역할이 컸다는 사실을 아는 사람은 드물다. 개회 선언은 고창 성내 출신의 유학생 회장 백남규(白南奎)가 맡았고, 역시 성내 출신의 조선청년독립단장 백관수(白寬洙)는 독립선언문을 낭독하였다. 이때 거사 자금 조달은 정읍 영원면 출신의 나용균(羅容均)이 맡았다.

전라북도 지방문화재로 지정된 고창 성내면 양계리의 흥동장학당(興東奨學堂)은 1914년 독립운동 자금을 마련하기 위해 백관수·백낙윤이 조직한 단체로 일제 강점기 독립운동과 독립운동 자금조달, 육영장학을 사업목적으로 하는 단체였다. 여기에 나용균의 형이었던 나홍균도 독립자금을 조달한 것으로 기록되어 있다.

한국유림단 독립운동인 파리장서엔 최익현(崔益鉉)의 학맥으로 밝혀진 고창 출신의 유학자 고석진, 고순진, 고예진, 고제만 등이 참여하였고, 이들은 모두 무성서원에 있었던 태인의병에 가담한 인물들이었다. 정읍에서는 소성 출신의 김양수(金陽洙)가 유일하게 파리장서에 서명하였다. 현재 고창에는 새마을공원에, 정읍은 정읍사공원 내에 파리장서기념비가 서 있다. 이들은 1906년 모두 병오창의에 참여하고 이후 독립의군부에도 가담하였다.

그 뒤 고석진은 1928년 고창 신림면 가평리에 그가 후학을 가르치던 방호정사(房壺精舍)가 있던 자리에 도동사(道東祠)를 건립하고, 사당에 면암 최익현을 중심으로 파리장서에 서명했던 고석진과 고예진, 그리고 고영진 등의 위패를 안치하였다. 현재 도동사는 현충시설로 지정되어 있고, 고창군 향토문화유산 제3호로 지정 관리되고 있다.

1923년 8월 4일 장날에는 백정들의 조직인 형평분사가 고창에도 조직되었다. 저울(衡)처럼 공평(平)한 세상을 만들어보자는 것이 그들이 내건 구호였다. 고창군 부안면 중흥리에서 흥덕과 부안의 형평분사 창립총회가 개최되었다. 당시 전라북도 지사장이었던 전주의 권두호(權斗浩)의 규칙통과와 신인명(申仁明)의 취지 설명이 있은 후 임원선거가 있었다. 이때 분사장에 조홍술(趙弘述), 총무 김종수(金鍾守), 재무 임준성(任俊成), 서기 김종기(金鍾基)를 선출하였다. 일제강점기 고창은 군내 하거리에 20여 명 정도의 백정들이 살고 있었다. 이는 형평운동을 수행할 인적자원의 부족을 의미한다. 따라서 정읍이 인근지역 분사의 중심 역할을 했을 것으로 추정된다. 정읍은 분사 창립총회에서 정읍분사장 장두원과 고창분사장 김용진, 태인분사장 조학태를 동시에 선출하는 것으로 보아서 그렇다. 한편 보천교 창시자 월곡 차경석은 고창군 부안면 용산리 400번지에서 태어났다. 일명 '연기동'으로 부른다. 그의 나이 다섯 살 때 현재 정읍 입암면 대흥리로 이주하였다.

이 같은 공통점 외에도 정읍은 청동기 시대 대표적인 묘제인 고인돌(지석묘)이 1986년 지표조사에서 14개소 64기가 확인되었으며, 1990년대에는 20개소에서 82기가 분포하고 있는 것으로 조사되었다. 2006년 문화유적분포지도 작성과 추가로 확인된 고인돌을 종합한 결과 정읍지역에는 45개소 177기가 분포하고 있다. 이와 같은 수치는 고창에 이어 전북지역에서는 두 번째로 많은 분포를 보이고 있어 정읍은 고창과 함께 고인돌 문화의 중심지를 이루었을 것으로 추정된다.

여기에다 정읍과 고창은 삼국시대에 '고부군'이라는 같은 행정구역 안에 있었고, 근대에 들어서는 동학농민혁명의 두 지도자인 전봉준과 손화중과도 밀접한 관련이 있을 뿐만 아니라 현재 국회의원 선거구도 정읍·고창 선거구로 통합되어 있어, 지방도시가 소멸될 것이라는 전망에 앞서 진지한 통합논의가 있어야 할 것이다. 부안까지 통합된다면 더 큰 성장모델을 그려볼 수 있을 것이다. 자율통합의 성공모델인 마산·창원·진해가 통합되어 큰 진통 없이 2010년 '창원시'가 된 것을 참고할 필요가 있다.

일부에서 정읍은 순창과 함께, 김제는 고창, 부안과 통합되어야 한다는 주장이 있으나 이는 단순히 통합했을 때의 인구만을 기준으로 한 것으로 역사문화를 공유할 수 있는 공통분모가 없다는 점에서 통합의 어려움이 있을 것이다.

참고문헌

김재영, 「일제강점기 형평운동의 지역적 전개」, 전남대학교 박사학위논문, 2007.
김재영, 「호남인재 양성의 산실, 영주정사와 영학숙」, 『(사)정읍역사문화연구소 제7차 학술대회 논문집』, 2021.
김재영, 「인문학 특강」, 꽃두레행복마을센터, 2022.11.25.

대일항쟁기 전라북도 김제지역의 민족운동

　김제는 1914년 일제의 대대적인 행정구역 개편에 따라 김제, 만경, 금구의 3개 군이 통합된 지역이다. 이 같은 행정구역 통폐합 이후에도 생활권은 크게 달라지지 않았다. 시장이 김제, 만경, 원평 지역에 여전히 개설되어 있었고, 3·1독립만세운동도 김제, 만경을 중심으로 전개되었기 때문이다. 청년단체 또한 이들 지역을 중심으로 조직되었다. 백정들의 차별철폐운동인 형평운동(衡平運動) 역시 김제, 금구, 원평지역에 따로 조직되었다. 이와 같이 옛 지역의 생활권을 중심으로 사회단체가 조직되고 운동이 전개되었다.

김제지역의 사회경제적인 여건

　전라북도 서남부 지역인 김제, 정읍, 고창, 부안은 평야지대가 많아 일찍부터 동양척식회사나 불이홍업회사 등 일본인 토지회사와 일본인 대농장들이 막대한 토지를 소유하고 농민들을 약탈하였다. 그 가운데 김제는 일본인들에 대한 토지강점으로 농민층에 대한 분해가 가장 많은 지역이었고, 이로 인해 소작쟁의 또한 전라북도에서 가장 많은 건수를 기록하고 있는 지역이었다. 이러한 사회경제적인 여건이 김제지역 사회운동을 촉발시켰을 것이다.

1920년대 김제지역의 민족운동과 사회운동

　3·1독립만세운동의 경우, 김제는 1919년 3월 2일 김제읍 천도교구에 독립선언서가 전달된 것을 시작으로 교구장 공문학(孔文學)이 중심이 되어 그 방법을 논의했으나 일제가 이를 탐지하는 바람에 더는 진전시키지 못하였다. 전라북도에서 만세운동이 처음 터진 곳은 3월 4일 군산 옥구에서였다. 익산군 내에서는 3월 10일 여산의 산상시위에서 시작되었다. 이로써 볼 때 김제는 실패했으나 만세운동 초기에 움직임이 있었다는 것은 주목된다. 3월 20일에는 원평장터에서 청년 배세동(25세)을 중심으로 만세운동이 일어났고, 이에 김대희(19세)가 대한독립만세를 부르며 적극 호응하며 따라 나섰다. 만경에서는 4월 4일 만경장날 만경공립보통학교 학생들을 중심으로 일어났다. 이와 같이 대부분 장날에 만세운동이 일어난 것은 시위대가 장꾼으로 가장할 수 있을 뿐만 아니라 군중동원이 가능했기 때문이다. 일제의 삼엄한 감시하에서 사전에 조직적인 운동을 전개하기 어려운 상황에서 나온 방책이었다.

　1920년대에는 청년운동을 비롯한 학생운동, 노동·농민운동, 형평운동 등 각종 사회운동이 전개되었다. 청년운동의 경우, 김제는 천도교청년회와 기독교면려청년회, 기독교수양회와 같은 전국적 조직의 종교청년단체가 설립되어 활발한 활동을 전개하였다. 특히 천도교청년회는 천도교당을 지역 내 사회운동 단체의 회의장소와 노동야학 장소로 제공함으로써 일반 청년단체와 밀접한 유대관계를 유지하고 있었다. 한편 사회주의 성향의 '백산프로청년회'가 있었고, '김제여우회'라는 사회주의 여성단체가 있었으며 기독교면려청년회에서는 회계를 담당하는 간부를 여성으로 두고 있다는 점은 주목할 만하다. 이 당시 인근의 정읍과 고창, 부안 어느 지역에서도 사회주의 여성단체가 없었고, 사회단체의 간부를 여성이 담당하고 있는 경우가 보이지 않기 때문이다. 또 하나는, 김제청년회에서 벌인 사업의 대부분이 당시 전국적으로 이슈가 되고 있던 야학이나 토산품 장려 또는 금주금연 등의 문제를 시류에 맞게 전개하고 있다는 점이다.

노동운동의 경우, 김제는 미곡생산지라는 지역적 특성 때문에 역전에는 10여 개 소의 대형정미소(매갈이)가 있었다. 여기서 쌀에 섞여 있는 '뉘'를 고르던 선미노동자들은 생활비에도 미치지 못하는 품삯으로 인해 잦은 동맹파업이 있었다. 일제는 노동운동의 핵심인물을 검거하여 취조함은 물론, 여타 사회운동 간부들을 구속 취조하고 가택을 수사하는 등 노동운동을 탄압하였다. 또한 집회 자체를 원천봉쇄하기 위해 총회나 대회 자체를 금지하였다. 한편 일제강점기 김제는 전국 채금량의 30%를 차지할 정도로 사금(砂金) 채굴로 유명한 지역이었음에도 불구하고 금광을 중심으로 한 노동자들의 쟁의나 파업은 잘 확인되지 않는다.

김제지역 사회운동 가운데 가장 의미가 큰 것은 백정들의 차별철폐를 끊어내기 위한 형평운동이었다. 왜냐하면 형평본사에서 전국 각지에 지·분사를 설치하기 이전에 김제에서는 '서광회(曙光會)'라는 독자적인 조직을 만들었기 때문이다. 특히 김제노동조합원이었던 정석술의 활동은 그 의미가 크다. 당시 사상적으로 앞서 가던 지식인들과 기자들까지도 백정들에 대한 인식에 일정한 한계가 있었기 때문이다. 그는 백정 출신이 아니었으면서도 1925년 4월 25일 분사창립 2주년 기념식 축사, 1927년 4월 11일 김제분사 제1회 집행위원회 지방순회위원, 제2회 집행위원회에서는 의사진행을 주재하는 등 분사활동을 적극 지원하였다. 백정계급이 아니면서 형평운동에 가담했던 이들을 일러 '신백정'이라 비난하던 시기였다는 점을 우리는 주목해야 한다.

원평에는 동학농민혁명 당시 사용되었던 집강소(執綱所) 건물이 지금도 남아 있다. 이 건물은 백정 출신으로 원평에서 크게 돈을 번 '동록개(洞鹿介)'가 백정들도 사람대접 받고 사는 사회를 위하여 써달라고 원평접주 김덕명 장군에게 바친 것이다. 일설에 집을 지어 헌납했다는 설이 있고, 돈을 주어 그 돈으로 집을 지었다는 설도 있다. 또 해월에게 주었다는 설도 있고, 전봉준에게 주었다는 설도 있으나 관할구역인 김덕명 접주에게 주었다는 것이 맞는 듯하다. 실제로 동학농민혁명 당시 농민군 지도자인 김개남 장군이나 고창의 홍낙안이 거느리는 부대는 백정들이 포함된 천민들로 구성된 별도의 부대가 있었다.

원평 집강소 (사진: 정읍역사문화연구소)

그런데 동록개가 어떻게 해서 큰돈을 벌었는지에 대해서는 의문이다. 당시 백정들의 도축을 노동으로 인정하지 않았기 때문에 단순 도축만으로는 큰 자산을 모을 수 없었기 때문이다. 이들은 품삯 대신 소나 돼지의 부산물인 머리나 내장, 족(발) 등을 받아 요리를 만들어 생계를 유지해야 했다. 아무튼 이런 미담 때문인지 원평에서는 원주인인 백정 동록개를 '하촌아(下村兒)'라는 미칭으로 불렀다고 전해진다.(고 최순식 모악향토문화연구소장의 도움말. 2003년 11월 16일) 동록개는 '동네 개'라는 뜻이다.

집강소 건물은 일제강점기 금산면사무소로 이용되었고, 원평 천도교당으로도 이용되었다. 원평 형평분사(衡平分社) 창립 당시에는 식장으로도 이용되었다. 2000년대에는 원평택시 사무실로 사용되었다. 2017년 7월 7일 전라북도 기념물로 지정되었다.

아나키스트를 포함한 국내외 독립운동

김제 출신 독립운동가로 중국 봉천과 천진, 상해, 북경, 복건 등지를 오가며 해외에서 항일투쟁을 전개했던 아나키스트 정화암(鄭華岩)을 빼놓을 수 없다. 그는 중국에 혁명 근거지를 건설하기 위해 영정하(永定河) 개간사업을 통해 거기서 나오는 수익금으로 민족해방운동 자금과 독립운동가들의 생활비를 충당하고자 하였다. 그는 또 흑색공포단(BTP, Black Terrorist Party)의 일원으로 백정기 의사의 '육삼정 의거'를 모의하고, 일본군에서 탈출한 한국인 병사들로 '전시공작대'를 조직하여 수백 명에 해당하는 학도병들을 탈출시켰다. 이는 독립운동사에 길이 남을 공적이다. 그는 중국 대륙을 종횡무진하면서 숱한 죽음과 애환을 겪었으면서도 조국해방을 맞이해서 자신의 투쟁에 대한 보수를 바라지 않았고 명예를 탐내지도 않았다. 해방 후 대만에서는 교포들에게 우리말을 가르치고 민족의 긍지를 심어주기 위해 노력했다. 화암은 회고록에서 자신이 목숨을 걸고 일제와 싸우고 있을 때 일제에 빌붙어 독립운동을 방해했던 자들이 해방이 되자 자기들이 애국자였고, 독립운동가였던 것처럼 날뛰는 꼴을 보고 피가 거꾸로 솟는 느낌이었다고 했다.

중국인으로 같이 항일운동을 했던 아나키스트 진군령(陳君玲)이 홍콩공산당 대표가 되어 평양을 다녀온 뒤 북에는 화암을 아는 사람이 많고, 북이 발전이 빠르니 화암에게 북으로 갈 것을 권유했다. 하지만 화암은 아나키즘 사상을 가진 사람이 공산주의와 절대 타협할 수 없다는 주장을 굽히지 않았다. 그럼에도 불구하고 정부에서는 화암을 찾는 사람들을 경계하고, 사복경찰을 붙여 미행하기도 했다. 아무런 정치적 욕심이 없는 그였지만 아나키스트이기 때문에 어떤 흉계를 꾸미지 않나 하는 의심을 정부에서 하고 있었기 때문이다. 정부는 아나키스트를 공산주의의 사촌쯤으로 인식하고 있었다. 화암은 이를 아나키스트에 대한 인식 부족에서 오는 현상으로 견딜 수 없는 모욕이라고 하면서 한탄스럽다고 회고록에 그때의 심정을 남겼다. 일제강점기 아나키스트들이 전개한 운동은 주로 혁명근거지 건설운동, 반공산주의 활동, 비밀결사 운동, 노동운동, 민족전선 운동의 형태였다는 것을 우리는 기억해야 한다. 늦었지만 화암에 대한 재조명과 함께 현창사업이 반드시 필요하다. 해방이 되고 38년이 지난 1983년에 와서야 비로소 중국에서 전개한 항일운동의 행적이 인정되어 그에게 건국훈장 국민장이 추서되었다. 이는 우리 후손들의 무지의 소치라고 볼 수밖에 없다.

여기에다 김제 출신 인물 중 월북한 독립운동가로 정노식(鄭魯湜)을 빼놓을 수 없다. 그는 적지인 일본에서 2·8독립선언에 자금을 조달하는 데 힘썼고, 3·1독립만세운동 당시에는 민족대표 48인 중 한 사람으로 참여하였다. 그는 또 1920년대 양대 민족운동이라 할 수 있는 민립대학설립운동과 물산장려운동에 참여한 민족의 지도자급 인물이었다. 출옥 후에는 고향에 돌아와 『조선창극사』를 발간하였다. 이 분야 최초의 연구이자 최고의 연구 성과라 할 수 있다.

김제 출신 역사인물에 대한 재조명 작업

정화암, 정노식과 더불어 3·1독립만세운동 당시 초창기 만세운동을 주도했던 천도교구장 공문학의 역할도 재조명되어야 할 필요가 있다. 실패한 역사라 해서 관심을 두지 않는 것은 잘못된 역사인식이다. 당시 전라북도에서 비교적 이른 시기에 인근 지역 만세운동의 선구자적인 역할을 할 수 있었다는 점을 고려한다면 이는 결코 가볍지 않은 역사이기 때문이다. 공문학은 중국 망명 3년 뒤 죽산면 홍산리 쌍궁마을 본가로 돌아와 일제의 감시를 피하기 위해 벽장 속에서 생활해야만 했다. 동생인 공장식은 일본으로 도피를 하고, 해방이 되고 나서야 귀국할 수 있었다. 공문학은 경제생활이 불가능해지면서 그의 삶은 피폐해졌고 동시에 정신이상 질환을 앓게 되면서 결국은 중풍으로 사망하였다. 이로 인해 집안은 몰락했고 후손들은 공직으로 진출한 이가 없을 정도였다.(김제시 장화동에 있는 공순악의 묘갈명과 후손 공웅선의 인터뷰 내용)

이밖에 백정 출신이 아닌데도 형평운동을 지원했던 정석술 등은 현창사업은 둘째 치더라도 최소한 김제시 홈페이지에는 올리는 것이 그나마 선조들에 대한 예우가 아닐까 싶다. 특히 형평운동은 2010년에 완성된 디지털김제문화대전에서도 찾아볼 수 없는 항목이다. 김제 출신 역사인물에 대한 점검과 조명 작업은 그다지 큰 돈 들이지 않고 할 수 있는 일이다.

아쉬운 것은 김제지역 사회운동에 간여하고 있던 인물들이 모두 민족운동을 전개한 것은 아니었다는 점이다. 김제청년구락부의 핵심인물인 강동희(姜東曦)는 김제지역을 대표하는 '부일협력자'였다. 그는 구한말 군주사에 이어 1939년부터 1941년까지 중추원 참의를 지냈으며, 임전보국단 전북지부, 전북유도연합회 부회장을 역임하였다. 다만, 시·서·화에 능한 서예가로도 이름이 높았으며, 민족운동의 일환으로 평가되는 민립대학설립운동을 발기하고 있는 점 등은 달리 평가받아야 할 부분이다. 이 부분이 지역 유력자들의 한계로 볼 수 있을 것이다.

참고문헌

곡부공씨세보편찬위원회, 『곡부공씨세보(曲阜孔氏世譜)』 권5(智), 1996.
김재영, 「일제강점기 전라북도 김제지역의 민족운동」, 『김제 출신 역사인물에 대한 재조명 심포지엄』, 김제시, 2023년 11월 17일.
김제시 장화동에 있는 공순악의 묘갈명과 후손 공웅선의 인터뷰 내용, 정읍역사문화연구소, 2023년 9월 28일, 9월 30일, 10월 15일.
임영춘, 『갯들』, 현암사, 1981.
정노식, 『조선창극사』, 동문선, 1940.
정화암, 『이 조국 어디로 갈 것인가』, 자유문고, 1982.
황미연, 『전북 국악사』, 신아출판사, 1998.

6·10만세운동과 최태환의 '백기사건'

 2021년 11월 9일, 국가보훈처 공훈발굴과에서 독립유공자 지정을 위한 현지 실사 차 설주희 박사를 비롯한 관계자들이 우리 연구소를 방문하였다. 30년 이상을 지역의 역사에 몸담아 왔지만, 영산 최태환 선생에 대해서 아는 것이 많지 않았다. 이를 계기로 자료를 찾고 후손들과 인터뷰를 하면서 보통사람의 삶보다 훨씬 더 지난한 삶을 살게 된 것을 알게 되었다. 그는 서당 훈장의 아들답게 선비 같은 삶을 살다 간 의로운 사람이었다.

 영산은 6·10만세운동 당시 백기 사건으로 잘 알려진 애국지사이면서도 평생을 농사지으면서 씨앗장사로 자녀를 훌륭하게 키워 온 모범적인 삶을 살다 간 인물이었다. 일제강점기 『정읍군지』(1936)를 쓴 장봉선(張奉善)이 최태환의 행적을 기록한 『영산실록』을 바탕으로 그의 삶을 여기에 간추린다.

 1926년 6월 10일 순종의 장례식 날 최태환은 거리에 걸린 일장기를 찢고 정읍 골목마다 백기를 내걸게 하는 '백기의거'로 투옥되었다. 백기의거(白旗義擧)의 주인공, 애국지사 영산 최태환은 전라북도 고부군 우덕면 상학리(현 정읍시 덕천면 상학리)에서 서당 훈장의 아들로 태어났다. 부친의 급작스런 사망으로 어머니가 개가하자 최태환은 13살 어린 나이에 고아가 되었다. 그는 어린 동생을 업고 장터를 떠돌면서 짚신을 삼아 팔고, 동냥을 하다가 머슴살이로 겨우 끼니를 때웠다. 최태환은 9년을, 동생은 15년을 남의 집 머슴살이를 하며 살아남았다.

煥 太 崔 山 瀛
환 태 최 산 영

최태환 (사진 제공: 최태환의 둘째 딸 영임)

『영산실록』 표지
(사진 제공 : 최태환의 둘째 딸 영임)

최태환(1897~1984)의 비밀결사 조직, 7인회

최태환은 백기사건 10년 전인 1916년에 이미 비밀결사의 조직원이었다. 당시 나이 스무 살이었다. 그는 남의 집 고용살이로 집주소도 없었지만 정읍장터에서 독립운동가였던 이익겸(정읍 3·1독립만세운동 주도자)과 호남 최초의 장로이자 목사인 최중진(정읍노동공제회 총간사), 이달원, 최진환, 김인산, 마상준 등 6인과 함께 동포들에 관한 일에는 서로 손을 잡고 내 살림이라 생각하고 돌보자는 결의를 하였다. 이때 7인은 서로 죽기로써 우리 동포를 건져야 한다는 비밀결의를 하였다. 당시 지금의 샘골로인 중앙동을 기반으로 살던 1,000여 명의 일본인들은 조선인의 목숨을 파리처럼 하찮게 여겼다. 일인순사·무뢰배가 조선인에게 가혹한 폭력을 휘두르면 결의 맹세했던 7인은 노동공진회, 노동조합, 동아일보사와 조선일보사 등에 알리고, 동포들을 규합하여 강력히 항의하기도 했다.

최태환의 백기의거, 백기를 달고, 일장기를 찢다

그로부터 10년이 지났다. 1926년 음력 5월 1일(양력 6월 10일) 몹시 더운 여름날이었다. 시기동 성당에서 근처 청수길 도랑 옆 초가집에 살던 서른 살 최태환은 앞집 일본인 집을 보다가 반사적으로 숟가락을 놓았다. 새벽부터 집 앞 논에서 피를 뽑고 돌아와 아내가 차려준 아침밥을 먹던 참이었다. 무심코 일본인 앞집을 보니 일장기가 깃대에서 내려와 반기가 걸리고, 깃봉은 검은 천으로 덮여 있었다. 나라가 일본의 식민지로 강제 병합된 지 16년, 마지막 조선 임금 순종의 장례식 날이었다. 최태환은 일어나 동생에게 사흘 후 아버지 제사를 잘 모시라 당부하고, 논에 갔던 잠방이 옷차림 그대로 정읍 오거리시장으로 달려갔다.

최태환은 시장에서 백로지 20장을 구입한 후 이를 잘라 태극기 크기로 200매를 만들었다. 제일 먼저 정읍청년회관으로 가서 국장일이니 백기를 세우자며 사온 하얀 옥양목 한 자를 건네 달았다. 이미 감옥행을 결심하고 아버지 제사를 동생들에게 부탁한 최태환은 모든 걸 혼자 책임지기 위해 7인회에도 알리지 않았다. 태환은 『동아일보』와 『조선일보』 지국으로 가서 최중진 지국장에게 백기 세우기를 권하자 즉시 홑이불을 찢어 대문 앞에 백기를 매달았다. 그는 "우리 임금 장례일에 백기를 세우자."고 소리치면서 백로지 한 절씩을 지나는 사람들에게 나눠주었다. 그렇게 해서 태환이 지나가는 골목마다 백기가 내걸리기 시작했다. 상가는 문을 닫고 대부분 철시한 상태였다.

헌데 조선 사람이면서도 백기를 거부하고 끝까지 일본기를 고집하는 세 집이 있었다. 오늘은 임금 장례일이니 우리식대로 백기로 조문을 하자고 설득하던 최태환은 결국 일본기를 끌어내려 찢어버릴 수밖에 없었다. 뒤늦게 백기가 걸린 것을 알게 된 정읍경찰서는 일장기를 찢어버린 '불령선인(不逞鮮人, 사상이 불순하고 불온한 조선인을 일컫는 말)'을 붙잡기 위해 왜경들이 자전거를 타고 다니면서 골목골목 백기를 내리라고 소리쳤다. 하지만 논에서 막 나온 듯 흙 묻은 다리에 잠방이를 입은 농사꾼 행색의 최태환은 보고도 의심하지 않았다.

내가 백기 주동자다. 당당히 경찰서에 자진 출두하다

장례식이 끝나갈 무렵인 오후 4시가 넘자 최태환은 자진하여 정읍경찰서로 들어가 "내가 백기 주동자다."라고 밝혔다. 이에 고등계 형사는 최태환을 끌고 들어가 뺨을 때리고 발로 차면서, "네 놈 때문에 죽을 고생을 한 것을 생각하면 죽여도 분이 안 풀린다."고 소리쳤다. 이에 굴하지 않고 최태환은 "조선 사람은 장례에 늘 흰옷으로 예를 갖추는데 지금 임금 국장일에 백기로 조문한 것이 어찌 죄가 되는가. 당신들이 죄라고 한다면, 법으로 따지면 될 일이지 왜 구타를 하느냐."라고 따졌다. 경찰서장은 "네가 감히 일본기인 국기를 세 번이나 찢었으니, 적어도 30년 이상 또는 무기징역에 처할 것이라."고 엄포를 놓았다. 태환은 "제 나라 임금을 조문하기 위해 백기를 단 것이 죄라면 무기징역을 당한다고 해도 원통하지 않다."고 답했다. 일본기 훼손사건은 자칫 중죄로 다스릴 수 있는 사건이었으나 다행히 정읍 사람들의 항의로 태환은 46일 만에 석방되었다. 고문과 구타가 있었음은 말할 나위가 없다. 서장은 "네가 국기 세 개를 찢어 버린 것은 30년 징역에 해당할 수 있으나 국장 시에 한 일이니 특별히 사면하여 내 보내는 것이니 다시는 이런 짓을 하지 말라."며 훈계하였다."

장봉선과 『영산실록』 뒷 이야기

최태환에게는 아저씨뻘 되는 먼 친척이 한 분 있었다. 그가 바로 일제강점기인 1936년 『정읍군지』를 펴낸 사학자 장봉선이다. 일제강점기였음에도 불구하고 「전봉준 실기」를 소상히 기록하여 동학농민혁명의 역사를 후대에 생생하게 전해 준 사람이다. 그런 그가 최태환을 몹시 존경했다. 『영산실록』에는 '말할 수 없는 고초와 슬픔이 뼛속까지 사무쳤으나 자기 운명으로 돌리고 남을 원망하지 않았으며, 사람의 행도를 실행함에 있어 감동됨이 많을 뿐 아니라 후세 인생의 표본이 되리라 믿고' 최태환의 글을 모아 1939년에 책을 펴냈다고 되어 있다.

하지만 1916년부터 1926년까지 최태환을 비롯한 '7인 비밀결사'와 '일장기를 찢고, 백기(白旗) 선전으로 인해 정읍경찰서에서 구타와 심문을 받은 내용'은 일제의 검열로 실을 수 없었다. 장봉선은 해방 후 1960년이 되어서야 마침내 못다 실었던 영산의 행적을 적어 재간본을 펴냈다.

최태환은 광복 후 40여 년 동안 봄마다 씨앗장사를 해서 자식을 가르쳤다. 씨앗을 팔아 번 돈은 장학금으로 기탁했다. 영산 최태환의 숨겨진 삶이 언론취재로 보도되자 정읍군수는 1971년 시기동 '영산식물원'에 그의 공적을 기리는 비를 세웠다. 씨앗장사 애국지사 최태환은 1984년 12월 17일 88세의 일기로 타계하였다. 지금 정읍에서 그의 이름을 기억하는 이는 아주 드물다. 영산이 평생 씨앗장사를 했던 삼천리자전거포 앞이나 백기의거로 감옥에 갇혀있던 태환을 구출하기 위해 시민들이 항의를 하던 쌍화차 거리에 그날의 사건을 알리는 표식이 시급히 세워져야 한다.

참고문헌

장봉선, 『영산실록』(복사본), 1939.

정읍시사편찬위원회, 『정읍시사』 상권, 신아출판사, 1984.

최은희, 「영산의 집과 영산식물원」, 『서남저널』, 2021년 4월 8일자.

최은희, 「울림야학과 백두산 가는 길」, 『서남저널』, 2021년 4월 8일자.

최은희, 「씨앗장수 독립지사 최태환」, 『정읍문화』 31호, 정읍문화원, 2022,

최현식, 『정읍항일운동사』, 신아출판사, 1994.

인터뷰와 자료제공, 변희섭 정읍시립박물관 학예사, 2023년 3월 20일.

최태환의 아들, 산들 최영기 서예작품 전시회(연지홀), 2022년 10월 25일.

백기사건 이후 태환은 평생 농사를 지으면서 시기동에서 씨앗장사, 기름장사, 콩나물장사로 자녀들을 공부시켰다. 이런 열성으로 맏딸 영례는 고등소학교와 정읍여중을 졸업하였다. 둘째 딸 최영임은 정읍여고를 졸업하고, 의대에 진학해 정읍 최초의 여의사가 되었다. 고향에는 아버지를 위해 '영산의 집'을 지었으나 곧바로 울림야학(교장 이수진)에 제공하였다.

최태환의 아들, 영기가 디자인한 서울대학교(샤대) 교문 상징탑

큰아들 영기는 서울대학교 응용미술학과 1회 졸업생으로 서울대학교 교문 상징탑과 대한민국 건국훈장을 디자인한 것으로 알려져 있다. 영기는 정읍으로 귀

향해 아버지를 기념하는 '영산식물원'을 짓고, 정읍 최초의 카페인 '백두산'을 운영하였다. 사람들은 지금도 그 골목을 '백두산 가는 길'이라고 부른다. 둘째 아들 상기는 정읍농림중고등학교를 거쳐 서울대학교 농과대학을 졸업하였다.

영산은 두승산의 옛 이름인 '영주산(瀛州山)'에서 따온 최태환의 호다. 영산식물원은 1970~80년대 정읍 젊은이들의 낭만의 장소였다. 정읍 최초의 카페이자 최초의 경양식집이었고, 정읍 최초의 온실이자 최초의 식물원이었다. 그곳이 '백두산 응접실'이다. 큰아들 영기가 아버지 최태환을 위해서 지은 집이다. 그는 이곳을 가꾸면서 만년을 보내고자 했으나 급성 백혈병으로 55세의 젊은 나이에 운명하였다. 현재 식물원 안에는 정읍군수 조영호와 최영기의 이름이 나란히 들어간 기념탑이 남아 있다.

    둘째 딸 영임은 의사가 되어 서울 명동에서 병원을 개업하였다. 돈을 벌어 옛 집터에 부지를 넓혀 새집을 지었다. 하지만 제때 공부를 못한 어른들이 창고에 서 글을 배운다는 말을 듣고 주저 없이 새로 지은 집을 울림야학에 제공하였다. 평생 학교를 가보지 못한 아버지와 글자를 몰랐던 어머니가 떠올랐기 때문이었 을 것이다. 인생에서 교육이 얼마나 중요한지 잘 아셨던 두 분의 집은 그렇게 야학교실로 새 생명을 얻게 된 것이다.

울림야학교 전경 (사진 출처: 서남저널신문사)

원광야학에서 울림야학으로

1984년 세워진 '울림야학'이 올해로 40년이 되었다. 처음 이름은 '재정 원광야학교'였으나 그 뒤 타 대학 출신 학생들이 교사로 참여하면서 학교이름은 자연스럽게 '울림야학'으로 바뀌었다. 야학 시작에 중추적인 역할을 했던 최동열(정읍예총 자문위원)은 20년간 교장으로 있으면서 야학을 기르고 지켜냈다. 이밖에도 최용훈, 최환, 김대중, 한상현, 이석문, 조광환, 조영관, 이철희, 송태석, 이광준 등 이름만 들어도 알 수 있는 지역의 뜻있는 많은 인사들이 교단에 섰다. 때로 25명의 선생님이 있었을 정도로 울림야학은 지역사회에 큰 영향을 끼쳤다.

일제강점기 보천교의 후천개벽운동과 정읍

정읍은 민족종교의 효시인 동학(東學)의 뒤를 이은 증산교(甑山敎)와 일제강점기 자칭 '600만 교도'를 자랑하며 일세를 풍미했던 보천교(普天敎)의 발상지이다. 또한 오늘날 부산의 태극도와 서울 대순진리회의 뿌리인 무극대도(无極大道)의 본고장이다. 뿐만 아니라 현재는 교세가 쇠했으나 진동학제화교(濟化敎)와 미륵불교(彌勒佛敎) 등이 교단을 여전히 유지하고 있다. 다소 생소하게 느껴지는 청수교(淸水敎)라는 이름의 종교도 있었고, 한때 모악교(母岳敎)의 뿌리가 되는 인정상관의 여처자파가 활동하고 있었다. 입암산성 내에는 갱정유도(更定儒道)가 신앙촌을 이루고 있었고, 입암 북창골에는 '하늬재교'가 있었다. 이밖에도 이평면에 영주교(靈主敎), 영원면에 황극교(皇極敎), 칠보면에 보화교(普化敎) 등은 일제강점기에 상당한 교세를 이루고 있었다. 현재 신정동 백학마을에는 증산계열의 대덕전(大德殿)이 자리하고 있다. 이와 같이 정읍은 가히 한국자생종교의 메카라고 불릴 수 있을 만큼 신종교의 활동이 왕성한 곳이었다.

정읍의 종교적인 상징성과 장소성

정읍을 근거지로 다양한 종교가 발생·수용·확산될 수 있었던 것은 정읍이라는 땅이름에서 알 수 있듯이 물과 우물, 그리고 샘이 가지는 생명력과 파괴력, 근원과 중심이라는 상징성이 있기 때문이다. 실제로 한국의 신종교에서 물을 각종 의례에서 사용하지 않는 종교가 없을 정도이다. 시인 김지하는 대설 『남(南)』에서 "정읍은 우주의 단전이요, 지구의 축이요, 한반도의 배꼽이다."라고 하였다. 배꼽은 사람이 태어날 때 중앙의 가치를 의미하는 말이다. 지정학적으로 볼 때 정읍은 한반도의 배꼽이 될 수 없음에도 굳이 중앙을 뜻하는 배꼽으로 표현한 것은 조선 후기 '남조선 신앙'에 바탕을 두면서도 물이 가지는 이 같은 상징성을 염두에 둔 것이다. 여기에 '풍수와 미륵신앙'이 덧붙여지면서 정읍의 종교적인 장소성과 상징성이 더욱 부각된 것이다.

보천교 독립운동의 의의

보천교에서는 이를 바탕으로 1924년 갑자년 갑자월 갑자일 갑자시에 차월곡이 천자로 등극한다는 '천자등극설'을 널리 유포시켰다. 이는 수운 최제우가 순교한 지 60년이 지난 시점으로 동학의 '진인출현설(眞人出現說)'을 본 딴 것이다. 한편으로는 보천교의 성전 건물을 완공하여 후천개벽사상을 건축물에 반영하였다. 장봉선이 쓴 『정읍군지』(1936)에 의하면 "궁궐 건축을 모방한 40여 동의 건물은 걸어서 나오기까지 1시간이 걸린다 했고, 그 웅장함과 정교함이 반도 내에서는 최고였다."고 극찬했다.

보천교는 이곳을 중심으로 증산종교운동과 동학의 교조인 수운의 가르침을 근거로 하는 종교적인 활동을 폈으며, 월곡은 수운과 증산의 종교적인 가르침에 그치지 않고 이를 정치적으로 확대해석하여 정읍을 근간으로 하는 민족운동과 독립운동을 암암리에 전개함으로써 일제강점기 우리 민족에게 희망의 메시지를 전달해 주었다.

일본 동경에 있는 학습원대학 우방문고에 소장되어 있는 사진이다. 중심 건물인 십일전(十一殿)은 현재 조계사 대웅전으로 이축되었다. 정문인 보화문(普化門)은 내장사 대웅전으로 이축되었으나 2012년 화재로 소실되었다. 십일전은 2000년 서울시 유형문화재로 지정되었다.

　　일제강점기 보천교는 일본의 식민지 상태를 인정하지 않았다. 그리고 일본 국왕을 부정하면서 새로운 나라 이름 '시국(時國)'을 선포하였다. 보천교에서는 입암면 대흥리를 새로운 나라의 서울로 칭하면서 후천선경 신정부 건설을 도모하였다. 차월곡은 지금은 '선천세상이 다가고 후천세상이 다가오는 교차 지점에 있다.'는 뜻에서 '때 시(時)' 자를 쓴 것이다. 여기서 '시'는 선·후천 교역의 시기를 말한다.

보천교가 해체된 1936년 이후에도 보천교계 신종교들은 정읍을 중심으로 후천선경 신국가 건설운동을 해방이 될 때까지 전개하였다. 그러다가 일제에 잡혀 숱한 고문을 당했다. 고문으로 죽은 자가 부지기수였다. 1940년 전후 한반도에서 드러내놓고 그 어떤 민족운동을 전개할 수 없었던 엄혹한 시절이었다.

전남대학교 교수인 안후상의 박사학위 논문에 따르면, 2021년 4월 26일 현재, 국가기록원의 독립운동판결문의 수형인 명부와 형사사건부, 국가보훈처의 공훈전자사료관의 독립유공자 공적조서, 각종 사료에 나타난 보천교인과 보천교 관련 교단 관련자 총 424명이 일제로부터 혹독한 심문을 받고, 이 가운데 155명이 현재 독립유공자로 지정되었다는 사실이 밝혀졌다. 일제의 판결문에는 하나같이 이들이 종교를 빙자하여 교도를 모으고, 조선독립을 위해 많은 금액을 모집하였다고 되어 있다. 이로써 볼 때 보천교는 일제강점기 한국민족종교를 대표하는 종교라 해도 과언이 아닐 것이다.

이와 같이 정읍은 다양한 종교가 발생·수용·확산된 지역으로 종교적 상징성이 강한 지역일 뿐만 아니라 독립운동의 중심지였다. 해방 후 백범이 태인 김부곤의 집에 머물면서 "내가 정읍에 많은 빚을 졌다."는 말을 한 것은 정읍이 일제강점기 독립운동 자금지원의 중심지였기 때문이다. 따라서 정읍이 갖는 상징성에 걸맞게 타종교를 이해하는 '에큐메니칼(Ecumenical)' 운동이 정읍에서 시작되어야 하며, 이를 바탕으로 정읍에 '종교박물관'이라는 특성화박물관을 세우고, '종교순례길'을 조성해야 할 것이다.

참고문헌

김재영, 「보천교 본소 건축물의 훼철과 이축」, 『신종교연구』 제5집, 2001.
김재영, 「일제강점기 보천교의 후천개벽운동과 정읍」, (사)노령역사문화연구원 제2회 학술대회, 정읍시, 2023년 10월 14일.

김재영, 「민족종교 보천교의 독립운동 백주년을 돌아보며」, 『정읍의정소식』 시민 칼럼, 정
　　읍시의회, 2023.11.

안후상, 『일제강점기 보천교의 신국가 건설운동』, 민속원, 2022.

지명연구의 필요성과 청산해야 할 정읍의 왜색지명

지명연구는 전문영역에 속하는 학문이다. 그런데도 단순지명에 함몰되어 자의적인 해석과 억측에 불과한 이야기를 공공연한 석상에서 주장하고 있는 현실이 매우 우려스럽다. 지명을 깊이 있게 공부하다보면 지명이 역사학의 보조학문이 아닌 엄연한 하나의 학문영역임을 깨닫게 된다.

지명(땅이름) 연구의 필요성과 연구방법

지명은 조상 대대로 내려 온 값진 문화유산의 내력을 포함하고 있고, 한국어의 어원과 국어의 역사를 연구하는데 귀중한 자료가 될 뿐만 아니라 한국의 역사, 역사지리, 민속, 전설, 종교 등 문화사를 연구하는 데 또한 필수적인 자료가 된다.

지명은 그것을 표기할 문자의 창제가 너무 늦었기 때문에 비록 기록 시기는 뒤질지라도 발생 시기는 우리 역사가 시작되는 단계부터였을 것이다. 지명의 기원과 변천, 발생 등을 분석하려면 언어학적인 접근방법이 절실히 요구된다. 따라서 학계에서는 국어음운론의 지식을 갖고 있으면서 한국사에 폭넓은 지식이 있는 '국어사학자'가 연구하는 것이 바람직하다고 보고 있다. 따라서 가볍게 접근할 연구대상은 아니라는 이야기다. 그런데도 지명을 자의적으로 해석하고, 구전에만 의존하는 경우가 많아 우려스러울 정도다. 지명의 경우, 구전이 기록될 만한 가치가 없는 것은 아니나 그렇다고 전적으로 구전에만 의존해서는 학문적인 성과를 이루기 어렵다.

네 차례에 걸친 지명 변경과 일제의 행정구역 개편

마을 유래나 왜색지명을 규명하기 위해서는 우리 역사에서 네 번에 걸친 지명변경이 있었다는 사실을 우선 알아야 한다. 첫 번째는 757년 신라 경덕왕(景德王) 때 순수 우리말 지명이 한자로 바뀌었고, 두 번째는 1392년 조선이 건국되면서 고려시대 귀족들이 살던 곳의 지명이 바뀌었다. 세 번째는 1914년 일제의 대대적인 행정구역 개편으로 지명이 변경되었다. 앞서 두 차례의 지명변경은 부분적이었지만 일제강점기 지명변경은 전면적으로 이루어졌다는 차이가 있다. 네 번째는 2014년 도로명 주소가 전면 시행되면서 마을이름이 사라지게 되었다. 도로명 주소의 전면 시행은 일제의 지명변경 100년 뒤라는 의의가 있을 수 있고 이용하기에 편리해졌다는 이점이 있으나, 한편으로는 정착되는데 앞으로도 상당한 시간이 걸릴 것이라는 점과 마을과 아무런 관련이 없는 도로명이 많다는 점, 특히 마을의 역사가 사라졌다는 점에서는 아쉬운 측면이 있다. 도로명 주소 사용으로 마을이름이 사라졌지만 이는 문서상 이야기일 뿐 실제는 마을이름을 여전히 쓰고 있다는 점에서 마을 유래를 기록으로 남기는 작업을 서둘러야 한다.

특히 일제강점기 지명변경은 민족문화 말살정책이라는 측면에서 조직적으로 진행되었기 때문에 일제잔재 지명을 조사하고, 왜색지명으로 규명된 경우는 늦더라도 원래의 이름을 되찾아야 할 것이다.

행정에서 우리지역에는 왜색지명이 없을 뿐만 아니라 지명을 연구하는 학자도 없다고 단정하면서 일하지 않는 것은 일종의 직무유기이다. 굳이 사례를 든다면 무명동학농민군위령탑이 세워진 고부면 신중리 주산 마을을 '대뫼' 마을로 이름을 바꾸고, 500년 전통의 향약마을 칠보면 시산리 삼리 마을을 원래 이름인 '남전'으로 바꾼 것은 시민이 다 아는 일이다.

청산해야 할 왜색지명의 사례

정읍시 옹동면의 대칠(大七) 마을은 속칭 '오빠꿀'이라 부른다. 원래 칠을 하거나 접착제로 쓰이는 '옻'이 많이 나는 곳이라 하여 붙여진 지명으로 '옻밭골'이 '오빠꿀'로 전음된 것이다. 따라서 옻밭은 '옻 칠'자의 칠전(漆田)으로 한자 표기해야 하며, 마을 이름도 그렇게 불러야 함에도 일제 때 큰 동네, 작은 동네, 바깥 동네라는 뜻으로 대칠, 소칠, 외칠로 바꾼 것이다. 지명 자료인『호구총수』와『구한국지방행정구역명칭일람』에는 태인 동촌면에 칠전리(漆田里)로 표기되어 있으나 1914년 일제가 행정구역을 개편하면서 노탄리(蘆灘里)와 함께 산성리(山城里)에 포함시켰다.

정읍시 칠보면의 삼리(三里) 마을은 원래 남전(藍田) 마을이었다. 중국 송나라 때 남전골에 사는 여대방(呂大防)이 미풍양속을 권장하는 남전여씨 향약을 만들어 시행하자 조선시대 정극인(丁克仁)이 이곳 고현(지금 칠보)에 살면서 중국의 향약을 모방해 고현향약을 만들었다. 그래서 이때부터 향약 발생지인 중국마을 이름을 따 남전이라 했던 것을 일제가 행정구역을 개편하면서 삼리로 고친 것이다. 마을 입구에 임실댁 딸네미들이 삼리가 아닌 남전마을로 새긴 표지석이 세워져 있다.

참고문헌

김재영, 『내 고장 역사의 숨결을 찾아서』, 해와달, 1996.
김재영, 『김재영의 역사인문학 강의노트』, 대성인쇄기획(정읍), 2021.
김재영, 『정읍을 이야기하다 정읍을 노래하다』, 기억, 2022.

전라도 지역 방언(方言)의 특징

영호남 방언의 가장 큰 차이는 모음 수에 있어 호남이 영남보다 최대 3개가량 많다는 점이다. 또 경상도 말이 높낮이에 의해 단어의 의미를 구분하는 반면 전라도 말은 단어의 길고 짧음에 따라 뜻이 달라진다. 다시 말하면 경상도는 첫 음절이나 둘째 음절 등을 높거나 낮게 발음해 뜻을 달리한다. 이 같은 경상도 방언의 성조는 이 지역 방언이 다른 지역 방언보다 더 보수적임을 보여주는 것은 물론 중세국어를 형성하는 데 큰 역할을 했다는 증거가 된다. 현재는 경상도를 제외한 대부분의 지방에서 높낮이는 없어지고 장단만 남게 됐으며, 경상도에서는 젊은 층으로 내려 갈수록 장단에 의해 의미 차이를 만드는 경향이 뚜렷해지고 있다.

이밖에도 경상도 방언의 특징 중 하나로 어중에서 ㄱ과 ㅂ, ㅅ이 나타난다는 점이다. ㅂ의 경우, 덥다, 춥다, 곱다라는 동사의 활용형인 아이고 더버라, 추버라, 고바라에서 찾을 수 있다.(김용갑) 경상도에서 '一'와 'ㅓ'의 구분이 약한 곳도 있다. 여기서는 '특별시'가 '턱별시'가 된다. TV 프로그램에서 어느 개그맨이 해서 유명했던 말이다. 'ㅓ'를 'ㅔ'로 발음하는 경우도 많다. 경제가 '겡제'가 되고, 형님이 '헹님'이 된다.

이에 반해 전라북도에서는 표준모음 10개 ㅣㅟㅡㅜㅔㅚㅓㅗㅐㅏ를 다 발음하고 있다. 전북대학교 이태영 교수에 의하면, 아나운서 중에 전라북도 출신이 많은 것은 바로 발음이 정확하기 때문에 그렇다는 주장이다. 전남은 이 가운데 'ㅔ'(게)와 'ㅐ'(개)를 뚜렷하게 구분해서 발음하지 못하기 때문에 모음 체계가 9개가 된다. 'ㅔ'는 손가락이 하나 들어갈 정도로, 'ㅐ'는 손가락이 두 개 들어갈 정도로 입을 크게 벌려서 하는 발음이다. 이것이 어려우니까 '게'는 '기'로 대체 발음된다. 물론 접촉방언으로 일부에서 '기'로 발음하는 곳이 있다. 또 전라도 방언은 어두에 'ㄹ'음이 쓰이는 경우가 드물다. 라디오는 '나지오'가 되고, 라면은 '나멘'으로, 리어커는 '니아카'로 발음된다.

전라북도와 전라남도 방언의 차이

전라도 방언하면 당연히 전라북도가 포함되는 말이지만 흔히 남도방언을 일컫는 경우가 많다. 전라북도와 전라남도의 방언에 큰 차이가 있기 때문이다. 아마도 가장 큰 차이는 '억양'일 것이다. 남도가 발음이 세고, 북도는 발음이 세지 않기 때문이다. 흔히 쓰는 말 중에 '그리고', '그렇지'를 '그라고', '그라제'라고 하는 데서 잘 알 수 있다. 전라북도에서 '그러니까'라는 뜻의 '긍게'가 남도로 가면 '긍께'로 변한다. 심지어 남도에서는 집을 지었다 하지 않고, '짓었다'고 한다. 물론 이와 같이 발음을 세게 하는 경우는 남도에서만 나타나는 현상은 아니다.

전라도 말, 과연 촌스러운가

　어렸을 적 내가 쓰는 전라도 말이 왜 이렇게 촌스러울까 하는 생각을 하면서 자랐다. 솔직히 말하면 부끄러웠다. 일일이 그 예를 든다면 정말 '엄청나게' 많을 것이다. 이런 경우, 전라도에서는 '허벌나게' 많다고 한다. 예컨대 그 대표적인 것이 '치깐'이나 '개와찜', '소매' 같은 그 어원을 도무지 알 수 없는 말들이었다. 지금은 사라진 말들이다. 물론 '겨우'라는 뜻의 '포-도시'라는 말과 '저물도록'이라는 뜻의 '점-드락'이라는 정겨운 말이 없는 것은 아니다. 시적인 어휘에 가까운 '폭폭허다'는 말도 있다. 살다보니 전라도 말이 다 촌스러운 게 아니라는 생각이 든다. 진위여부를 잘 알 수 없지만 산스크리트어(Sanskrit語, 범어)에서 왔다는 '거시기'와 '아따'(indeed, truly)라는 향토색 짙은 말도 있다. 달짝지근하다(조금 달콤한 맛이 있다), 뻑쩍지근하다(조금 뻐근하고 거북한 느낌이 있다)는 말도 전라도에서만 쓰는 말이다. 하지만 '개와찜'과 '소매'라는 말은 아무리 생각해도 어린 나이에 그 뜻을 짐작할 수 없었다. 그런데 어느 날 그 뜻이 저절로 읽혀졌다. 역사학과 음운론을 공부한 덕분이다.

　'치깐'은 본래 한자말로 '측간(厠間)'이 변한 말이다. 측간은 위생상 본채와 분리해서 옆에 두었기 때문에 생긴 말이다. 순수한 우리말은 '뒷간'이라고 해야 옳다. "뒷간과 사돈집은 멀수록 좋다."는 속담이 그냥 나온 게 아니다. 똥이란 그저 더럽고 냄새나고 불결하다는 인식 때문이었을 것이다. '똥마려운 년 국거리 썰듯' 한다는 속담이나 '똥 깨나 뀌는 놈'이라는 속담에서 보듯 뒷간은 모두 부정적인 것과 연관되어 있다. 그래서 중국에서도 뒷간을 뜻하는 '측소(厠所)'라 쓰고 '처우소'로 읽는다. '변소(便所)'는 사실 일본('벤조')에서 건너 온 한자말이다. 그 의미야 수긍이 간다. 대변이든 소변이든 보고나면 편안해지기 때문이다. 그것을 편히 보지 못했을 때의 근심과 걱정은 이루 말할 수 없는 고통이다. 사찰에서 변소를 '해우소(解憂所)'라 하는 이유가 바로 여기에 있다. 조선시대 대소변을 '대마', '소마'라고 했다. 이것이 대매, 소매(소피)로 전화되었다. 어렸을 적 할머니 할아버지가 주로 썼던 말이다. 이제는 사전에서조차 사라졌다. 인터넷에서 '소매'로 검색하니 옷소매를 설명하거나 도·소매를 설명하는 문장이 뜬다.

자라면서 가장 궁금했던 '개아찜' 또는 '개와춤'은 원래 '호주머니'를 일컫는 말이었다. 지금 쓰는 호주머니라는 말은 중국(胡)에서 들어온 주머니라는 뜻이다. 호박, 호떡역시 중국 오랑캐들이 먹던 음식에서 유래된 것이다. '개와찜'은 '개화주머니'에서 온 말이다. 원래 한복에는 주머니가 없어 따로 차고 다녔기 때문이다. 거기에 돈이나 물건을 넣고 허리춤에 차고 다녔는데 개화기에 양복에다 주머니를 직접 달았다고 해서 이를 '개화주머니'라고 부른 것이다.

묵은지, 하나도 이상할 것이 없는 전라도 말

전라도에서 쓰는 방언 가운데 하등 이상할 것이 없는 말이 있다. 전라도에서 김치를 '지'라고 한다. 그래서 김치 담그는 재료를 옛날에는 '짓거리(지+ㅅ+거리)'라 했고, 오래된 김치를 '묵은지'라 했다. 사실 '지'도 방언이 아닌 한자말이다. 담글 '지(漬)'자이다. 그래서 고춧가루가 들어오기 전에는 단순히 채소를 소금에 절였기 때문에 '염지(鹽漬)'라 부른 것이다. 일본 『고사기(古事記)』에 백제사람 수수보리(須須保利)라는 사람이 일본으로 건너가 술을 만드는 방법을 전했다는 기록이 나온다. 아마도 그 술은 막걸리(莫乞里)였을 것이다. 『정창원 문서』(752~?)에 이 사람 이름이 들어간 '수수보리지(須須保利漬)'라는 '지'가 나온다. 여기서 '지'는 곡물에 소금을 섞고 채소를 재운 것이다. 하지만 기후가 따뜻한 일본에서 곡물을 이용한 김치는 쉽게 산패되기 때문에 곡물 대신에 쌀겨를 이용하여 단무지(다꾸앙지)가 나오게 된 것이다.(이성우) 결국 김치의 원조격인 '지'가 일본으로 건너가 단무지가 된 것으로 보인다. 김치의 원조도 초에 절인 장아찌 같은 '저(菹)'라는 것이었다. 이제 '묵은지'가 전국 어디서나 통용되고 있다. 당당히 식당 메뉴에도 올라왔다. 묵은지고등어찜, 등갈비묵은지찜은 익숙한 입맛으로 자리 잡은 지 오래다.

전라도에서 나타나는 전설모음화와 ㅣ 모음역행동화 그리고 구개음화 현상

측간이 치깐이 된 것은 ㅈ,ㅊ 다음에 이어지는 'ㅡ'가 'ㅣ'가 되는 '전설모음화(前舌母音化)' 현상이다. 이는 경상도 일부지역에서도 쓰이는 현상으로 전라도에서만 나타나는 현상은 아니다. 전라도에서는 이 같은 전설모음화현상과 'ㅣ 모음역행동화(母音逆行同化)' 현상이 두드러지게 나타난다. 그래서 지팡이는 '지팽이'가 되고, 아지랑이는 '아지랭이'가 된다. 아비는 '애비'가 되고, 고기는 '괴기'가 된다. '속'이 ' '이 아니다. 왜 그랬을까. 발음하기 쉽기 때문이다. 발음하기 어렵고 까다로운 단어는 피하기 때문이다. 'ㄱ, ㅎ' 등이 'ㅈ, ㅅ'으로 변하는 '구개음화(口蓋音化)'도 마찬가지다. 그래서 '길'은 '질'이 되고, '기름'은 '지름'이 된다. '형님'은 '성님'이 되고, 김치는 '짐치'가 된다.

'귀신 씻나락(씬나락) 까먹는다'는 이야기 들어 보셨나요

오래된 말이다. 이치에 닿지 않는 말을 할 때 '귀신 씻나락 까먹는 소리한다.'거나 '개풀 뜯어먹는 소리한다.'고 상대를 힐난(詰難) 했었다. 엉뚱한 이야기를 한다는 것은 알겠는데 씻나락은 무엇을 의미하는 말일까. 씻나락은 '씨+ㅅ+나락(벼)'으로 구성된 글자이다. 그러니 씻나락은 '종자 볍씨'라는 뜻이 된다. 그럼 개는 정말 풀을 먹지 않는가. 개는 풀을 먹지 않는 것으로 알려져 왔기 때문에 개가 풀을 뜯는다는 것은 분명 이상한 일로 보였을 것이다. 하지만 개도 풀을 뜯어 먹는 경우가 있단다. 그렇다면 속담이 잘못 전해진 것인가. 아니다. 통상적인 예에 비추어 볼 때 그렇다는 이야기다. 글자구성의 원리나 이러한 관용적인 표현을 따져 보면 전라도 말은 촌스러운 게 아니다. 오히려 합리적이다. 또 전라도 방언의 상당부분이 한자말에서 온 것이고, 이것이 발음상 편하다보니 굳어진 것이라는 사실을 알 수 있다.

솔인가 부추인가, 정구지인가

전라도 방언이 점차 사라지고 있다. 미미하다고 하지만 지역 방언에 대한 차별이 여전히 존재하기 때문일 것이다. 그런데 내가 좋아하는 전라도 말이 있다. '솔'이라고 하는 채소다. 막걸리를 좋아하는 나로서는 솔로 부친 노릇노릇한 전이 안주에 최고이기 때문이다. 솔은 표준말로 '부추'다. 바늘처럼 뾰족하게 솟아 있는 모양에서 이름을 따온 것이다. 뾰족하게 솟은 모양에서 소나무를 '솔'이라고도 하고, 풀뿌리나 털 등으로 만들어 옷이나 먼지를 터는 데 쓰는 도구 또한 '솔'이라고 한다. 구두솔, 옷솔이 그렇다.

'부추'는 '구채'(韭부추 구, 菜나물 채)라는 한자어에서 유래된 말이다. 재미있는 것은 이 말을 서울에서 쓴다 해서 표준어가 되고, 전라도에서 쓰는 '솔'은 방언이 되었다. 충청도와 경상도 일부에서는 '정구지(精久持)'라고 한다. 정력을 오랫동안 유지시켜 준다는 뜻의 '정구지' 역시 한자어에서 유래된 말이다. '정구지'

는 초가집을 헐고서라도 심어야 할 만큼 정력에 좋다 해서 '파옥초(破屋草)'라는 다른 이름으로 부르기도 한다. 그래서일까. 부추는 승려들의 정력이 강해지는 걸 막기 위해 사찰에서 특별히 삼갔던 오신채(五辛菜) 가운데 하나였다. 경상도에서는 부추를 '소불' 또는 '소풀'이라 한다. 이는 '솔'계의 방언이다. 이들 단어 가운데 표준어를 다시 제정한다면 무엇이 되어야 할까. 한국어 「표준어 규정」 제3절 '방언' 제23항을 들여다봤다. '방언이던 단어가 표준어보다 더 널리 쓰이게 되면 그것을 표준어로 삼고, 원래의 표준어는 그대로 남겨둔다.'고 되어 있다. 솔, 많이 쓰면 표준어가 될 것이다.

참고문헌

김용갑, 『영남과 호남의 문화 비교』, 풀빛, 1998.
김재영, 『정읍을 이야기하다 정읍을 노래하다』, 기역, 2022.
민중서림, 「표준어 규정」, 『민중엣센스 국어사전』(제6판 12쇄), 2017.
위평량, 『전라도 말의 뿌리』, 북트리, 2020.
이성우, 『한국식품문화사』, 교문사, 1984.
장승익, 「전라도 방언」, 『지역사 강좌』, 정읍문화원, 2023.
전라북도, 『전라북도 방언사전』, 신아출판사, 2021.
홍석화『토종문화와 모듬살이』, 학민사, 1997.

일제강점기 구마모토 농장과 식민지 근대문화 유산

'일제 잔재'란 일본 제국주의의 한국침탈과 식민지배 과정에서 남겨놓은 유형, 무형의 모든 유산을 말한다. 유사용어로 '식민 잔재, 근대문화 유산'으로 대체해 쓰기도 한다. 여기서 '근대문화'라는 용어가 자칫 일제의 식민지배를 옹호하는 것 같은 느낌을 주기 때문에 앞에 식민지라는 용어를 쓴 것이다.

신태인읍과 화호리 일대는 우리의 어두운 과거사를 되돌아볼 수 있는 유적이 산재해 있다. 가히 '블랙 투어리즘(dark tourism 또는 grief tourism)'을 대표하는 지역이라 해도 과언이 아니다. 아픈 역사, 역사의 어두운 면을 가르치는 것은 '자학사관(自虐史觀)'이라고 주장하는 이들이 있다. 반면에 이를 통해서 역사의 네거티브도 우리 것으로 소화시켜 역사의 교훈으로 삼고, 관광자원화해야 한다는 주장도 있다. 어떻게 생각하든 판단은 독자의 몫이다.

신태인읍(新泰仁邑) 화호리(禾湖里)는 '벼의 고장'

태인(泰仁)은 원래 태인면 태성리가 지역의 중심이었으나 1914년 호남선이 태성리 북서쪽 7㎞ 지점을 통과함에 따라 역전 취락이 발전하면서 면 지역의 중심이 되었다. 이에 따라 1933년 태인면에서 분리되어 신태인면이 되었다가 1940년 읍으로 승격되었다.

신태인 '화호리(용북면)'는 일제가 붙인 지명으로 원래는 태인현 용산면 '화곶 리(禾串里)'였다. '화호'는 '숙구지'라는 지명으로 불렸으나 일제강점기인 1914년 에 현 지명으로 바뀌었다. 여기서 '구지'는 '곶(串)'을 의미한다. 화호에는 가까운 부안군 백산면 원천리로 가는 나루터가 있었다. 현재 동진면에도 '구지'라는 지 명이 많은 것은 육지가 바다로 향해 돌출한 곳을 '구지'라 했기 때문이다. 화호의 지형이 그렇다. 화호리는 현재 용서·용교·포룡·정자마을로 구성되어 있는데 정 자 마을을 제외한 3개 마을 전체를 1914년 이전에는 '숙구지'로 불렀다.

'숙구지'는 수곶[禾串]이 '수고지', '수구지'로, '수구지'가 '숙구지'로 변한 것이다. 『훈몽자회』에 벼 '화'의 고어가 '쉬쉬'로 되어 있기 때문이다. 화호는 미곡의 집 산지인 만큼 '벼의 고장'이라는 뜻에서 붙여진 곳이다. 가까운 곳에 김제 벽골제 (벼+ㅅ+골)라는 지명도 그렇다. 화호는 정읍, 김제, 부안으로 가는 교통의 요지 였을 뿐만 아니라 동진강가의 나루터가 있어 수상로를 이용한 물산 교류도 활발 한 곳이었다. 이러한 지역적인 특성으로 인해 화호는 일제강점기 미곡 수탈의 거점이 되었고, 이로 인해 많은 일본인들이 정착하면서 조선인들은 소작인으로 전락하게 된 것이다.

'숙구지(宿狗地)' 명당에 자리한 구마모토 농장

신태인읍 화호리는 주변에 너른 평야가 발달되어 있어 먹을 것이 풍부하고 정 읍, 김제, 부안으로 가는 교통의 요지여서 상업이 발달한 곳이었다. 지형이 풍수 상 개가 자고 있는 형상과 같다고 해서 붙여진 지명으로 전해지고 있다. 일제강점기 구마모토가 잠든 개의 코에 해당되는 부분을 명당으로 간주하고, 이곳에 농장을 차린 것으로 이야기되고 있다. 하지만 이와 같이 지명이 전설로 인해 붙여지는 경우는 없고, 대부분 그 지명에 맞게 후대에 만들어지는 경우가 많다.

지명은 산(山, 뫼·매·미), 들(忽·伐·火·坪), 골(谷), 성(城), 고개(峴), 바위(岩), 초목(草木), 물(水·江·川·溪·池·泉·井·津), 동·식물(龍·鳳凰·馬·松·麒麟·鶴·熊·龜·虎·鴨), 지형(浦·串·涯·項), 지방의 특산물 등에서 비롯되기도 한다.

'곶'지명의 유래와 음운 변화

숙구지는 지형에서 비롯된 지명이다. '곶(串)'은 육지에서 바다로 돌출되어 불쑥 튀어나간 부분을 말하고, '만(灣)'은 이와 반대로 바다에서 육지 쪽으로 움푹 들어간 부분을 말한다. 예를 들면 장산곶이 그렇고, 영일만이 그렇다. 지금은 없어졌지만 정읍향교 쪽에 '수도곶'이라는 마을이 있었다. 고대에 이곳까지 바닷물이 들어왔는지는 규명되어야 할 문제지만 그 지명만은 여전히 살아 있다. 시인 박찬의 고향마을이다. 곶은 '고지' '꼬지' '구지' '꾸지' 등으로 변형되었다. 이러한 지형은 부안에도 장족리, 가야곶리, 진곶리 등의 고지명으로 나타난다. 부안 모산리 불곶이는 부꾸지-북꼬지-북구지로, 화호(禾湖)는 수고지-수구지-숙구지로 변형되었다.(『부안이야기』) 신태인읍 구석리 남계마을은 원래 하석곶리였다. 김정호(金正浩)의 「대동여지도」에 70여 곳의 '곶' 지명이 해안지방에 보인다. 이러한 지명은 서남해안 특히 서해안에 많다. '곶' 지명이 많다는 것은 그만큼 해안선이 복잡하게 돌출되어 있다는 것을 의미한다. '곶'은 '꽃(花)'의 옛말이기도 해서 지명에 '화(花)'자가 들어가기도 한다. '곶의 밖'이란 뜻의 '곶밧'('밧'은 '밖'의 옛말)은 '꽃밭'으로 전음되어 화전(花田)이란 지명을 낳았다. 이 화전의 상대 지명이

'고잔(古棧)'인데 이것은 '곶의 안'이 변한 것이다. '애'는 물가 낭떠러지나 산지 언덕을 뜻한다. 이 지명은 특히 북한에 많고 대개 물가 벼랑에 붙어 있다. 지형이 인간의 목처럼 잘록한 곳은 '항(項)'으로 옮겨졌다.

화호리 일대의 식민지 근대문화유산

신태인읍 화호리 일대에는 구마모토[熊本利平] 농장 창고 건물과 일본인 경리과장 및 농산과장 사택, 일본인과 조선 농민의 합숙소, 자혜진료소(1939)와 의사 김성환 박사가 살던 집, 일본신사(日本神社)와 봉안전, 농기구와 말발굽(裝蹄)을 만들었던 대장간과 그 옆의 식료품과 생필품을 취급했던 고바야시 상점, 일본인 여행객들을 위한 소화여관, 화호교회(1904), 일본인이 주로 다녔던 심상고등소학교, 조선인이 다녔던 공립보통학교 건물(터), 해방 후 우체국으로 이용되었던 다우에타로 농장 사무실, 동양척식주식회사 사무실과 양말공장 등 일제강점기 건축물들이 마을 곳곳에 남아 있다.

이밖에도 일본에서 전직 군인으로 퇴역 후 이곳에 살면서 건설현장 감독을 했던 일본인 오사와 신조의 가옥, 토지경영과 사채업으로 성공했던 니시무라 티모츠의 가옥, 니시무라 마츠모, 후쿠이 마사토시, 요시이 오사 등 그들이 살던 가옥이 남아 있다.

육리 마을에는 고종 때 어진화가였던 채용신(蔡龍臣)이 말년에 이곳에 공방을 차리고 초상화를 주문 제작했던 가옥이 남아 있다. 뿐만 아니라 신태인역 근처에는 역사(驛舍) 건물과 아카기 미네타로 도정공장(1924) 쌀창고 건물(등록문화재 제175호), 현재 신태인읍사무소 건물이 들어선 아카기 농장 사무실 자리가 있다. 읍내 시장 주변에는 일본 양식의 상가주택으로 형제상회와 중앙그릇백화

구마모토 농장 창고 건물(상), 정읍근대역사관으로 개조된 모습(하)

점 건물이 남아 있다. 1970년대 양조장으로 이용되었던 평화양조장 건물과 중앙 양조장(칠칠공사 소유) 건물, 신태인양조장 건물도 일본식 주택으로 보인다. 이를 관광자원화 할 경우, 그 파급효과에 거는 기대가 자못 크다.

다만, 콘텐츠는 많은데 방대한 예산이 소요되는 관계로 어떻게 비용을 마련해야 할지 시에서도 고민하고 있다. 예산을 확보하는 것이 가장 큰 문제라는 이야기다. 따라서 5년이든, 10년이든 중장기 계획을 수립해야 할 것으로 보인다. 부산에는 서울 광화문 광장(1만 8,000㎡)보다 두 배가 넓은 '송상현(宋象賢) 광장'이 있다. 1994년 해당 부지에 대한 토지보상을 시작한 지 20년 만에 이루어진 쾌거로 1,850억 원을 들여 마무리 지었다. 앞선 사례를 참고하되 이것이 어렵다면 사업규모를 축소하고, 시민들의 성금을 모아 근대 건축물을 매입하여 활용하는 방안을 모색해보는 것도 좋을 것이다. 목포의 동척회사 지점을 시민단체가 매입해서 근대역사관으로 활용한 사례가 있다.

식민지 근대문화유산 활용 방안

화호리 일대 근대문화유산은 활용에 앞서 우선은 보존을 서둘러야 한다. 그 이유는 간단하다. 다우에타로 농장 사무실은 건물주가 '적산가옥(敵産家屋)'이라는 인식 때문이었는지 건축물 일부를 헐다가 중단한 상태에서 몇 년 전에는 그마저도 아예 붕괴되어 현재는 그 모습을 사진으로밖에 확인할 수 없기 때문이다. 한편 자녀들이 특별히 필요 없는 일제건축물을 팔아버리라고 해도 고집스레 원형을 보존하고 있는 동척회사 사무실과 날로 훼손되어가는 일본인 숙소로 이용되었던 사택을 보호하기 위해 보호막을 씌워 관리하고 있는 이 마을 이장 같은 분들도 있다는 것을 염두에 두어야 한다. 이분들을 위해서라도 앞으로도 활용방안을 서둘러야 한다.

아직도 구마모토 농장 사무실 일대에는 생필품과 식료품을 팔았던 가게와 대장간과 문방구를 팔았던 건물이 형태를 그대로 유지하고 있고, 마을의 중심인 당산나무 아래에는 구마모토 농장 창고 건물이 온전한 형태로 남아 있다. 구마모토가 총독부에 건의해 설치했다고 하는 화호지서 자리와 사무실은 없어지고 터만 남아 있으나, 용역을 맡았던 전북대학교 함한희 교수의 말처럼 화호리는 마을 전체가 살아있는 '생활사박물관'이라고 해도 과언이 아니다. 국내에서는 유일하다. 옛것에서 신성장 동력을 찾는 마인드가 필요하다. 근대 식민도시로 형성된 목포와 군산 등지의 성공적인 사례를 벤치마킹할 필요가 있다.

답사객을 위한 식민지 근대문화유산 소개

❧ 구마모토(熊本) 농장 창고

구마모토는 일본 나가사키현[長崎縣] 출신으로 3천 정보가 넘는 토지를 소유한, 전북에서는 동양척식주식회사 다음으로 땅을 많이 가진 일본인이었다. 구마모토가 이와 같이 대토지를 소유할 수 있었던 것은 당시에 토지등기법이 없었고, 군수의 증명을 받을 필요도 없었으며 토지대장과 지적도 등도 없었기 때문에 쉽게 토지를 침탈할 수 있었다 한다. 그가 가장 먼저 자리를 잡은 곳이 화호였으며, 소유지는 5개 군(정읍, 김제, 옥구, 익산, 부안) 26개 면에 걸쳐 있었다. '기업가적 지주', '비료대적 지주', '전북형 지주'로 불리면서, 한편으로는 언론을 통해 '자선적 신사'라는 이미지를 구축하는 데 성공한 일인 지주였다. 하지만 1930년대에 그의 농장에서 소작쟁의가 4차례나 발생하였다.

창고 건물은 풍수상 누워서 자는 개의 '주둥이'에 해당하는 명당 중의 명당이라고 한다. 이곳에 원래 다섯 동의 창고 건물이 있었으나 현재 이 건물만 남아 있다. 이 중 한 개는 6·25전쟁 기간 중에 불탔다. 당시 화호지서에서 부역자들을 가두어 두었는데 빨치산들이 내려와 이들을 빼내고 건물을 불태웠다 한다. 두 개는 화호여중에서 가져갔으며, 나머지 한 개는 교회에서 사용하기 위해 뜯어갔다. 해방 이후에는 화호중앙병원으로 이용되었고, 병원이 문을 닫은 뒤에는 화호여자고등학교 건물로 이용되었다. 창고 건물 옆쪽에 구마모토의 재산을 지키기 위한 파출소가 있었다.

⤳ 구마모토 농장장 사택

숙구지 마을 가장 높은 곳에 주민들의 정신적 중심이었던 당산나무가 있다. 가장 높은 곳이기도 한 이곳에 농장장 사택을 비롯한 과장들의 주택이 자리하고 있다. 농장장 사택은 구마모토 농장주가 화호지장에 들릴 때 묵었던 집이다. 평소에는 관리장이 살았다. 전형적인 일본인 주택으로 넓은 정원으로 꾸며져 있다. 현재 등록문화재 제215호로 지정되어 있다. 바로 아래에는 구마모토 농장의 경리과장과 농산과장 사택이 자리하고 있다.

⤳ 다우에타로[田植太郎] 농장 사무실

다우에타로는 화호리 일대에 225정보의 토지를 소유하고 있었으며, 연간 벼 7천 석의 수확을 올린 대농장주로 5백 명의 소작인을 두고 있었다. 그는 1913년 30세 되던 해에 동양척식주식회사에서 모집한 농업 이민을 통해 조선으로 들어왔다. 원래 일본 고찌현[高知縣]에서 종이를 만드는 일을 하다가 그곳에서 25가구와 함께 화호로 집단 이주하였다. 소농으로 시작해서 대농장주로 올라서기까지 농장경영에 탁월한 능력을 발휘하였다. 특히 처세술이 좋았다고 한다. 동진수리조합 3, 4, 5대 평의원(1933~1945)을 지냈다.

구마모토가 대부분의 시간을 일본에 있으면서 사음(舍音, 마름)을 통해 소작인들을 관리했던 것과는 달리, 다우에는 화호에 거주하면서 농장주가 되었다. 또 식산은행에서 저리로 융자를 받아 조선인들에게 돈을 빌려준 후, 고리대업으로 화호에서 농토를 늘렸다. 그 때문인지 한국 소작인들의 기억 속에는 그에 대한 부정적인 이미지가 강하게 남아 있다. 농장 사무실은 해방 후 화호우체국으로 사용되었으나 방치되다가 붕괴되어 현재 그 모습을 볼 수 없다.

∾ 고바야시[小林] 상점과 대장간

생활 필수품을 파는 잡화상이 고바야시 상점이었다. 바로 그 옆이 농기구를 제작 판매하던 대장간이었다. 테라대[寺田]라는 일본인이 운영하였다. 고바야시는 1933년 니시무라 미츠외[西村三男]로부터 이 두 건물을 사들였다. 니시무라는 일본 고치현 출신으로 동척의 농업 이민으로 화호에 들어온 사람이다. 처음 다우에 농장 직원으로 일하다가 농장 경영법을 익힌 뒤 식산은행으로부터 저리로 융자받아 논을 사들였고, 소작료를 받고 사채업도 하였다.

∾ 자혜진료소와 화호중앙병원

화호 자혜진료소는 구마모토 농장 소작인의 질병 치료를 위해 세워진 곳이다. 세브란스 의전 출신의 이영춘(李永春) 박사가 1935년 4월 옥구군 개정면의 자혜진료소 소장으로 부임하면서 농장 소작인의 진료가 시작되었다. 처음에는 지소가 분산되어 있어 일주일에 한 번 순회를 하면서 환자들을 치료하였다. 1939년 농장주의 승인을 얻어 화호진료소는 김상은, 지경은 정인희 의사가 담당하였다. 원래 농장 소작인을 대상으로 한 진료였지만 소작인이 아닌 줄 알면서도 이영춘 박사는 진료해주었다 한다.

화호 자혜진료소는 원래 'ㄱ'자 건물이었으나 현재는 'ㅡ'자 형태로 집이 줄었다. 1947년 화호 자혜진료소 건물이 협소해서 그 바로 옆에 있던 농장 창고를 개축하여 병원 건물로 만든 것이다. 화호중앙병원은 내과, 외과, 소아과, 산부인과, 이비인후과 등을 갖추었고, 입원 환자 40명을 수용할 수 있는 규모의 병원으로 거듭났다. 당시 병원시설이나 규모 및 의료진에서 전주의 예수병원과 버금가던 병원이었다. 큰 병원이 마을 안에 있어서 자랑스러웠다고 주민들은 말한다. 화호중앙병원이 문을 닫은 후에는 잠시 화호여자고등학교 건물로 사용되었다.

❧ 심상고등소학교(尋常高等小學校)

해방 후 화호여자중학교가 되었다. 일제강점기 학교 내에 신사와 봉안전이 있었다. 봉안전에는 일본 국왕의 사진을 보관하던 부분에 학교 교훈을 새기고 학교의 상징탑으로 삼았다. 학생들은 등교길과 하교길에 반드시 참배해야만 하였다. 일본인 아이들은 6세가 되면 소학교에 입학할 수 있었고, 심상소학교를 거쳐 중학교에 해당하는 고등소학교로 갈 수 있었다. 화호의 경우처럼 이 두 교과를 한 학교에서 가르치면 심상고등소학교로 불렀다. 심상고등소학교는 일본인들을 위한 학교였기 때문에 한국인들이 들어가는 것이 어려웠고, "한국말을 한마디라도 하면 졸업할 수 없다"고 일제는 엄포를 놓았다. 소학교를 졸업하고 갈 수 있는 고등소학교는 신태인에는 없었고 화호에만 있었다. 이후 인상중학교로 변경되어 운영되다가 폐교되었다. 현재 인상고등학교 창고로 쓰이고 있다.

❧ 동양척식주식회사 화호사무실

동양척식주식회사는 인도에 대한 영국의 식민정책을 대행하는 동인도 회사를 본 따 1908년에 만든 것으로 한국을 수탈하기 위해 세운 국책회사였다. 일제는 동척을 통해서 일본인의 조선 이민을 적극 장려하였다. 이로 인해 매년 평균 2만 명 이상의 개척민이 한국에 이주하였다. 동척은 국내에 아홉 개의 지점을 두었다. 일제는 토지조사사업을 통해 빼앗은 토지를 동양척식주식회사를 비롯한 식민회사나 일본인에게 헐값으로 팔아넘겼다. 화호지점 출입문 옆에 있는 주택은 조선인이 거주하던 집으로 동척사무실의 잡무를 보조했던 것으로 추정하고 있다. 사무실 연혁은 잘 알 수 없으나 규모로 보아 3~4명의 직원들이 근무했을 것으로 보인다.

전체적인 틀은 변형이 없으나 내부 구조는 현대 생활에 맞게 개조되었다. 출입문의 유리 안쪽 문양과 출입문 위의 창틀은 건축 당시의 것을 그대로 유지하고 있다. 뜰 안에는 꽃과 나무로 가꿔진 정원이 소담하다. 100년이 넘을 것으로 이야기되는 당시 감나무 한 그루가 서 있다. 현재 노후되어 살림집으로 신축할 계획에 있다.

❧ 소화여관

여관은 일본인들이 주로 이용하는 곳이었다. 화호에는 농장 사무실이 모여 있었고, 일본인 거류지가 있던 곳이어서 외부인들의 방문이 많았던 지역이다. 여관은 일본인들을 위한 곳이어서 대부분의 마을 사람들은 이 여관에 대해 잘 알지 못했다. 원래는 주변 3,000평 정도에 여관 건물이 쭉 늘어서 있었다 한다. 여관을 운영하던 미츠다 겐사부로(水田原三郎)는 여관을 운영하면서 벌어들인 돈으로 마을 주위에 농지를 사들였고 이를 조선인들에게 소작을 주었다. 여관은 해방 이후 양조장 주인집으로 바뀌었다. 현재 노후되어 살림집으로 신축되어 있다.

❧ 화호공립보통학교

화호공립보통학교는 한국인 아동을 위해서 설립된 초등교육기관이다. 1917년 인가를 받아 개교했다. 보통학교 교육은 서당에서 약간의 한문교육을 받은 것을 전제로 일본의 심상소학과 고등소학의 중간 정도로 정하고 교과서도 그 정도로 편찬되었다. 개교 당시에는 4년제였고, 3학급을 개설했다. 107명의 아이들이 교육을 받았고 3명의 교사들이 아이들을 가르쳤다. 1931년에는 4년제에서 6년제로 수업 연한이 늘어났다. 학생 수는 332명으로 개교 당시보다 무려 3배나 증가했다. 당시 정읍에는 고부공립보통학교(1906년, 고부 광화학교(匡和學校)), 태인공립보통학교(1907년, 인명학교(仁明學校)), 정읍공립보통학교(1908년, 초남학교(楚南學校))가 있었다.

∾ 화호교회

1904년에 건립되었다. 원래 신덕리에 있던 것을 화호로 옮긴 것이다. 1890년대 조선에는 미국 북장로교에서 서울, 평양, 부산, 대구 지방을 중심으로 선교활동을 펼치고 있었다. 이에 반해 테이트(한국명: 최의덕)를 포함한 남장로교 선교사들은 주로 호남지방을 담당하였다. 테이트는 전주에 선교 본부를 설치하고, 전주를 중심으로 호남 일대에 50개가 넘는 교회를 지었다. 당시 교회는 남녀를 차별하지 않았다. 교회에서는 아이들을 대상으로 교육 및 의료봉사를 했을 것으로 추정된다. 학교에서는 남자 아이들이 많이 입학하여 교육을 받았지만, 교회학교는 그 반대였다. 또한 부녀자 신도가 많았다.

∾ 아카기[赤木] 도정공장 창고

일제강점기 신태인에 세 개의 도정공장이 있었다. 1924년 아카기가 설립한 것이 제1 도정공장이다. 창고는 도정공장의 부속건물로 지어졌다. 아카기의 도정공장은 전라북도뿐만 아니라 국내에서도 손꼽히는 규모였다. 도정공장에서는 1년에 5만 가마 이상을 도정하였다. 대한민국 정부양곡 가공공장 제1호였다. 주민들은 공장에서 일하는 직원을 100여 명으로 기억하고 있다. 창고는 아카기의 개인 소유였지만 정부가 보관료를 내고 정부양곡 창고로 사용하였다. 예나 지금이나 주민들은 도정공장을 수탈의 상징으로 보고 있다.

1997년 폐업할 때까지 신태인 경제의 근간을 이루었고, 창고는 2005년 등록문화재로 지정되었다. 현재는 내부를 연습장, 대공연장, 강당, 전시관을 갖춘 정읍시생활문화센터로 활용되고 있다. 제2 도정공장은 일인 구보다가 소유하였고, 여기서도 정부양곡을 도정했으나 규모가 아카기 도정공장의 절반에 미치지 못했다.

❧ 신태인주조장과 화호양조장

신태인주조장은 1962년 화호중앙병원의 김성환 박사가 세운 화호병원(건평 100평) 건물을 사들인 것이다. 현 소유자인 정찬희 사장(72세)도 건물이 구조적으로 볼 때 병원 건물이었을 것으로 보고 있다. 이밖에 1926년 용북면에 세워진 팔진주조가 있었고, 1940년대 길룡정미소를 운영하던 은성하(殷成河, 동진수리조합 창립위원)의 서지양조가 있었다. 은성하는 진안 마이산의 적석탑을 쌓은 이갑용 처사를 초청하여 그가 살던 백산리에 소이암지 석탑을 쌓게 한 사람으로 알려져 있다. 화호양조장은 1947년에 세워진 것이다. 약주와 소주, 막걸리까지 만들었다. 양조장에서 일하는 사람들이 20~30명이 될 정도로 생산량이 많아 인근 지역인 신태인과 부안, 김제까지 배달되었다. 포룡 마을에만 두 군데의 양조장이 있었고 막걸리는 모두 쌀로 빚은 것이었다. 국내에서 가장 오래된 양조장은 경북 영양양조장으로 1926년에 지어진 건물이다. 충북 진천의 덕산양조장은 1930년 건물이다.

❧ 어진화가, 채용신(蔡龍臣, 1850~1941) 공방

채용신은 서울 삼청동에서 태어났으나 10대조부터 전주 근교에서 살았다. 무관 집안의 자손으로 1886년 무과에 급제한 후 20년간 관직에 몸담았다. 무과 급제 후에는 '용신과'라는 무과 명칭을 따 호를 용신(龍臣)으로 불렀고 그의 마지막 관직이 정산군수(현 청양군)였기에 정산(定山)을 호로 사용하였다.

채용신은 아들 상묵(3남), 손자 규영에 이르는 3대가 동시에 초상화가로 활동하였다. 최근에는 장남 경묵과 막내 아들 관묵도 그림을 잘 그렸다는 사실이 밝혀졌다. 이는 한국 미술사상 유례가 없는 일이다.

채용신은 1923년 신태인 육리에서 '채석강 도화소'라는 공방을 운영한 고종 때의 어진 화가이다. 채용신은 특히 최익현을 비롯한 황현, 전우 등 우국지사의 초상을 많이 그린 것으로 유명하며, 사진을 접목한 우리나라 최초 근대화가로 한국회화사에 의의가 크다. 현재는 단절되었으나 200년 전통의 육리 당산제에 모셔지는 할머니와 할아버지 초상 역시 채용신이 그린 것으로 알려져 있다. 초상은 육리 마을에 처음 정착한 할아버지와 할머니의 모습을 그린 것이다. 초상은 방화로 소실되었다. 공방은 1920년경 육리에 사는 거부 황장길이 마련해 준 집이다. 생존 시 후세들이 서당을 만들어 서당집으로도 알려져 있다. 현재는 후손들이 모두 떠나고 거주했던 집터도 모두 개조된 상태다.

참고문헌

『동진농조 70년사』, 1995.

김경미, 「보통학교 제도의 확립과 학교 훈육의 형성」, 『일제의 식민지배와 일상생활』, 혜안, 2004.

김수진, 『호남기독교 백년사』(전북편), 쿰란출판사, 1998.

김재영, 「화호리 일대 식민지 근대문화유산의 활용방안」, 『정읍신문』, 2015년 8월 20일자.

김재영, 「일제강점기 신태인 지역의 민족운동과 사회운동」, 정문연 제3차학술대회, 2018.

김재영, 『역사인문학 강의』, 기역, 2018.

김재영 외, 『정읍문화재지』, 정읍문화원, 2017.
부안문화연구소, 『부안이야기』 통권 제12호, 밝, 2015.
신태인읍지편찬위원회, 『신태인백년사』, 진현광고기획(정읍), 2015.
이용엽, 『전북미술약사』, 전북역사문화학회, 2007.
정원기 외 16명, 『근대의 그늘』, 나무늘보, 2015.
최명표, 『정읍시인론』, 신아출판사(전주), 2021.
함한희(20세기민중생활사연구단), 『20세기 화호의 경관과 기억』, 눈빛, 2008.
국립완주문화재연구소, 『화호리, 일제강점기 농촌 수탈의 기억1』, 부운디자인, 2020.
정찬희 신태인양조장 사장 인터뷰, 2018년 5월 7일.

정읍지역 여성 이인(異人)의 출현, '보기만 하면 낫는다.'

한국의 기성종교에서 여성들이 신도의 대다수를 차지하고 있음에도 불구하고 이들이 종교적 지도자의 역할과 권위를 행사하는 경우는 거의 없다고 봐도 무방하다. 이런 점에 비추어 볼 때 정읍지역에 카리스마를 갖춘 여성 이인(異人)들의 출현이 유독 많았다고 하는 것은 특이한 현상이다. 이 같은 원인이 무엇인지 아직도 나는 잘 모른다. 다만, 증산교와 상당 부분 연관이 있을 것으로 추정할 뿐이다.

증산교조 강일순은 1908년 1월 입암면 대홍리에서 부인 고판례(高判禮)와 함께 '천지굿'이라는 큰 굿판을 열었다. 강일순은 그 굿이 모든 여성들의 근원적인 해방을 상징하며, 후천이 개벽되는 가히 혁명적인 굿이라고 했다. 그는 또 "앞으로는 네가 천지개벽의 주인이 될 것이다."라고까지 했다. 이로써 고판례는 그날 모든 여성의 으뜸이라는 뜻의 '수부(首婦)'라는 칭호를 얻게 되었다. 이 같은 '여성주체의 후천개벽' 선언은 동학농민혁명으로 일찍부터 평등사상을 경험했을 이 지역의 여성들에게 큰 영향을 끼쳤을 것이다. 여기서는 정읍에서 개안(開眼)한 최영단(崔榮丹)이라는 한 여성 이인의 행적에 대해 간단히 살펴보려고 한다.

보기만 하면 낫는다는 '만병통치의 여인'이 바로 정읍의 최영단 여사다. 1979년 초반부터 신문과 방송, 잡지에서 화제가 되었다. 최영단의 이 같은 치병행각이 불법 의료행위로 간주되어 그는 경찰서 유치장 신세를 두 번이나 진 일이 있었다. 1960년대 초반 전국에서 몰려든 인파가 매일 1천여 명씩 되었다. 이에 철도 당국은 아예 간이역인 천원역까지 특별차량을 연결해 주었다. 경찰은 미신조장의 우려가 있다 하여 1963년 3월 최영단을 '사기, 집회 및 시위에 관한 법률위반 혐의'로 구속했으나 공소유지가 안 돼 무혐의로 풀려났다. 또 1979년 4월 16일 정읍경찰서는 '경범죄 처벌법 위반죄'로 최영단을 20일간 구류에 처한 일도 있었다.

최영단은 경북 군위군 우보면에서 할아버지 때부터 보천교를 신앙해 온 집안에서 태어났다. 최영단이 세살 때 영천으로 이사를 갔는데 다섯 살 때부터 웬일인지 손가락이 모두 오그라들었다고 한다. 이를 지켜본 동리 사람들은 조막손이니, 병신손이니 하고 놀려대기 일쑤였다. 그 무렵 어떤 할머니 한 분이 나타나 영단의 손을 어루만져주자 하루에 한 개씩 새끼손가락부터 펴지기 시작해서 열흘 만에 열 손가락이 모두 펴졌다 한다. 그 후 일곱 살 때 정읍으로 이사를 왔으나, 가난 때문에 다시 대구로 이사, 열네 살의 어린 소녀의 몸으로 제사공장에 취직하여 생계를 돕다가 열일곱 살 때 한 팔이 없는 총각을 소개받아 결혼을 했다.

그의 아들인 농초(聾樵) 박문기(朴文基)가 쓴 『본주(本主)』라는 책에 따르면, 최영단이 신기가 있게 된 것은 최영단의 나이 서른세 살 때의 일이라고 한다. 어느 겨울날이었다. 아침 10시 쯤 혼자 방문 앞에 앉아 있는데 마당에 푸른 안개 같은 것이 끼고, 그 안개를 보료로 삼아 영단이 어릴 때 찾아오던 그 할머니가 앉아 있고, 거기에는 겨울인데도 무지개가 뻗어 있었다. 그러한 환상이 무려 4시간 동안 계속되었다 한다.

그러던 어느 날 밤 남편 박 씨가 꿈을 꾸었는데, 하늘의 선녀가 내려와 결혼을 하자고 하더라는 것이다. 그런 후에 최영단의 집에 놀러와 국수와 고구마 찐

것을 나누어 먹은 동리사람들이 신통하게도 병이 나았다고 하는 사람이 늘어났다. 자신의 환상과 남편의 이상한 꿈이 필시 자신이 무당이 될 팔자인가 싶어 무척 고민을 했다고 한다. 최씨 가문에는 대대로 무당이 없었기 때문이다. 자신이 무당이 된다면 남편으로부터 버림받고 친척들로부터 사람 취급을 못 받을까 두려웠다고 한다. 자신이 생각해 봐도 무당이 될 바에야 차라리 죽는 게 낫겠다는 생각을 여러 번 했지만 어린 자녀들의 얼굴을 보면 자살할 용기가 싹 가시곤 했다.

아무튼 최영단이 본격적으로 병을 고치기 시작한 것은 1961년도로 최영단의 집에서 물이나 음식을 얻어먹은 환자들이 우연치 않게 병이 나았다는 말을 퍼뜨리기 시작하자 그 소문이 원근 각지까지 퍼지게 된 것이다. 신종교 연구자 고 탁명환(卓明煥)은 "최영단은 환자의 얼굴과 눈을 주시하면 그 환자의 통증이 자기 자신의 체내에 느껴지게 되어 환자의 아픈 곳을 알아냈다고 한다. 이렇게 환자와 심적 교통을 하면서 환자가 나을 수 있도록 위로를 하면 병이 곧 나았다고 한다. 생전에 이러한 현상을 본인도 의아해했다고 적고 있다.

참고문헌

김재영, 『보천교와 한국의 신종교』, 신아출판사(전주), 2010.
박문기, 『본주』 1·2권, 정신세계사, 1995.
탁명환, 『한국신흥종교의 실상』, 국제종교문제연구소, 1991.
홍석화, 「농사꾼 사학자, 박문기」, 『토종문화와 모듬살이』, 학민사, 1997.

역사인물의 출생지 논란과 지역 간 갈등

　전봉준(1855~1895)의 태생지를 두고 장기간 논란이 있었다. 그간 출생지로 첨예하게 논쟁되었던 곳이 오지영의 『동학사』에 기초한 이기화의 고창읍 죽림리 '당촌마을설'과 「전봉준 공초(供招)」에 기초를 둔 고 최현식의 산외면 동곡리 '지금실설'이었다. 최근에는 고창 '당촌태생설'로 굳어졌다. 당촌마을은 천안 전씨들이 대대로 살던 집성촌이었다. 전봉준이 태어날 무렵 이 마을에는 전씨들이 20여호 살았다고 전해진다.

　전봉준은 생활이 어려워 한 곳에 오랫동안 정착하여 살 수 없었던 것으로 보인다. 전봉준의 이와 같은 유랑생활은 가혹한 수탈에 시달리는 민중의 실상을 자세히 살필 수 있는 기회이기도 했으며, 결과적으로 훗날의 동지를 모으는 여행이기도 했을 것이라는 것이 설득력 있는 분석이다. 일본 지바대학 조경달 교수의 지적처럼 출생지에 따른 논란이 있을 수 있으나 모두 전봉준과 인연이 있는 곳임을 아는 것이 더 중요하다. 누군들 모든 인연이 소중한 것이 아니겠는가.

　논개(論介, 1574~1593)는 장수군 임내면 주촌(朱村) 마을에서 태어났다. 고향이 장수이지만 진주에서 왜장을 끌어안고 죽은 것이 사실인지부터 시작해서 가락지 열 개를 과연 손가락에 끼울 수 있었는가, 그간 의심의 여지가 없다고 믿었던 양갓집 규수의 신분이 사실은 관기였다는 주장까지 크고 작은 논란이 계속되고 있다. 논개는 진주시의 캐릭터로 이용되고 있는 역사상 인물이다. 그러다보니 장수와 진주 두 곳에서 기념사업을 벌이면서 연고권을 주장하고 있다. 대중적으로 많이 알려진 역사 속 인물들이 지역의 문화콘텐츠로 부각되면서 빚어진 논쟁이다. 논개는 처음 관기에서 경상우병사 최경회의 첩으로, 나중에는 양갓집의 딸로 신분이 세탁되는 등 필요에 따라 논개가 끊임없이 소환되고 있다.

논개는 특이한 사주를 갖고 태어났다. 그가 태어난 1574년 9월 3일 밤은 갑술년-갑술월-갑술일-갑술시의 4갑술에 해당하기 때문이다. 아버지 달문은 갑술의 '술(戌)'이 개인만큼 개띠에 해당하는 아이를 낳았다는 지역방언 '개를 놓다'는 뜻의 '놓은 개'라 이름하고, 이를 이두식으로 논개(論介)라 하였다. 헌데 논개는 원래 노운개(魯雲介), 노은개(魯隱介)로 주씨가 아닌 '노씨'였다는 주장이 있는가 하면 '개(介)'는 주로 천한 사람들의 이름에 붙는 것이기에 논개는 천민이었다는 주장도 있다. 심지어 일본인 이름 끝에 주로 '개(介)'가 붙기 때문에 일본인이었을 것이라는 황당한 주장도 있다. 한걸음 더 나아가 왜장 게야무라 로구스케의 애인이었다는 설까지 그 주장과 설이 끝이 없을 정도다. 스토리텔링이란 말을 잘못 이해한 것으로 보인다.

조선후기 8대 명창이자 판소리 서편제(창시자의 호를 따서 '강산제'로 부르기도 한다)의 창시자인 박유전(朴裕全, 1835~1904)은 순창군 서마리에서 태어나 열여덟 살 경에 전남 보성 강산리로 이주하였다. 이를 두고, 순창이니 보성이니 연고지로 말이 많다. 박유전은 한쪽 눈을 보지 못했던 장애가 있었으면서도 이를 극복하고 어전 명창까지 된 입지전적(立志傳的) 인물이다. 그는 「적벽가」를 잘했고, 그중에서도 「새타령」은 그의 장기였다. 이로 인해 그는 대원군의 총애를 받아 무과급제까지 하였다. 1988년 6월 21일 보성공원에 그의 노래비가 세워졌다. 그의 창법은 머슴 출신인 문도 이날치(李捺致)에게 이어졌다. 이날치 역시 출생지와 성장지가 다르다. 그는 담양에서 살다가 만년에 장성으로 이거하였다. 그의 노래비가 박유전과 다르게 출생지인 담양에 세워져 있다.

이밖에도 전설 속의 인물로 알려졌던 홍길동(洪吉童)이 실존인물이니 아니니, 그의 고향이 장성이니 강릉이니 논란은 여전하다. 장성에서는 일찍부터 홍길동 테마파크를 조성하고, 홍길동 축제를 이어가고 있다. 장성주조에서는 쌀로 만든 홍길동막걸리를 만들어 판매하는 등 일찌감치 콘텐츠를 선점하고 있다.

하지만 출생지를 따지는 건 다 부질없는 짓이다. 실학의 선구자인 반계 유형원(柳馨遠, 1622~1673)이 어디 부안사람이던가. 서울 사람이다. 태생지가 어디든 그것이 왜 중요한 문제가 되는가. 이순신(李舜臣, 1545~1598) 장군이 조선시대 정읍현감을 지냈지만 서울 건천동 출생이고, 을사늑약 이후 무성서원에서 호남 최초 의병을 일으킨 면암 최익현(崔益鉉, 1833~1906)은 경기도 광주출생이다. 어디서 무엇을 어떻게 했느냐가 중요한 것이 아니겠는가. 이 간단한 이치를 뒤로 하고 자꾸 출생지 문제를 들먹여 쓸데없는 논란을 부추겨서는 안 될 일이다.

전북 순창에 가면 전봉준 피체지가 있다. 전봉준을 밀고한 자가 어느 지역 출신이냐를 놓고 한동안 지자체 간 설전을 벌인 일이 있었다. 갈등이 깊어지다 보니 전봉준 장군이 붙잡혔다는 피체지(被逮地)에 세워진 비석이 훼손돼 경찰이 수사에 나서는 상황에까지 이르렀다. 그렇다면 김경천의 고향은 어디일까. 순창군은 "김경천의 고향이 정읍 덕천면이라는 내용이 『정읍군지』와 『갑오동학혁명사』, 『동학농민전쟁 연구 자료집』 등 검증된 연구서적에 기록되어 있다."며 정읍 출신임을 강조하고 있다. 한때 전봉준의 부하였던 그가 현상금에 눈이 멀어 전봉준을 밀고한 것인데 왜 순창군이 그런 오해를 받아야 하는지에 대한 일종의 불만표출이었다.

녹두장군 전봉준 피체 유적지, 순창군 쌍치면 피노마을 (사진 제공: 정읍역사문화연구소)

김경천은 이웃 마을에 사는 선비 한신현에게 전봉준의 거처를 알려줬고, 이에 낌새를 알아차린 전봉준이 담장을 넘다 관군의 총 개머리판에 맞아 체포됐다고 전해진다. 오해를 받을만한 순창군의 불편한 입장을 이해하지 못하는 것은 아니지만 그렇다고 그 부분을 유난히 부각시켜 지역 간 갈등을 일으킬 필요가 있었는지는 다시 생각해 볼 일이다. 우리 역사에서 이러한 유사한 사례를 찾는다면 비단 이뿐이겠는가.

하지만 동학농민혁명을 연구한 박맹수 원광대학교 총장의 판단은 다르다. 박맹수 총장은 "당시 공식기록인 관찬사료에 김경천에 의해 전봉준이 붙잡혔다는 내용은 없다."는 주장이다. 기록에는 "사인(士人) 한신현이 전봉준 장군을 체포했다고 돼 있다."면서 "김경천이 밀고자라고 전해지는 이야기와 야사를 정사로 단정 짓는 것은 매우 위험한 일"이라고 주장했다.

참고문헌

김동철, 「'전봉준 장군 밀고자 고향 논란…' 드라마 대사로 재점화」, 『연합뉴스』, 2019년
    8월 14일자.

김재영, 『샘솟는 땅, 정읍의 문화』, 신아출판사, 1998.

김준형, 『진주정신을 찾아서』, 북코리아, 2021.

김호일, 「전봉준 장군 피체지 비석 표기 논란」, 『전북도민일보』, 2005년 6월 12일자.

이규섭, 『판소리 답사기행』, 민예원, 1994.

이종호, 「묻힌 전북의 인물을 발굴하자」, 『전북일보』, 2015년 6월 16일자.

정노식, 『조선창극사』, 조선일보출판국, 1940(1994년 복각본).

홍석영, 『거룩한 분노는 횃불이 되어』, 전북일보사 출판국, 1986.

황미연, 『전북 국악사』, 신아출판사, 1998.

'이승만의 정읍발언', 어떻게 봐야 할 것인가

　이승만은 상해 임시정부와 대한민국 초대 대통령으로 미국의 조지워싱턴 대학을 졸업하고 하버드 대학교에서 석사를, 프린스턴 대학교에서 정치학 박사학위를 받았다. 당시 미국사회에서 보더라도 상당히 주목받는 인텔리였다. 그럼에도 이러한 유리한 조건을 마다하고 국내로 돌아와 대한민국 건국의 기초를 닦았다는 긍정인 평가가 있는가 하면, 한편에서는 4·19혁명으로 역사적인 평가는 끝났다고 보기도 한다.

　최근 들어 '이승만의 정읍발언'이 주목받고 있다. 이승만의 정읍발언은 1946년 6월 3일 정읍에서 남한만의 단독정부 수립을 공식적으로 언급한 이승만의 발언을 말한다. 이 같은 발언의 배경은 우리 의사와 무관하게 강대국들이 한반도의 신탁통치를 결정했기 때문이다. 1945년 12월 16일부터 25일까지 모스크바에서 열린 미·영·소의 3개국 외상회의에서 한반도를 강대국에 의한 5개년간의 신탁통치를 실시할 것을 결정한 것이다.

신탁통치 반대운동과 찬탁운동

결의안 중 신탁통치 조항은 사실 미국이 제안한 것이었으나 국내는 소련의 제안으로 왜곡되어 보도되었다. 단순 오보인지, 미국의 의도인지는 모르나 이로써 반소운동, 반공운동에 이용되었다. 당시 국제사회는 한반도는 자치능력이 없다고 판단하였으나, 우리는 자치를 해보지도 않고 탁치를 하려는 것은 민족의 자존과 감정을 상하게 하는 일이라며 적극 반대하였다. 또 대다수의 민중은 신탁통치는 일본의 식민통치와 다를 바 없는 것으로 간주하였다. 지배국이 일본이라는 한 나라에서 다수의 나라로 바뀌었을 뿐이라고 생각한 것이다. 이 문제를 두고 좌익중심의 찬탁운동과 우익중심의 반탁운동이 극심해지자 이승만은 1946년 6월 3일, 전국 각지를 순회하는 도중 정읍동초등학교에서 다음과 같은 발언을 하였다.

> "이제 우리는 무기 휴회된 미·소공동위원회가 재개될 기색도 보이지 않으며, 통
> 일정부를 고대하나 여의케 되지 않으니, 우리는 남방만이라도 임시정부, 혹은 위원
> 회 같은 것을 조직하여 38 이북에서 소련을 철퇴하도록 세계 공론에 호소하여야
> 될 것이다."

이승만은 정읍발언 이전에 남선지방을 순방 중에 있었으나 일정에 차질이 생겨 서울로 올라갔다가 발언 전날인 6월 2일 정읍에 도착하여 하루 밤을 보낸 것이 일간지에서 확인된다. 그가 숙박한 곳은 현재 노인복지시설로 사용되고 있는 이현옥(장명동 씨교1길)의 소유저택이라는 주장이 있는 반면에 근처 한상진 소유의 기와집이었다는 주장으로 엇갈리고 있다. 이현옥 소유의 저택은 구 한일여관으로 영화 '장군의 아들' 촬영지로 알려져 있다. 아직까지 기록이 확인되지 않으니 여러 주장이 있을 수밖에 없다. 최근에 원래 숙박 장소는 구 한일여관 자

리인 이현옥의 저택으로 정해졌으나, 좌익과 우익의 대립이 심각한 상황에서 예기치 못한 불상사를 막기 위해 밤중에 숙소를 근처 가까운 한상진 소유의 집으로 옮겼다는 주장이다. 정치 지도자의 일정이 세세히 노출되었을 때의 위험을 고려한다면 수긍이 가기도 한다. 아무튼 시간문제일 뿐 앞으로 이와 관련된 사료가 언젠가 밝혀지고 명확히 규명될 것으로 보인다. 이 발언 이후, 이승만은 남한 단독정부 수립에 본격적으로 나섰고, 그해 12월부터 1947년 4월까지 미국으로 건너가 남한 단독정부 수립을 촉구하는 외교활동을 벌이고 돌아왔다.

정읍발언의 긍정적인 측면과 부정적인 측면

이승만의 이 같은 발언은 미군정을 종식시킨다는 긍정적인 측면이 있으나, 통일정부가 아닌 남한만의 정부수립이라는 부정적인 측면이 있었다. 하지만 이승만은 미국에 편승하여 남한에 단독정부를 세우고, 이를 토대로 북한(북진통일)을 통일하려는 2단계 전략의 일환이었을 것으로 보는 시각이 있다. 일부 연구자들은 이 발언이 분단에 상당한 영향을 미쳤다고 보고 있다. "좌우합작 노력이 한창 수반되던 중 38선 이남에 단독정부를 수립해야 된다는 주장을 이승만이 처음으로 공론화했다."며 "이승만은 분단 책임에서 결코 자유로울 수 없다"고 주장한다. 이에 반해 한편에서는 1946년 2월 이미 북한지역에 정부에 해당하는 '북조선임시인민위원회'가 성립되었기 때문에 정읍발언은 분단과 무관하다고 보기도 한다.

왜 '정읍(井邑)'인가

문제는 이 중차대한 발언을 서울도 아닌 '왜 정읍에서 했느냐'이다. 순회 도중 우발적으로 했다고 볼 수도 있으나 사전에 치밀하게 기획된 발언이었을 수도 있다. 아무튼 왜 정읍인가에 대해서는 아직까지도 그 정확한 의도를 밝혀내지 못하고 있다. 하지만 아무리 기록이 없다 해도 어떤 정황에 근거하지 않은 채 정읍이 동학농민혁명의 발상지일 뿐만 아니라 항일애국운동이 일어난 역사적인 장소라는 점이 고려되었을 것이라는 막연한 주장은 받아들이기 어렵다. 역사학자라면 더더구나 이런 식의 주장을 해서는 안 된다. 왜냐하면 동학농민혁명은 당시 '동학당의 난'으로 평가되고, '동학란'으로 인식되던 시기였기 때문이다. 따라서 동학농민혁명의 발상지 또는 민주화를 상징한다는 이유로 정읍을 고려했을 것이란 주장은 수긍하기 어렵다. 한편으로는 상해 임시정부에 독립운동 자금을 조달했던 민족종교 보천교의 역할을 무시할 수 없는 것이지만 그렇다고 정읍을 항일운동을 상징하는 대표지역으로 보기엔 무리(無理)가 따르기 때문이다. 의병도 마찬가지다. 전라북도에서 가장 많은 의병이 있었던 곳은 순창이 264명으로 가장 많았고, 정읍은 207명으로 그 다음이었다. 그것도 고부와 태인을 포함한 숫자이다. 1914년 행정구역 통폐합 이전의 3군으로 분류한다면 그 숫자는 현저히 줄 수밖에 없다.

그것보다는 정읍은 고창과 부안을 아우르는 전라북도의 서남부 지역의 중심지였기 때문에 정읍을 중심으로 대거 군중동원이 가능했을 것이라는 점이 참작되었을 것이다. 이승만은 6월 3일 정읍발언이 끝나자 곧바로 전주를 거쳐 군산으로 이동하였다. 1943년에 조사한 『조선총독부 통계연보』(제39권)에 따르면 당시 정읍인구는 196,634명이었다. 따라서 3년 뒤인 1946년에는 20만 명을 상회하는 인구였을 것으로 추정된다. 여기에다 정읍은 일제강점기 인근 지역의 독립운동과 독립운동 자금 모금의 중심지로서 역할을 수행하였다. 이는 상해 임시정부만이 아는 비밀이었을 수밖에 없다. 정읍과 태인, 보천교에서 독립운동 자금을 조달한 사례를 여기서 일일이 제시할 수는 없으나 대체로 시가 200억이 넘는 것으로 추산하고 있다. 보천교(普天敎)에서 5만 원의 독립운동 자금을 상해 임시정부에 조달했다는 사실은 이미 널리 알려져 있다. 임정에서는 수립 초기 인도인을 고용해서 수위로 세웠으나 임시정부 청사 집세 30원과 20원도 되지 않는 고용인 월급을 주지 못해 번번이 소송당하는 일이 벌어지고 있었다. 이는 국내뿐만 아니라 하와이에서조차 독립운동 자금 조달이 원활하지 못했다는 반증이 된다. 이러한 상황에서 5만 원은 임시정부의 회생자금으로 충분했을 것이다.

"내가 정읍에 많은 빚을 졌다."고 한 백범 김구의 발언

이승만의 정읍발언 이후인 1948년 2월 10일 김구는 「삼천만 동포에게 읍고함」이란 글에서 "나는 통일된 조국을 건설하려다 38도선을 베고 쓰러질지언정 일신의 구차한 안일을 위하여 단독정부를 세우는 일에는 협력하지 아니하겠다."고 말했다.

백범이 해방 이후 태인에서 3·1독립만세운동을 주도했던 김부곤(金富坤)의 집에서 하룻밤을 묵으면서 "내가 정읍에 많은 빚을 졌다."는 이야기를 한 것은 바로 이러한 전후 사정을 염두에 둔 발언은 아닌지 생각해 볼 일이다. 아무튼 정치적 견해가 다른 두 민족 지도자가 시차를 두고 특정지역을 방문, 중대한 발언을 했다는 것이 어찌 우연일 수가 있겠는가. 김부곤 가옥에 최근까지 딸 김금숙과 사위 곽규 선생이 살고 있었다. 현재 정읍시 향토문화유산 제13호로 지정 관리되고 있다.

참고문헌

『조선총독부 통계연보』(제39권), 1943.

강준만, 『한국현대사 산책』, 인물과 사상, 2006.

김재영, 「이승만의 정읍발언」, 『서남저널』, 2023년 5월 24일자.

안후상, 「미군정도 부정적이었던 정읍발언」, 『서남저널』, 2023년 6월 15일자.

이정식, 『대한민국의 기원』, 일조각, 2006.

전라북도지편찬위원회, 『전북도정 50년사』, 신아출판사, 2000.

정원기(전북교육문화진흥원 연구원), 자료제공, 2023.6.5.

정읍문화원, 『정읍시 향토문화유산 자료조사』, 2019.

태인 김부곤 선생의 딸 김금숙과 사위 곽규 선생의 인터뷰, 2015년 10월 31일.

『동아일보』, 1945년 12월 27일자, 1면 머리기사,「소련은 신탁통치 주장, 미국은 즉시 독립
　　　　주장」.

『한국일보』, 2015년 11월 9일자.

인문학은 우리네 삶을 변화시킬 평생학습의 대상이다

깨달음은 젊었을 때 어느 날 갑자기 오지 않는다. 마치 포도주가 숙성되듯, 물이 100도에서 끓듯 나이가 들면서 뒤늦게 온다. 나이 들어 '깨달았다'는 것은 '내려놓는다.'는 것이고, '비운다는 것'을 의미한다. 그 시기를 아는 것이 중요하다. 사람은 얻었으면 반드시 버려야 할 때가 오기 때문이다. 떠날 때 떠나지 않고 비워야 할 때 비우지 않으면 삶이 추해질 뿐이다. '깨달았다'는 것은 단단한 껍질에서 깨어 나와 비로소 어느 경지에 '다다랐다'는 뜻일 것이다.

말하는 것보다 '듣는 것'이 더 중요하다

그 깨달음 중의 하나가 바로 '말하는 것보다 듣는 것이 더 중요하다.'는 사실이다. 상대방을 존중하고, 남의 말을 잘 듣는다는 것이 얼마나 중요하고 어려운 것인지를 비로소 깨달은 것이다. 왜 '이목구비(耳目口鼻)'가 반듯하다고 했을까. 얼굴 한쪽 귀퉁이에 있는 귀가 왜 먼저 오는가. 이 역시 보고 말하는 것보다 듣는 것이 더 중요하다는 의미에서 온 말은 아닐까. 듣는다는 것은 소통하고 공감하는 것을 의미한다. 공감능력이 떨어지는 사람들은 상대방의 이야기를 잘 듣지 않는다. 듣는다는 것은 자신을 낮춘다는 것을 의미한다. 진리란 게 이와 같이 어려운 말에 있는 것이 아니다. 사람의 호감을 얻는 가장 간단한 방법은 다른 사람의 말을 잘 듣는 것이다. 그런데 남들의 호감은 얻고 싶은데 그게 잘 되지 않는다.

정읍시에 50명으로 구성된 '인문학 동인회(회장 공웅선)'가 있다. 2015년부터 정읍시 평생학습센터와 다문화도서관(관장 이병임)에서 내 인문학 강의를 들은 사람들이 300명이 넘는다. 이 강의를 듣고 수료한 사람들로 구성된 모임이 바로 '인문학 동인회(同人會)'다. 이 모임에 나이 80이 넘은 김석주 교장 선생님(동인회 고문)의 말씀이다. 요즘 핫하게 뜨고 있는 정읍의 유럽마을, 엥겔베르크(천사의 마을) 촌장이다. "사람이 말을 배우는 데는 2년이 걸리지 않을 수 있지만, 말을 참는 데는 60년이 걸릴 수도 있다."고 했다. 살면서 존경하는 인생 선배이자 롤모델인 김이종 주식회사 여산 대표(동인회 2대 회장)는 "우리는 매주 인문학 시간을 통해서 '내가 누군데' 하는 자만심에서 벗어나 '내가 뭔데' 하는 하심(下心)의 훈련을 함으로써 이제 비로소 세상을 바로 볼 수 있는 안목을 갖게 되었다."고 회고했다. 이쯤 되면 수강했던 인문학 선생 모두가 인문학자라 해도 지나친 말이 아니다. 인문학을 공부해야 할 이유가 바로 여기에 있다.

사람은 술 한 잔만 들어가도 자신의 말을 앞세우기 마련이다. 오죽하면 『명심보감(明心寶鑑)』에 '술에 취하고도 말을 참을 수 있는 사람이 참다운 군자'라고 했을까. 자신의 말을 앞세우지 않고 상대방의 말을 귀 기울여 듣는다는 것이 얼마나 어려운 일인가를 표현한 말이다. 공자는 안다고 아는 것을 다 말하지 않았고, 말한다고 말하고 싶은 것을 모두 말하지 않았다(知而不言 言而不盡). 내가 말하려는 것보다 상대방의 이야기를 더 듣겠다는 뜻으로 해석된다. 내가 안다고 해서 다 안다고 착각해서는 안 된다.

『사기(史記)』에 나오는 말이다. 남의 말을 잘 듣는 것을 '총(聰)'이라 하고, 자신을 잘 성찰하는 것을 '명(明)'이라 한다. 그래서 남의 말을 잘 들을 수 있는 것을 '귀가 밝다' 하고, 안으로 자신을 잘 성찰할 수 있는 것을 '눈이 밝다'고 하는 것이다. 결국 『사기』에서는 남의 말을 잘 듣는 것도 중요하지만 자신을 잘 성찰하는 것이 더 중요하다고 강조한 것이다.

공자가 말했다. "아랫사람에게 '묻는 것(不恥下問)'을 부끄러워하지 말라." 공자는 모르는 것이 있으면 물을 것을 제자들에게 죽을 때까지 당부했다. '물을 문(問)'에서 '입 구(口)'가 빠진 '문(門)'은 출입을 위해 열고 닫는 것이지만 '듣는다.'는 뜻이 포함되어 있다. '문'을 듣는다고 풀이한 이유는 문 밖에서 안의 소리를 들을 수 있고, 문 안에서 밖의 소리를 들을 수 있기 때문이다. 이를 확장하면, "아랫사람에게 묻는 것뿐만 아니라 듣는 것(不恥下聞)을 부끄러워하지 말라. 아랫사람에게 배우는 것(不恥下學) 또한 부끄러워하지 말라."는 해석이 가능하다.

듣는 것만으로도 상대방의 마음을 얻을 수 있다

지도자의 덕목 가운데 가장 중요한 것이 '듣는 것'이다. 지도자뿐만이 아니다. 우리는 정보홍수 시대에 살고 있다. 정보의 양이 많아지고 전달속도가 점점 빨라지고 있다. 나이가 들면 쏟아지는 다양한 정보 습득에 어려움을 겪기 마련이다. 그래서 나이 들면 듣는 것이 더 중요하다. 그럼에도 오히려 잘 들으려 하지 않는다. 고대사회에서 지도자는 나이 든 성인(聖人)이었다. 성인의 '성'자에 '귀(耳)'가 앞에 있고, '입(口)'이 뒤에 있다는 것은 먼저 듣고 뒤에 말하라는 뜻이었을 것이다. 상대방의 말을 듣기 위해서는 내 말을 줄이는 수밖에 없다. '이청득심(而聽得心)'이라고 했다. 이야기를 듣는 것만으로도 상대방의 마음을 얻을 수 있다는 이야기이다. 상대방의 말을 잘 듣지 않는 사람들의 특징이 있다. 자신이

주연인지 조연인지를 잘 모르는 사람들이다. 자기소개를 하라고 했더니 10분이고 20분이고 앞뒤 맥락 없이 이야기하는가 하면, 남은 시간 5분을 주었더니 이야기가 밑도 끝도 없는 경우를 가끔 보게 된다.

듣는다는 것은 국가경영에서도 똑같이 적용된다

『시경(詩經)』에 "군주가 영명한 까닭은 널리 듣기 때문이고, 군주가 어리석은 까닭은 편협하게 어떤 한 부분만을 믿기 때문이다."라고 했다. 조선시대 대사간이었던 이감(李堪)은 "예로부터 국가가 간하는 것을 들어서 흥하지 아니한 적이 없고, 간하는 것을 듣지 않고서 망하지 아니한 적이 없다."고 연산군에게 직언하였다. 이들 언관(言官)들은 평소에도 꺾이지 않는 기개가 있어야 만이 자신의 직위와 생명을 걸고 왕에게 직언을 할 수 있었기 때문에 금주령이 내려진 시기에도 음주를 허용 받는 특별대우를 받았던 사람들이다.

조선시대 어전회의에서 대간(臺諫)의 역할은 대단했다. 사리에 합당하지 않거나 명분에 맞지 않으면 아무리 임금의 말이라 하더라도, 임금의 말 한마디에 목숨이 날아갈 경각의 처지에 있어도 대간들은 '아니 되옵니다.'를 연발했고, '천부당(千不當) 만부당(萬不當) 하옵니다.'는 소리를 거침없이 해댔다. 잘 생각해 보시라. 부당한 것이 천 가지를 넘어 만 가지도 된다는 이 말은 말이 안 되는 이야기이니 거칠게 이야기하면 '집어 쳐라'는 이야기와 무엇이 다른가. 임금의 정책이나 방향이 잘못되었다는 확신이 들 때는 임금이 그 주장을 철회할 때까지 목숨을 걸고 '통촉(洞燭)하시옵소서'를 무한 반복했다. 이러한 소신발언으로 임금은 주장을 철회하기도 했다. '위대한 지도자는 위대한 국민이 탄생시킨다.'는 오늘날 명제와 무엇이 다른가.

측근의 이야기를 듣지 않아 나라를 망친 경우를 우리는 『삼국지』를 통해서 이미 학습한 바 있다. 유비는 관우와 장비를 잃고 난 뒤 분별심을 잃고, 오로지 복수심에 불타 제갈량의 조언을 듣지 않았다. 결국 오나라의 손권을 무리하게 공격하다가 유비는 대패하였다. 주변의 이야기를 듣지 않은 그 결과 나라까지 망하게 되었다는 사실에서 듣는다는 것이 얼마나 중요한지 알 수 있다. 이 모든 것을 종합하면 결국 말하는 것보다 듣는다는 것이 더 중요하다는 결론에 이르게 된다. 듣지 않고 저지르는 이런 독단과 오만함을 가진 안하무인격에 해당하는 사람을 소신이나 추진력 있는 사람으로 미화해서는 안 된다.

불가에서 자주 쓰는 말이 있다. '개구즉착(開口則錯)'이라. 사람은 입만 열면 그때부터 착오가 시작된다는 말이다. 그러니 입을 닫고 말을 하지 않는 한, 말로서 오해받지 않고 자신 있게 살 사람은 이 세상 천지에 아무도 없을 것이다. 사찰에서 '면벽수행(面壁修行)'을 하는 이유가 바로 여기에 있다. '면벽수행'이란 말하지 않는 묵언수행법이다. 말을 하지 않겠다는 것이 아니라 말을 줄이겠다는 뜻일 것이다. 말은 약이 될 때도 있지만 독이 될 때가 더 많기 때문이다. 그래서 예부터 말을 아끼라는 가르침이 줄곧 있었던 것이다. 말은 아껴도 실수하는 법이다.

요즘은 문자 카톡이 족쇄가 되고 있다

최근 전자기기의 발달로 시도 때도 없이 문자를 자주 하다 보니 카톡이 족쇄가 되고 있다. 어떻게 보면 우리 생활의 상당 부분이 이제는 말보다 문자에 의존하는 세상이 되었다. 여기서 문제가 되는 것은 좋은 글도 때로는 좋지 않은 일과 엮어지면 자신을 옭아매는 족쇄가 될 수도 있다는 점이다. 따라서 카톡이

나 문자에 댓글을 달지 않는다고 서운해 할 일이 아니다. 아무리 좋은 문장과 귀감이 되는 글을 같이 공유하고 싶어 보낸다 하더라도 이를 강요해서는 안 된다. 이는 오로지 자신의 생각이기 때문이다. 자신에 관해 올리는 글이 특히 그렇다. 필요 이상으로 남의 일에 관심을 가질 일도 아니지만 내 사생활이나 생각을 필요 이상으로 자랑삼아 남에게 말할 일도 아니다. 인간관계는 수시로 변하기 때문이다. 말하는 순간 내 의도와는 전혀 다르게 해석되고, 그 순간 잃는 게 더 많아지는 경우를 우리는 경험하고 있다.

혀만큼 좋은 것도 없고, 혀만큼 나쁜 것도 없다

『탈무드』에 나오는 이야기다. 랍비가 하인에게 맛있는 것을 골라서 사 오라고 시켰다. 그랬더니 하인이 혀를 사왔다. 랍비는 우리로 치면 인문학을 가르치는 서당의 훈장과 같은 인물이다. 며칠 뒤 랍비는 또 하인에게 오늘은 값이 싼 음식을 사오라고 했다. 그런데 하인이 또 혀를 사왔다. "며칠 전에 맛있는 것을 사 오라 했을 때 혀를 사 왔는데 오늘은 싼 음식을 사 오라고 했는데도 어찌하여 또 혀를 사왔느냐."며 랍비가 하인에게 야단을 쳤다. 이에 하인이 랍비에게 한 말이다. "혀만큼 좋은 것도 없고, 혀만큼 나쁜 것도 없기 때문입니다." 이쯤 되면 대단한 내공을 가진 하인이라고 볼 수밖에 없다. 누가 선생이고, 누가 학습해야 할 대상인지 헷갈린다. 말이란 잘하면 좋은 약이 될 수 있지만 잘못하면 독이 될 수 있다는 말을 하인이 에둘러 말한 것이다.

왜 '말씀'이라 했겠는가. 아마도 말이란 쓸 만한 말만 골라서 해야 한다는 뜻에서 말씀이라고 했을 것이다. 말을 지악스럽게 하는 사람들을 볼 때마다 생각나는 글자가 있다. 한자말에 감옥을 뜻하는 '옥(獄)'자가 있다. '옥'자는 가운데에

'말씀 언'이라는 글자의 좌우에 개를 뜻하는 견(犭, 犬)자로 둘러싸여 있는 구조로 되어 있다. 이는 개가 양쪽을 지키고 서 있으니 당연히 말을 삼가라는 뜻이 담겨 있을 것이다. 말씀을 '견'같이 하는 사람들은 결국은 감옥으로 가게 될 것이라는 메시지가 담겨 있다. 헬라 속담에 "혀는 뼈 하나 없고 아주 약하나 사람을 찔러 죽이기도 하고, 역사를 건설하기도 한다."고 했다. 어리석은 사람은 긴 혀로 알아본다고 했다.

'너의 말과 행동을 삼가라'

요즘 정치권을 보면 누가 상대에게 상처가 되는 막말을 더 잘할 수 있을까 마치 경주하듯 하고 있다. 잔악한 막말이 도의를 넘어서고 있다. 진흙탕 싸움이란 뜻의 이런 '이전투구(泥田鬪狗)'를 이전 우리 정치사에서 본 적이 없는 것 같다. 그 끝이 어디일까 양쪽 다 갈 데까지 가보자는 심사인 거 같다. 상대를 비아냥거리고 경멸하고, 모멸감을 느끼게 하는 발언을 하거나 심지어 저주에 가까운 말들을 아무런 의식 없이 쏟아내고 있다. 그러면서도 막말하는 장본인들은 부끄러워할 줄 모른다.

중국에 그런 가르침이 있다. 혼란한 세상에 어떻게 처신해야 살아남을 수 있는지 춘추전국시대에나 있을 법한 이야기이나 우리가 새겨야 할 말이다. "사람들은 그 말로써 너를 알려고 할 것이다. 너의 행동을 삼가라. 사람들은 그 행동을 가지고 너에게 시시비비를 따질 것이다. 너에게 지혜가 있다는 것을 알면 사람들은 너에게 아무 말도 하지 않을 것이다. 하지만 네가 무지하다는 것을 알면 사람들은 너를 속일 것이다. 네가 어떤 것을 알고 있는 것처럼 행동하면 사람들은 감추고 알리지 않으려 할 것이다. 하지만 모르는 것처럼 행동하면 사람들은 너를 범하려 할 것이다. 그러므로 이렇게 말할 수 있는 것이다. 사람들이 할 수 있는 방법은 오직 무위(無爲)뿐이다. '말과 행동을 삼가라'는 말이다."

『탈무드』에 낯선 사람의 백 마디의 모략보다도 가까운 친구의 말 한마디가 더 깊은 상처를 남긴다고 했다. 그렇다. 사실 가까운 사람이 도움을 주기도 하지만 상처도 준다는 사실도 알아야 한다. 젊었을 때에 사귄 우정이 평생 갈 것 같지만 절대 그렇지 않다. 살면서 가치관이 서로 변하기 때문이다.

유태인 속담 중에 수다를 경계하는 것이 많다. "인간이 입으로 망한 적은 있어도 귀로 망한 적은 없다."고 했다. 입은 자신을 주장하고, 귀는 다른 사람의 주장을 듣기 때문이다. 동물에게 입이 하나 있고, 눈과 귀가 둘인 이유는 주위의 사물을 잘 관찰하고, 소리를 잘 들어야만 생존할 수 있기 때문이다. 잘 보고 잘 듣는다는 것이 자신을 지켜주는 힘이 되기 때문이다. 사람도 마찬가지다.

어떻게 살아야 할 것인가(How to live)

인문학이란 '내가 누구인가(Who am I)를 바로 아는 일'이라고 했다. 내 자신을 바로 알았다면 그 다음 일은 어떻게 살아야 할 것인가 하는 문제로 귀착될 수밖에 없다. 그 해답이 바로 고대 이집트인들이 죽음에 대해 던지는 질문에 있다. "살아가면서 참다운 인생의 기쁨을 느낀 적이 있느냐"고. 천하의 갑부인 스티브 잡스(Steve Jobs, 1955~2011) 또한 세상을 뜨기 전 병상에서 우리에게 물었다. "당신의 인생이 다른 이에게 그런 참다운 인생의 기쁨을 안겨준 적이 있느냐."고.

우리 나이 쉰일곱이라는 비교적 짧은 생애를 마감한 그가 병상에서 마지막으로 남긴 말은 의외로 간단명료하다. "이제야 나는 깨닫는다. 우리 인생이란 삶을 유지할 만큼 적당한 재물을 쌓은 후엔 부와 무관한 것들을 추구해야 한다는 사실을. 더 중요한 것은 그 무엇이어야 한다. 어쩌면 이런저런 인간관계, 아니면 예술 또는 젊었을 시절에 가졌을 꿈을. 쉬지 않고 재물을 추구하는 것은 결국 나같이 비꼬인 인간으로 전락시킬 것이다. … 너의 가족들을 위한 사랑을 귀하게 여겨라. 너의 동반자를 사랑하라. 너의 친구들을 사랑하라. 너 자신에게 잘해라. 타인을 소중히 여겨라."

스티브 잡스가 건네는 말을 통해 우리는 어떤 삶을 살아야 할 것인가에 대한 하나의 지침을 얻게 된다. 결국 내 가족과 친구들을 포함한 '남들을 도탑게 할 수 있는 삶'이 되어야 한다고 강조한 것이다. 사랑하다의 어원이 '생각하고 헤아리다'는 뜻의 '사량(思量)하다'에서 온 말이라는 주장이 있다. 그 말의 진위를 떠나 우리는 너나할 것 없이 상대를 배려하고 아끼고 사랑하는 마음을 가져야 할 것이다. 얼마나 의미 있고 아름답게 삶을 살았는지에 대한 자각이 삶의 가치를 결정하게 되어 있다. 오로지 가치 있고 아름답게 살다 가는 것만 생각하려고 한다. 그리고 깨달았으면 죽을 때까지 실천하려고 한다. 남을 원망하지 말고 내가 참회하는 마음으로 살자. '수원숙우(誰怨孰尤)'라고 했다. 누구를 탓한들 무엇 하겠는가. 이는 내 자신과 스스로의 다짐이다. 그렇게 살다 가는 것이 천주교에서 말하는 '선종(善終)'일 것이다. 레오나르도 다빈치가 한 말이다. "아는 것만으로는 부족하다. 적용해야 한다. 생각하는 것만으로는 부족하다. 행동해야 한다." 하지만 그게 어렵다. 그래서 매일같이 자신에 대한 성찰이 필요하고 다짐이 필요한 것이다. 그런 과정을 거치면서 우리네 삶은 어떤 형태로든 변화가 있을 것이다.

참고문헌

곽말약, 『남자 하루에 백번 싸운다』, 동아서원, 1989.

김재영, 「말하는 것보다 듣는 것이 중요하다」, 『전북금강일보』, 2023년 11월 6일자.

김재영, 「말하는 것보다 듣는 것이 중요하다」, 『서남저널』, 2023년 11월 8일자.

김재영, 「어떻게 살아야 할지는 인문학에 답이 있다. 나누고 베푸는 기부문화의 확산을 위
하여」, 『서남저널』, 2020년 4월 1일자.

마빈 토케이어 지음, 박경범 엮음, 『탈무드』, 백만문화사, 2007.

범립본 저, 김원중 역, 『명심보감(明心寶鑑)』, 휴머니스트, 2017.

사마천 지음, 소준섭 편역, 『사기(史記) 56』, 현대지성, 2016.

도마 안중근 의사와 그의 가족의 항일운동

1   오영섭, 「안중근 가문의 독립운동」, 『한국민족운동사연구』 30, 2002.

2   정운현·정창현 지음, 『안중근 家 사람들』, 역사인, 2017, 25쪽.

3   정운현·정창현 지음, 위의 책, 8쪽.

4   오영섭, 「을사조약 이전 안태훈의 생애와 활동」, 『안중근과 그 시대』, 경인문화사, 2009, 84~85쪽.

5   오영섭, 위의 글, 112쪽.

6   사이토 타이켄, 『내 마음의 안중근』, 집사재, 2002, 71~72쪽.

7   김구 저, 도해순 주해, 『백범일지』, 돌베개, 1997, 58쪽.

8   유홍렬, 『한국천주교회사』 하권, 가톨릭출판사, 1962, 425쪽.

9   권오영, 「고석로의 위정척사 사상과 口傳心授의 교육」, 『백범과 민족운동 연구』 제3집, 2005, 270쪽.

10   안태훈은 개화성향을 지닌 인물이었음에도 동학군을 도적이나 비도로 간주하여 진압하고자 노력하였다. 안태훈은 동학군이 봉건정부의 부정부패와 탐관오리의 탐학행위 때문에 봉기했음을 분명히 인식했으면서도 자신들이 향촌사회에서 누리고 있는 사회경제적 기득권이 동학군에 의해 침해되는 것을 원치 않았기 때문이다. 1894년 11월 13일 안태훈은 황해도 신천에서 동학농민군을 크게 무찔렀다.(오영섭, 「을사조약 이전 안태훈의 생애와 활동」, 90쪽)

11   1908년 4월 연추(지금의 크라스키노) 얀치혜 최재형의 집에서 '동의회'를 조직하였다. 그 결과 총장에 최재형, 부총장 이범윤, 회장 이위종, 부회장 엄인섭, 서기 백규삼 등을 선출하였다. 안중근은 이때 평의원으로 선출되었다.(『해조신문』, 1908년 5월 10일 별보) 부회장인 엄인섭은 최재형의 생질이자 부하로 알려졌다. 1900년 의화단 사건이 발생하자 러시아군에 종군하여 남만주에서 공로를 세워 훈장을 받았다. 러일전쟁 때 주하얼빈 제1군단 본부의 통역으로 활동했고 그 공로로 훈장을 받기도 했다. 1908년 7월 안중근과 더불어 최재형 부대의 좌영장으로 참전했다. 1910년 5월 엄인섭 부대는 총 263명이었다. 후에는 권업회 경찰부원으로 활동하기도 했으나 안중근의 사진이 『신한민보』에 게재된 사실을 일제에 알리는 등의 부일행위로 인해 독립운동가들의 표적이 되었다.(신운용, 「안중근의 의병투쟁과 활동」, 『안중근과 그 시대』, 경인문화사, 2009, 47쪽)

12   안중근의사기념관, 「안응칠 일기」, 『안중근 안쏠로지』, 181쪽. 안응칠 역사는 1978년에, 동양평화론은 1979년에 발굴되었다.

13   안중근의사기념관, 위의 책, 203쪽.

14   이동언, 「안중근의 국채보상운동 참여와 활동」, 『도마 안중근』, 선인, 2017, 18쪽.

15   이경규, 「유교적 소양과 신앙에 바탕을 둔 안중근 의사의 생애와 사상」, 『도마 안중근』, 선인, 2017, 140~141쪽. 이는 삼흥학교의 운영경비가 부족했기 때문에 미곡상과 석탄회사 삼합의를 운영한 것으로 보인다. 삼합의는 한재호·송병운·안중근 세 사람이 합작한 회사라는 의미이다. 삼합의는 공동사업자들 간 불화와 일제의 방해로 실패하였다. 안 의사의 동생인 안정근은 이것

이 간도로 가게 된 원인이었다고 했으나 안 의사의 간도망명은 일제의 한국침략에 대한 그의 인식과 대응이라는 일련의 과정에서 이루어진 필연적인 결과였다.(신운용, 「안중근의 민권·민족의식과 계몽운동」, 『안중근과 그 시대』, 경인문화사, 2009, 30쪽)

16 안중근의사숭모회·안중근의사기념관, 『대한의 영웅 안중근 의사』, 2008, 16쪽.

17 김태빈·우중환, 『대한국인 안중근』, 레드우드, 2019, 60~61쪽.

18 안중근의사숭모회·안중근의사기념관, 『대한의 영웅 안중근 의사』, 18~19쪽.

19 사이토 타이켄, 『내 마음의 안중근』, 100~109쪽. 독립운동가 이인섭은 안중근이 단지동맹을 결성한 장소가 바로 '최재형의 창고'였다고 후일 회고하였다.

20 안중근의사숭모회·안중근의사기념관, 『대한의 영웅 안중근 의사』, 20~21쪽. 2001년 10월 18일 러시아 정부의 협조를 얻어 광복회와 고려학술문화재단에서 엔치아 부근 카리 마을에 안중근 의사를 비롯한 12명의 결사동지를 기리기 위해 '단지동맹유허비'를 세웠다. 기념비는 화강석으로 불꽃 형상을 하고 있다.

21 정운현·정창현 지음, 『안중근 家 사람들』, 46쪽.

22 정운현·정창현 지음, 위의 책, 54쪽.

23 김호일, 「옥중 육필을 통한 안중근 사상의 일단」, 『도마 안중근』, 선인, 2017, 111쪽.

24 박환, 『페치카 최재형』, 선인, 2018, 6~7쪽.

25 박환, 위의 글, 143쪽.

26 박환, 위의 글, 230쪽.

27 박환, 위의 글, 234쪽.

28 박환, 위의 글, 228쪽.

29 박환, 위의 글, 255~259쪽.

30 박환, 위의 글, 185~196쪽.

31 오영섭, 「일제시기 안정근의 항일독립운동」, 『안중근과 그 시대』, 경인문화사, 2009, 177~180쪽.

32 오영섭, 위의 글, 180~186쪽.

33 오영섭, 위의 글, 187~189쪽.

34 1914년 6월부터 8월까지 러시아 연해주에서 간행되었던 『권업신문』에서는 『만고의사 안중근 전』이라는 제목으로 10회에 걸쳐 연재하였다. 일제가 신문 발행을 금지시키고자 했던 것은 바로 이와 같은 이유에서였을 것으로 보인다.

35 오영섭, 「일제시기 인정근의 항일독립운동」, 190쪽

36 오영섭, 위의 글, 193쪽.

37 오영섭, 위의 글, 196~197쪽.

38 오영섭, 위의 글, 198~200쪽.

39 오영섭, 위의 글, 204~209쪽.

40 오영섭, 위의 글, 215쪽.

41 오영섭, 위의 글, 221~222쪽.

42 오영섭, 위의 글, 223~227쪽.

43 오영섭, 「안공근의 항일독립운동」, 『안중근과 그 시대』, 경인문화사, 2009, 116~118쪽.

44 오영섭, 위의 글, 119쪽.

45 오영섭, 위의 글, 142쪽.

46 오영섭, 위의 글, 140쪽.

47 오영섭, 위의 글, 141쪽

48 오영섭, 위의 글, 145쪽.

49 정현섭, 『이 조국 어디로 갈 것인가』, 자유문고, 1982, 180~181쪽.

50 이동언, 「안명근의 생애와 독립운동」, 『안중근과 그 시대』, 경인문화사, 2009, 159~160쪽.

51 이동언, 위의 글, 162쪽.

52 이동언, 위의 글, 163쪽.

53 『신한민보』, 1911년 5월 3일자.

54 이동언, 「안명근의 생애와 독립운동」, 169쪽.

55 이동언, 위의 글, 167쪽.

56 작자 불명, 『근세역사』, 윤병석 역, 『안중근 전기전집』, 421~430쪽, 436쪽.

57 신운용, 「안중근의 민권·민족의식과 계몽운동」, 4쪽.

58 명동성당은 원래 명례방 역관 김범우의 집으로 조선천주교회가 생겨난 곳이다. 블랑주교가 그
    터를 매입해 성당을 지은 것이다.

59 최석우, 「안중근의 신앙과 애국심」, 『안중근의사추모자료집』, 천주교정의구현전국사제단, 1990,
    134쪽.

60 일반 대학이 아닌 천주교대학이었을 것으로 보고 있다.

61 국사편찬위원회, 「보고서」(1910.3.15.), 『한국독립운동사』 자료7, 1997, 543쪽.

62 안중근의사기념관, 「안응칠 일기」, 『안중근 안쏠로지』, 180쪽.

63 김태빈·우중환, 『대한국인 안중근』, 190쪽.

64 안 의사는 1910년 2월 7일 심문조서에서 "국내에서는 안중근으로, 블라디보스토크에서는 안응
    칠로 통했다."고 답변했다.(사키류조 저, 양억관 옮김, 『광야의 열사, 안중근』, 고려원, 1992,
    249쪽)

65 윤선자, 「안중근 의거에 대한 천주교회의 인식」, 『안중근 연구의 기초』, 경인문화사, 2009,
    224~226쪽.

66 윤선자, 위의 글, 230~231쪽.

67 윤선자, 위의 글, 228쪽.

68 윤선자, 위의 글, 233~234쪽.

69 한국교회사연구소, 『황해도천주교회사』, 황해도천주교회사간행사업회, 1984, 122~123쪽.

70 최석우, 「안중근의 의거와 교회의 반응」, 제100회 교회사연구 발표회 겸 안중근 의사 기념 학
    술 심포지움, 1993.

71 우덕순은 충청북도 제천 출신으로 안중근보다 두 살 많은 32세의 청년이었다. 서울에서 잡화상
    을 경영하다 가족을 남겨둔 채 단신으로 블라디보스토크로 건너와 담배장사를 하며 동포들에
    게 독립운동을 고취시키고 있었다.(사이토 타이켄, 『내 마음의 안중근』, 128쪽) 우덕순은 안 의
    사의 거사 직전까지 대동공보사의 회계 책임자였다. 안 의사도 한때 대동공보사의 기자였다.
    그렇다면 하얼빈 의거는 대동공보사가 진원지라 해도 과언이 아니다. 『광야의 열사 안중근』에
    서는 우덕순은 『대동공보』의 판촉을 하면서 배당금을 받는 조건으로 일했으며, 기본 급료는 월
    10루블이었다고 구체적으로 밝히고 있다.(사키류조 저, 양억관 옮김, 『광야의 열사, 안중근』,

57쪽) 신문을 읽게 하는 것을 일종의 계몽운동으로 생각했다고 한다.

72 조도순은 함경남도의 농가에서 태어나 15년 전에 고향을 떠나 러시아 영내로 이주한 후 농사일과 금광일을 하다 이해 여름에 하얼빈으로 와 고향진구 집에 머무르면서 날품을 팔고 있었다. 아내가 러시아인이었다. 조도선은 추후 세탁업을 할 예정이었다.(사이토 타이켄, 『내 마음의 안중근』, 135쪽)

73 채가구 역은 하얼빈 남쪽 84㎞ 지점에 위치하고 있다. 하얼빈에서 약 3시간 정도 걸리는 거리이다. 블라디보스톡에서 하얼빈까지는 횡단철도로 약 780㎞이며 급행열차를 탔을 경우 약 21시간이 걸린다.

74 첫 발은 가슴에, 두 번째 발은 이토의 늑골에 명중했고, 세 번째 총알은 이토의 복부를 관통했다.

75 정운현·정창현 지음, 『안중근 家 사람들』, 46쪽.

76 사키류조 저, 양억관 옮김, 『광야의 열사, 안중근』, 263쪽.

77 안중근의사기념관, 「안중근 의사 일대기와 의사께서 남기신 말과 글(어록)」, 국가보훈처, 10~11쪽; 사키류조 저, 양억관 옮김, 『광야의 열사, 안중근』, 150쪽.

78 정운현·정창현 지음, 『안중근 家 사람들』, 49쪽; 사이토 타이켄, 『내 마음의 안중근』, 148쪽.

79 정운현·정창현 지음, 위의 책, 51쪽.

80 사이토 타이켄, 『내 마음의 안중근』, 169쪽.

81 사이토 타이켄, 위의 책, 155쪽.

82 김태빈·우중환, 『대한국인 안중근』, 220쪽.

83 안중근은 2남 1녀를 두었다. 장녀 현생은 1902년생, 장남 분도는 1905년생, 차남 준생은 1907년생이다. 의거 당시 장녀 현생은 8세, 장남 분도는 5세, 차남 준생은 3세였다. 장남 분도의 본명은 우생(祐生)이지만 본명보다는 세례명인 '분도'로 널리 알려져 있다.

84 신운용, 「한국의 안중근 연구에 대한 비판적 검토」, 『도마 안중근』, 선인, 2017, 88~89쪽.

85 탄두에 십자가를 새긴 것을 '담담탄'이라 한다. 명중하면 체내에서 흩어지기 때문에 치명상을 입을 수 있다.(사키류조 저, 양억관 옮김, 『광야의 열사, 안중근』, 120쪽)

86 정운현·정창현 지음, 『안중근 家 사람들』, 78쪽.

87 신운용, 「한국의 안중근 연구에 대한 비판적 검토」, 94~97쪽.

88 정운현·정창현 지음, 『안중근 家 사람들』, 404~405쪽.

89 『권업신문』, 1914년 6월 22일.

90 신운용, 「한국의 안중근 연구에 대한 비판적 검토」, 98쪽.

91 안중근의사기념관, 『안중근 안쏠로지』, 2019, 74쪽.

92 『안응칠 역사』는 일제강점기 조선총독부 고위 관료들의 필독서였다. 조선을 효과적으로 통치하기 위해 안 의사가 이토를 처단한 이유와 배경을 이해할 필요가 있었기 때문이다. 그래서 데라우치 마사다케 초대총독 때부터 일본어로 번역된 필사본 『안응칠 역사』가 배포되었다. 안중근 의사 친필의 『안응칠 역사』는 아직 발견되지 않았다.(김태빈·우중환, 『대한국인 안중근』, 159쪽)

93 신운용, 「한국의 안중근 연구에 대한 비판적 검토」, 104쪽.

94 김태빈·우중환, 『대한국인 안중근』, 162~163쪽.

95 사이토 타이켄, 『내 마음의 안중근』, 218~224쪽.

96 김호일, 「옥중 육필을 통한 안중근 사상의 일단」, 『도마 안중근』, 선인, 2017, 111쪽; 김태빈·우중환, 『대한국인 안중근』, 161쪽.

97 사살(射殺)은 "활이나 총으로 쏘아 죽인 것", 저격(狙擊)은 "몰래 숨어서 어떤 대상을 겨냥하여 쏜 것", 암살(暗殺)은 "사람을 몰래 죽인 것"을 의미한다. 암살은 주로 정계나 재계의 요인이 대상이 될 경우를 말한다. 안 의사의 경우, 암살이 주는 이미지가 아닌 저격이라는 용어가 합당한 것으로 생각된다.

98 유병호, 「중국 및 중국 천주교회의 안중근 인식」, 『도마 안중근』, 선인, 2017, 183~186쪽.

99 『민우일보』, 1909년 10월 28일자; 김춘선, 「안중근 의거에 대한 중국의 인식」, 『안중근 연구의 기초』, 경인문화사, 2009, 382쪽.

100 서용, 「중국에서 안중근 의거에 대한 반응과 그 인식」, 『안중근 연구의 기초』, 경인문화사, 2009, 434쪽.

101 김춘선, 「안중근 의거에 대한 중국의 인식」, 386~387쪽.

102 빅 보리스 드미트리예비치, 박 벨라 보리소브나, 「안중근 의사의 위업에 대한 러시아 신문들의 반응」, 『안중근 연구의 기초』, 경인문화사, 2009, 361쪽.

103 빅 보리스 드리크리예비치, 박 벨라 보리소브나, 위의 글, 361~362쪽.

104 빅 보리스 드리크리예비치, 박 벨라 보리소브나, 위의 글, 367쪽.

105 빅 보리스 드리크리예비치, 박 벨라 보리소브나, 위의 글, 366~367쪽.

106 김태빈·우중환, 『대한국인 안중근』, 186쪽.

107 남만주철도주식회사의 약칭. 동척과 유사하다. 일제가 만주를 수탈하기 위해 설치한 국책회사이다. 당시 만철의 객차는 세계 최고 수준이었다.

108 사이토 타이켄, 『내 마음의 안중근』, 226쪽.

109 김태빈·우중환, 『대한국인 안중근』, 89쪽.

110 김태빈·우중환, 위의 책, 171쪽.

111 김태빈·우중환, 위의 책, 172쪽.

112 윤선자, 「일제강점기 안중근 전기들에 기술된 안중근 의거와 천주교신앙」, 『도마 안중근』, 선인, 2017, 262쪽.

113 민주주의화각자협회역사부회·역사학연구회 공저, 『日本の歷史』, 1950.

114 신주백, 「한일역사교과서는 안중근을 어떻게 기술해 왔는가(1945-2007)」, 『한중근 연구의 기초』, 경인문화사, 2009, 506~508쪽.

115 신주백, 위의 글, 528~529쪽; 신주백, 『조선력사고등중학교1』, 교육도서출판사, 1994.

116 오영섭, 「안중근의 정치사상」, 『안중근과 그 시대』, 경인문화사, 2009, 363쪽.

117 오영섭, 위의 글, 364~366쪽.

118 오영섭, 「안중근 의사의 사상적 배경」, 『안중근과 그 시대』, 경인문화사, 2009, 281~282쪽.

119 신운용, 「안중근의 동양평화론과 이등박문의 극동평화론」, 『안중근과 그 시대』, 경인문화사, 2009, 515~517쪽.

120 신운용, 위의 글, 522쪽.

121 김태빈·우중환, 『대한국인 안중근』, 109~110쪽.

122 히로부미(博文)는 "널리 학문을 닦고 예절을 지킨다(博文約禮)"는 뜻의 『논어』의 구절에서 따온 것이다.(김태빈·우중환, 위의 책, 80쪽)

123 정운현·정창현 지음, 『안중근 家 사람들』, 412쪽.

124 김태빈·우중환, 『대한국인 안중근』, 114~115쪽.

125 김태빈·우중환, 위의 책, 120쪽.

126 김태빈·우중환, 위의 책, 21쪽.

127 김태빈·우중환, 위의 책, 25쪽.

128 김태빈·우중환, 위의 책, 121쪽. 어영청은 왕과 한양을 호위하기 위해 만들어진 정예군이었으나 조선 말기에 이르러서는 군기가 문란해져 '어영부영'이란 말을 남기고 갑오개혁 때 사라졌다.(191쪽)

129 김태빈·우중환, 위의 책, 127~128쪽.

130 김태빈·우중환, 위의 책, 248~250쪽.

131 신운용, 「안중근 의거에 대한 국내의 인식과 반응」, 『안중근 연구의 기초』, 경인문화사, 2009, 150~152쪽.

132 신운용, 위의 글, 152~153쪽.

133 신운용, 위의 글, 168~170쪽.

134 신운용, 위의 글, 174~175쪽.

135 사키류조 저, 양억관 옮김, 『광야의 열사, 안중근』, 99~102쪽.

136 안중근의사기념관, 『안중근 안쏠로지』, 서울셀렉션, 2019, 52~54쪽.

137 사키류조 저, 양억관 옮김, 『광야의 열사, 안중근』, 76쪽.

138 우덕순은 1910년 2월 8일 제2회 공판에서 태연한 태도로 침착하게 심문에 응했다. 우덕순은 안중근이 의병자격으로 결행했다고 하나 나는 이 나라의 국민으로서 의거에 참여했다고 당당히 밝혔다. 2월 9일 제3회 공판에서는 이토를 살해할 의사는 있었지만 기회가 안중근에게 돌아갔기 때문에 자신은 살해할 수 없었다는 이야기도 하였다.(사키류조 저, 양억관 옮김, 『광야의 열사, 안중근』, 250~254쪽)

139 사키류조 저, 양억관 옮김, 위의 책, 256쪽.

140 공훈전자사료관 독립유공자 공적조회 『독립유공자 공훈록』 8권(1990년)

141 안중근의사기념관, 「안응칠 일기」, 『안중근 안쏠로지』, 2019, 262~265쪽.

142 안중근의사기념관, 「안응칠 일기」, 『안중근 안쏠로지』, 2019, 79~81쪽; 『더 그래픽(The Graphic)』, 1910년 4월 16일자.

143 사키류조 저, 양억관 옮김, 『광야의 열사, 안중근』, 150~152쪽.

 사료로 보는 정읍사 망부석의 위치, 북면 '월붕산'에 있었다

1   장봉선(1902~1973)은 소성면 중광리 광조동(광조골)에서 태어났다. 1936년 소성면 중광리 20번지에 있는 이로재(履露齋)에서 국한문 혼용의 『정읍군지』를 편찬 발행하였으며, 여기에 「전봉준 실기」를 사실에 입각하여 기록함으로써 오늘날 전봉준 연구에 여러 가지 실마리를 제공하

였다. 또한 6·10만세운동 당시 백기사건으로 유명한 최태환(崔泰煥)의 일대기 『영산실기(瀛山 實記)』를 저술하였다. 광복 후 민선 소성면장과 소성수리조합장을 역임하였고, 정읍에서 춘생당 한약방을 경영하였다.(소성면지편찬위원회, 『소성면지』, 2007, 185쪽; 이진우, 「정읍 향토사 연구의 선구자 장봉선과 전봉준 실기」, 『샘고을』 제11호, 2021, 38쪽)

2   『호남읍지』 고부군 지도(규 12181).

3   『태인지』, 『김제시지』, 『부안군지』 참고.

4   '북면'은 조선시대 북일면과 북이면 지역을 합한 지명으로 읍내 북쪽에 있다 하여 붙여진 이름이다. 본래 조선시대 정읍현 지역이다. 『호구총수』에 북일면·북이면이 기록되어 있고, 그 관할로 승부리·신평리 등의 동리명이 확인된다. 『여지도서』, 『호남읍지』 등 대부분의 지리지에 북일면과 북이면이 기록되어 있다.(국토지리정보원, 『한국지명유래집』(전라·제주편), 2010, 184쪽) 지리적으로 가까운 전남 장성에도 방위상 현청 소재지로부터 북쪽에 있기 때문에 붙여진 북일면과 북이면이 있다.

5   「정읍현 읍지」(1790, 규 17411).

6   「정읍현 고지도」(1872).

7   조선의 촌락 가운데 위치에 관한 것으로는 동·서·남·북, 음양, 내외, 상·하·중, 원근 전후와 같은 것이 있고, 특수한 것으로는 간(間)·저(底)·지경(地境)·지계(地界)·정(程) 등과 같은 것이 있다. 가장 많이 사용된 지명은 동·서·남·북이다.(朝鮮總督府, 『朝鮮の村落』前篇, 1933, 134쪽)

8   『태종실록』 태종4년 3월 29일; 『세종실록』 세종12년 4월 24일; 『단종실록』 단종 즉위년 7월 25일; 『정조실록』 정조17년 7월 17일.

9   문중양, 「세종대 척도의 탄생 ; 주척과 황종척을 중심으로」, 『동방학지』 196, 2021, 248~259쪽.

10 『속대전(續大典)』과 『대전회통(大典會通)』 권6 공전(工典) 교로(橋路).

11 문화재청, 『조선시대 표준자』, 2000, 33~43쪽.

12 『고종실록』 권42, 고종39년 10월 10일.

13 『순종실록』 권3, 순종2년 9월 20일.

14 '전 져재'가 전주져재의 표기라면 어법상 '져재' 위에 고유명사 전주가 약기되어 관형사로 쓰인 예가 있어야 하는데 그것이 없다는 점과 전주라는 지명은 신라 경덕왕 때 비로소 생긴 이름으로 백제시대에는 완산이었기 때문이다. 이는 일찍이 가람 이병기가 주장한 것으로 후강전의 '전'은 후강에 붙어 소엽(小葉)이 없는 그대로의 전부란 뜻으로 보아야 한다고 해석하였다.(이병기, 『국문학전사』, 신구문화사, 1957)

15 『악학궤범(樂學軌範)』에 수록된 원문은 다음과 같다. [전강] 둘하 노피곰도드샤 어긔야머리곰비취오시라 어긔야어강됴리 [소엽] 아으다롱디리 [후강전] 져재녀러신고요 어긔야즌ᄃᆞㅣ롤드듸욜셰라 어긔야어강됴리 [과편] 어느이다 노코시라 [금선조] 어긔야내가논겸그롤셰라 어긔야어강됴리 [소엽] 아으다롱디리

16 장봉선, 『정읍군지』, 이로재, 1936, 35쪽.

17 향토문화연구회, 『고장생활』(정읍편), 1959, 94쪽.

18 괄호 안이 『고장생활』(영광군 편)의 목차이다. 1장 옛날의 우리고장만 예시를 든다면 세부항목은 성지, 봉수, 역원, 세제와 창고, 관아, 단묘, 옛날 우리고장의 훌륭한 분들, 우리 고장의 원주토반, 학교제도, 중요 산물, 시장, 세원과 보, 삼일운동과 우리고장 등으로 서술 순서까지도 동일하다. 2장 현재의 우리고장은 약간의 차이가 있으나 대동소이하다.

19 정읍선비문화관이 주관하고 문화체육관광부가 지원하는 2022 유교아카데미 강좌가 6월 22일부터 9월 28일까지 열렸다. 수강자 대부분이 70~80대로 연령이 높아 강의 도중 우연히 질문한 결과, 입암면 출신의 이영식이란 분이 말씀해 주신 내용이다.(이영식, 정읍시 상동 미소지움 아파트 거주/2022년 8월 4일, 정읍선비문화관에서 인터뷰)

20 월봉산을 뒷산으로 하는 금곡(錦谷) 마을은 원래 점촌(店村)이었다. 옹기를 굽던 마을이었으나 마을의 이미지가 좋지 않다는 주민들의 뜻이 모아져 1958년 이름을 바꾼 곳이다.(1917년 정읍지도) 지금도 마을 아래 벧엘교회 쪽에서 옹기 파편이 발견되고 있다. 옹기생산은 비산비야의 낮은 야산이 적지다. 마을 뒷산인 월봉산의 높이가 그렇다.

21 『전북도민일보』, 2001년 5월 31일자.

22 옛날 정읍현에 ①넉매[辰山洞], ②모촌(茅村), ③승부(承富), ④군대(裙帶) 마을이 관내에서는 살기 좋은 손꼽는 마을이었다는 구전이 있다. 그것이 풍수에서 비롯되었다 하나 뚜렷한 근거가 없다. 따라서 해당지역에 정읍현을 상징하는 유명한 사적지로 인해 생긴 말이 아닌가 생각된다. 넉매는 이순신 장군을 모시는 사당인 유애사(遺愛祠)가 있고, 모촌은 우암 송시열을 모시는 고암서원(考巖書院)이 있었기에 상당한 인지도가 있었을 것이다. 승부리는 정읍사 망부석과 관련된 어떤 이야기가 전해졌을지도 모르는 일이다. 군대는 『호구총수』에 군사 '군(軍)'자를 쓰는 '군대동(軍大洞)'으로 기록되어 있어 군사관련 유적지에서 비롯된 지명으로 추정해 볼 수 있다.(김재영, 『내고장 역사의 숨결을 찾아서』, 해와달, 1996, 161쪽, 278쪽)

23 『전라북도각군읍지』 정읍현 지도(1896/규10770).

24 2001년 KBS 라디오 전주방송국과 현지 인터뷰; 김재영, 『저항과 변혁의 땅』, 신아출판사, 2002, 109쪽.

25 최남선 지음, 심춘독회 엮음, 『쉽게 풀어 쓴 심춘순례』, 신아출판사, 2014, 64쪽.